Franz Grillparzer

Reisetagebücher

Deutschland, Frankreich, England und Griechenland

Grillparzer, Franz

Reisetagebücher

Deutschland, Frankreich, England und Griechenland

ISBN: 978-3-86267-114-4

Auflage: 1
Erscheinungsjahr: 2011
Erscheinungsort: Bremen, Deutschland

Europäischer Literaturverlag GmbH, Fahrenheitstr. 1, 28359 Bremen (www.elv-verlag.de).

Cover: Ausschnitt aus dem Gemälde „Die Postkutsche von Tarascon" (1888) von Vincent van Gogh.

Inhalt

Tagebuch auf der Reise nach Deutschland.	5
Tagebuch auf der Reise nach Frankreich und England.	21
Tagebuch auf der Reise nach Griechenland	122

Tagebuch auf der Reise nach Deutschland

1826

Am 21. August abends um halb zehn Uhr von Wien abgereist. Mit traurigem Gemüt. Vorzüglich angeregt durch die unwillkürliche Vergleichung des gegenwärtigen Zustandes mit jenem, in dem ich Wien vor sieben Jahren zur Reise nach Italien verließ. Damals voll Hoffnung und Blüte, »im Übermut des Wagens und der Tat« –jetzt beinah verwelkt und kleinlaut. Weiß Gott, ich zwinge mich zu dieser Reise, und ich appliziere sie mir wie eine Vesikatur als letztes Mittel, um zu sehen, ob's noch zieht und ob noch ein Rest von Lebenskraft vorhanden.

Ich beginne diese Reise mit einem eigenen unangenehmen Vorgefühle.

Im Wagen ein Kaufmann aus Wien und zwei Juden. Höchst unangenehm.

Die Nacht hindurch gefahren. Aufgang der Sonne in der Nähe von Znaim. Erinnerung an die fatalen Reisen, die ich auf derselben Straße mit dem nunmehr verstorbenen Graf Stadion gemacht. So wenig angenehm nun der gegenwärtige Ausflug ist, so soll er doch, will ich hoffen, besser ausfallen, als jene Fronfahrten.

Den Tag im Wagen zugebracht, wie man ihn nach einer durchwachten Nacht, zerschüttelt, von Hitze und dem ungeheuersten Staube gequält, vis-à-vis von zwei Juden zubringen kann. Mittags in Budwitz. Gegen Abend glücklicherweise vor Iglau die Achse gebrochen. Glücklicherweise, da der Zufall doch Gelegenheit gab, ein wenig sich zu erholen.

Komisch war anzusehen, wie eine Station vor Iglau der Schmied des Ortes den Konduktbr auf den Bruch der Achse aufmerksam machte. Der Mann hatte auf eine fast unbegreifliche Weise das am unteren Teile der Achse befindliche Gebrechen im Vorbeigehen sogleich bemerkt. Kaum aber hatte er es ausgesprochen, als alles über ihn herfiel, ihn mit Schimpfworten überhäufte, seine angebotenen Dienste zurückwies, und doch war die Achse wirklich gebrochen und wir waren ihm eher Dank schuldig. Ich erkundigte mich und erfuhr nun, dass der Mann, wie gesagt, Schmied des Ortes, und wohl oft ohne Arbeit, sich ein eigenes Geschäft daraus mache, den ankommenden Wagen aufzulauern und den Leuten die gute Laune durch Entdeckung eines Gebrechens an denselben zu verleiden. Daher ist der Mann bekannt und verhasst. Niemand lässt etwas bei ihm reparieren, sondern man fährt aus Abgunst lieber mit Gefahr eine Station weiter, und doch setzt der Schmied sein odiöses Geschäft immer fort.

Ich bewunderte, wie ruhig er fortging, wie er auf alle Schmähungen nicht ein Wort erwiderte, als ob die anderen ein Recht hätten, sie ihm zu sagen. Er souteniert wenigstens seinen Charakter,

In Iglau zwei Stunden, während der Wiederherstellung der Achse herumgeschlendert. Die Stadt nicht übel, der Menschenschlag hübsch. Ein Haus nahe dem Tor von oben bis unten mit beinahe ganz geschwärzten Malereien bedeckt. Oben und unten biblische Geschichten, in der mittleren Reihe den Einzug eines großen Herrn darstellend, Karls V., wie man mir sagte. Das Ganze recht gut gemalt; besonders scheinen in dem Festzuge die Gesichter all dieser Ritter und Herren meist mehr Ausgedrücktes und Bezeichnendes gehabt zu haben, als von einer solchen Schilderei zu erwarten ist.

Bei einbrechender Dunkelheit abgereist, die Nacht durch gefahren. Gewitter und Regen. Sobald man die böhmische Grenze überschritten hat, fährt man schlechter, langsamer. – Tagesanbruch, Bilde ich's mir ein, oder ist die, im Grunde nicht so üble Gegend wirklich – wie soll ich's nennen? – ernster, herber, rauer als in Österreich und Mähren, Straßenbettler häufiger und unverschämter. Einem meiner Reisegefährten fiel der Mantel vom Wagen; der Postillon stieg ab und holte ihn, der etwa zehn Schritte zurücklag.

Da wir in der Station angekommen waren, begehrte der Postillon ein eigenes Trinkgeld für das Holen des Mantels.

Endlich erblickt man Prag, herrlich gelegen im Umkreise seiner Berge.

23. Ich kam mit einer Art Vorurteil gegen Prag hier an. Das wahrhaft läppische Missverstehen meines Ottokar, die lächerliche Wut, in welche der beschränkte Nationalsinn der hiesigen Einwohnerschaft über dieses unschuldig gemeinte Stück geriet, hatte mich höchst ungünstig vorbereitet. Demungeachtet aber konnte ich mich des grandiosen Eindruckes nicht erwehren, den diese Stadt auf jeden Beschauenden machen muss. Die Lage im Kessel von schönen und reich bepflanzten Bergen, überall vorteilhafte Linien bildend, der breite Fluss mitten durch die Stadt, das Häusergewühl durch sonderbare Türme und hervorragende Gebäude aller Art wohltuend unterbrochen und in Partien gesondert, der Hradschin das Ganze krönend, alles trägt dazu bei, diese Stadt, recht gemäldehaft, zu einer der schönsten für den Beschauer zu machen. Es ist hier etwas, das an Venedig erinnert; das Fortlebende nämlich, das Altertüm-

liche zwischen und neben dem Neuen. Rathaus und die Türme an der Brücke rufen Florenz zurück, und im ganzen machte mir Prag wirklich einen ähnlichen Eindruck mit letztgenannter Stadt.

Der schönste Überblick ist vom sogenannten Lorenzberge, ich war mit Pußwald gegen Abend in dem dort oben gelegenen Gasthause, die Hasenburg genannt, und ich muss gestehen, dass ich mir etwas Reizenderes kaum denken kann, als Prag von diesem Standpunkte. Die Bauwerke aus früherer Zeit haben hier durchaus etwas Fantastisches, das in einem sonderbaren Einklange mit dem Geiste der ältesten Geschichte Böhmens, der romanhaftesten, die ich kenne, steht. Diese vielen Türme mit vielfachen Spitzen, jeder anders und nur in der Seltsamkeit übereinstimmend; diese Kirchen, kaum eine schön, aber alle auffallend, mitunter wunderlich, z. B. die Domkirche mit ihren Schnörkeln und Säulchen, mit ihren Strebepfeilern, die nichts tragen, und ihren Bögen, die nichts stützen, ein treffendes Bild der Willkürlichkeit, jedes Glied gleichsam ohne Zweck, wie nur um seiner selbst willen hingestellt, und doch im Gesamteindruck so wunderbar. Kurz, diese Stadt trägt nicht das Gepräge des befriedigten Bedürfnisses, sondern der freien schaffenden Geisteskraft, sie besteht nicht aus Wohnungen, sondern aus Gebäuden. Wenn dieses Letztere freilich nur von den Überbleibseln der älteren Zeit gilt, so reihen sich die neueren Häuser ihnen doch so an, dass sie den würdigen Eindruck durchaus nicht stören, und man kann Prag wirklich eine schöne Stadt nennen.

Die Brücke etwas derb, aber schön, die angebrachten Bildsäulen, sonst überall plump, stimmen zum Ganzen; dieser ärmliche Fluss dehnt sich hier zum breiten Strome aus, freilich ebenso seicht als er breit ist. Verhüte Gott, dass er je ein Symbol der Nationalbildung sei!

24. Auf dem Hradschin gewesen. Das königliche Schloss sehr unter meiner Erwartung, ich ziehe die Wiener Burg vor. Dort sieht man doch die Generationen, die daran gebaut haben, und freut sich, dass so unumschränkte Herrn sich behelfen und begnügen; hier sind Summen verschwendet und doch nichts erreicht. Das Ganze weitläufig und doch nicht groß; kasernenartig, ohne architektonische Bedeutendheit. Überhaupt ist der Hradschin der Ort nicht, von dem aus sich Prag im Glanze zeigt; der Aussicht vom Hradschin fehlt das Beste, der Hradschin selbst nämlich, der den Anblick von Prag erst zu dem macht, was er von jedem anderen Standpunkte aus ist. Von der Ferne stellt sich auch das Schloss herrlich dar, in der Nähe, wie gesagt, gefällt es mir nicht.

Die Domkirche besehen. So viel Merkwürdiges, dass man kaum weiß, wo man hinsehen solle. Ottokars Grabmal. Die Figur verstümmelt, die Nase fort, kaum eine Physiognomie erkennbar. Der Körper tüchtig, nicht allzu groß, ich habe den Mann aufrichtig um Verzeihung gebeten, wenn ich ihm irgendworin unrecht getan haben sollte. Übrigens zeichnet sein Grab nichts aus und er liegt ununterschieden unter den Spitihnev und anderen Tröpfen, vor denen er so ausgezeichnet war. Die Preußen haben einen Teil dieser Kirche zusammengeschossen, gegenwärtig nimmt sie sich von dieser Kehrseite und im Innern (als Ganzes) nicht zum Besten aus.

Diese Stadt bringt mir, außer einem wirklich ausgeführten (Ottokar), auch noch zwei entworfene Trauerspiele ins Gedächtnis: *Drahomira* und *Rudolf II. von Ersterem*, besonders dem heiligen Wenzel, ist namentlich diese Domkirche übervoll. Gemälde, seine Lebensgeschichte darstellend, sein Helm und Panzerhemde, der Ring, an den sich haltend, er getötet wurde (wenn man anders damals in Böhmen Messing schon kannte); alles erinnert an ihn und an seinen Bruder Boleslav.

Hingegen kaum eine Spur von Rudolf II. zu finden, und doch muss er für Prag so viel getan haben.

Das königliche Schloss trägt seines Bruders Mathias Namen an der Stirne. Hat es denn nicht schon Rudolf bewohnt? Der stille Kaiser Rudolf.

In der Judenstadt gewesen. Schmutz, Schmutz, Schmutz! Man begreift, warum dieses Volk keine Schweine isst.

Es wäre eine eigentliche Hyophagie (Anthropophagie). Und doch sah ich drei der schönsten Mädchen, die ich je gesehen, in dieser Judenstadt, und alle drei offenbar Jüdinnen. Die eine beinahe griechisch und ideal, die anderen menschlich, leiblich, fleischlich, was man will; aber äußerst hübsch.

Diese Stadt hat mich einigermaßen mit der böhmischen Nation ausgesöhnt, die ich nie habe leiden mögen. Eigentlich sollte man über kein Volk aburteilen, bevor man es in seiner Heimat gesehen. Ist nicht der Italiener, daheim klug wie keiner, in der Fremde häufig die eigentlichste Karikatur? Gewisse Eigenschaften bedürfen gewisser Unterlagen und Umgebungen, außer dem Zusammenhange wird das Konsequenteste absurd.

25. Von Prag abgereist. Mit Lohnkutscher, ein alberner alter Mann mit seiner hässlichen, aber offenbar gutmütigen Frau im Fond des Wagens; ich und ein Goldschmied, geborner Böhme, jetzt zu Berlin etabliert, auf

dem Rücksitze; eine Art Student als blinder Passagier auf dem Kutschbocke. Staub und Hitze. Langweilige Reise. Die Landschaft unbedeutend, die Staffage (unsere Gesellschaft) ganz analog. Der alte Mann, der nach Töplitz geht, um sich heilen zu lassen (offenbar mit Rücksicht auf das *punctum puncti*, wie abgebrochene Seufzer und Reden zu seiner Frau andeuten), ist von einem Leichtsinn, wie man ihn in diesen Jahren wohl selten findet, hierin nur mit dem alten F. vergleichbar.

Mittagbrot in ***. Das Essen schlecht, die Zeche verhältnismäßig ungeheuer. Meine Gesellschaft erboste sich, mich amüsierte das Unverschämte der Forderung und das Benehmen der Kellnerin, eines hübschen und offenbar klugen und bestimmten Mädchens. Seitdem feindet mich der alte Pantalon an und richtet seine Reden vorzugsweise im Wagen an den böhmischen Berliner. Der Mann ist offenbar Beamter und rechnet sich doch wohl zu den Gebildeten; das hindert ihn aber nicht, Urinen statt Ruinen zu sagen, und von einem Gemälde zu erzählen, das der berühmte Maler Raphael oder Gabriel gemalt habe.

Bei Tische die Bekanntschaft einer hübschen Sächsin gemacht, die mit ihrem Mann da war. Schöne blaue Augen, das Übrige freilich weniger bedeutend.

Gegen Abend die schönen Grenzberge ins Auge bekommen. Das Herz ging mir auf bei dem Anblicke. Sie sind nicht sehr hoch, aber von den reizendsten Formen, die Sonne im Sinken, einige Wölkchen am Himmel, folglich die Beleuchtung, wie sie eine Berglandschaft erfordert. Ich stieg aus und ging der wehenden Luft entgegen, die Körper gewinnt und trinkbar wird. Die Schönheit der Berge nimmt aber keineswegs zu im Fortschreiten, wie man mir früher glauben gemacht; die ersten Massen mit ihrem herrlichen Abstich gegen das flache Land sind und bleiben die schönsten.

Die hübsche Sächsin in der Schenke wieder gesehen, gesprochen. Der Mann scheint eifersüchtig.

Die Dunkelheit nimmt zu, die Berge werden formlos, es ist Nacht. Wir fahren noch immer. Endlich beleuchtete Fenster von Töplitz.

26. Gut geschlafen. Früh morgens fort. Hier ward ich das erste Mal in meinem Leben verkauft, und zwar für einen Taler courant. Der Fuhrmann aus Prag, ein Spitzbube, erklärte nämlich hier erst, dass er nicht bis Dresden fahren könne, statt seiner aber einen anderen stellen wolle. Er brachte auch auf der Stelle einen Sachsen im blauen Fuhrmannshemde, der sich mit einigen Späßchen als »ein Franzose« ankündigte, und

den ich mir endlich gefallen ließ. Bei der Abreise zeigte sich aber erst, dass sein Wagen schon besetzt sei; und nun erhob er den Kutschersitz zum Kabriolett für zwei Personen, indem er sich selbst auf einem schmalen Brettchen querüber hart an der Deichsel setzte. Der Kutscher widerte mir anfangs mit seiner Gernklugheit, seiner Sprechseligkeit, in der Folge zeigte er sich aber doch als ein tüchtiger, zwar Geld liebender, aber nicht gerade habsüchtiger Mann, Belehrungen teilte er überall aus. Den Buben, die die Vorspann führten, predigte er gegen den Eigennutz: Hier habt ihr zwei Groschen mehr, rief er ihnen zu, aber verkauft nicht Leib und Seele für ein paar Dreier! Eure Herzen müsst ihr bilden. Ja, sagten die Knaben und nahmen das Geld. Hierauf beschloss er, seine Passagiers zu unterhalten und hub ein Lied von einem braven Mann ganz grässlich zu blöken an. So ging's fort. Die Gegend nicht so schön, als ich sie mir aus Beschreibungen vorgestellt. Die Lage, die Aussicht nicht überraschend, wenn man in Salzburg gewesen ist. Mittags in Gießhübel. Da hörte ich zuerst dieses Volk seine blökende E-Sprache ausbreiten. Ein ältlicher Mann vom Stande quäkte und näselte so, dass mir bald wirklich schlimm geworden wäre. Endlich aufgebrochen und fort durch das schöne, ich möchte sagen gebildete, Land, der Abstich zwischen Böhmen und Sachsen ist wirklich ungeheuer.

Angehalten. In der Wirtsstube ein Mädchen, das mich durch die Unverschämtheit, mit der sie sich alles bieten ließ, wirklich empörte, und dazu die reine, gebildete Sprache. Ein sonderbarer Eindruck.

27. Dresden. Gestern Abend hier angekommen. Die Nacht hier geschlafen. Nichts kann mit dem unangenehmen Gefühle verglichen werden, mit dem ich mich hier empfinde. Diese quäkenden Frösche mit ihrer äußern Höflichkeit und innern Grobheit, mit ihrer Bereitwilligkeit und Tatlosigkeit, ihrer schwächlichen Großtuerei, all das ekelt mich an. Wir mussten erst vor zwei Gasthöfen anfahren, bis ich hier, im Engel, endlich Platz fand. Mein Hut war aus Versehen im Gasthause zur Stadt Wien zurückgeblieben. Ich gab gestern zweien von den Hausburschen den Auftrag, ihn zu holen; jeder von beiden war so bereitwillig, dass ich fast fürchtete, die Leute könnten sich durch zu große Eile Schaden tun, aber am Ende war keiner gegangen. Zu Abend bei Tische waren mehrere junge Offiziere, die von nichts anderem sprachen, als wie viel Flaschen Champagner sie nun getrunken hätten, dabei sprachen sie einige: Gottverdammich und andere derlei Phrasen, und am Ende hatten sie zu vieren drei Flaschen getrunken.

Die Sprache dieser Leute beleidigt mein Ohr. Ein Österreicher kann mit seinem Jargon einem Fremden bäurisch vorkommen, die Sprache dieser Leute aber ist unleidlich. Sie ist unmännlich, geckenhaft, wie von und für Kopflose. Alle scharf denkenden und lebhaft fühlenden Nationen sprechen nicht sowohl schnell (das tun die Sachsen im Übermaß) als abbreviert. Sie ziehen zusammen, verschlucken einen Teil der Buchstaben, z. B. Franzosen, Engländer; aber die Leute dahier dehnen jede Silbe, verlängern jedes Wort, hängen überall ein Lieblings-E an, sodass ihre Sprache endlich ein förmliches Mäh-Mäh von Schafen wird.

Indem ich schreibe, werde ich ruhiger. Ich hatte gestern abends mich geärgert, die Nacht schlecht geschlafen und mich mit den unleidlichsten Gedanken im Bette herumgewälzt. Mir war, als müsse ich auf der Stelle wieder umkehren und wieder nach Hause reisen. Was will ich denn eigentlich hier? Was will ich im übrigen Deutschland? – Mich zerstreuen? Ich bin zerstreut genug. Wissenschaftliche und Kunstanstalten kennenlernen? – Dazu wird mein Aufenthalt an jedem Orte zu kurz sein. Die Gelehrten, die Künstler kennenlernen? – Gehöre ich denn noch unter sie? Hier ist die Quelle meiner Marter, der Mittelpunkt meines Lebensüberdrusses: Dass ich nicht fähig bin, zu schaffen und ein dunkles Gefühl mir die Fratze vorhält, ich werde es nie mehr werden, das jagt mich wie ein gehetztes Wild. Mit welcher Empfindung werde ich den hiesigen Literatoren entgegentreten? Nicht als ob ich sie scheute, dazu achte ich sie zu wenig, und erst bei Goethe wird mir Bangigkeit ankommen, aber am Ende sind sie doch tätig, sind, doch was sie sein können, was sie immer waren; und wenn ich mich trotz allem für besser halte, als sie sind, was nützt mir das? Selbstschätzung war mir immer fremd, und ich kann nicht begreifen, wie einer dadurch besser sein kann, weil ein anderer schlechter ist, *aut Caesar aut nihil*. Deutschland ist von meiner Seite sicher vor den welken Früchten eines erkaltenden Talents.

Tieck besucht. Voll Geist ist der Mann und gut spricht er, aber es gibt einen διχαιοσ und einen αδιχοσ λογοσ. Bald unterbrach uns der Buchhändler Schlesinger aus Berlin und schmuste, bis ich fortging. Manchen Leuten bleibt es unbegreiflich, dass sie ennuyieren könnten. Als an einem Sonntage die katholische Kirche besucht, Instrumentalmusik und Chöre sehr gut, erstere doch einige Mal gefehlt, Flöten verstimmt. Ein trefflicher Bassist. Zwei Kastraten, der Altsänger sehr gut, der Sopran schneidend, in der Höhe falsch, ohne Verbindung der Fistel- und Mitteltöne, wenig Gesangbildung. Der König und das ganze königliche Haus in großer Andacht zugegen. In den Gängen der Kirche zwei galonierte Türsteher des Königs, die, indem sie jede Störung hindern wollten, selbst die größte Störung verursachten. Nachmittags im Linkeschen Bade. Hübscher Ort. Großes Konzert gegen einen Groschen Einlage. Übrigens weniger schlecht, als der Preis vermuten ließ. Die Weiber alle mit der Strickerei in der Hand. Diese Leute sehen sehr gutmütig, aber langweilig aus. Noch kein schönes, kaum ein paar hübsche Mädchen gesehen. Ich glaube, die Dresdenerinnen kommen mit 30 Jahren zur Welt, bis jetzt sah ich beinahe noch keine junge. Verhältnismäßig viel Missgestaltete und Zwerge.

Abends bei Tieck, er las den Kaufmann von Venedig vortrefflich. Sein Vorlesen bringt die Wirkung der besten Darstellung auf der Bühne hervor. Da er aber während der Akte nicht absetzte und die Aufmerksamkeit immer gespannt blieb, so ward bei der großen Hitze das Ganze zuletzt in hohem Grade ermüdend, und ich hatte Mühe, die Augen offen zu behalten.

28. Konnte nachts nicht schlafen. Der kleine Kerl mit seiner Vorlesung hatte mich ganz wirblicht gemacht. (Es regnet).

Die Galerie besehen, Himmel, welcher Reichtum! Ich dachte immer, die Gemäldesammlung in Wien wäre bedeutend, aber was ist das gegen diese. Ich habe in vier Stunden 413 Nummern besehen und mich absichtlich genau nach der Ordnung der Gemälde gehalten, obschon es mich drängte, einen Blick auf den Rafael zu antizipieren. In die äußere Galerie sind die Holländer, Deutschen und Franzosen verwiesen, das innere Heiligtum haben die Italiener. Mit Recht, deucht mir, wenn man schon nach Schulen und Nationen sondert, was gleichfalls recht ist, wie ich glaube.

An Niederländern nun hat diese Galerie den unglaublichsten Reichtum. Historien und Stillleben, Schlacht-, Blumen-, Fruchtstücke, Landschaften in höchster Vollendung, alles ist da aufgehäuft, obwohl meistens mehr dem Bezeichnenden huldigend als dem Schönen.

Alles überragend, was ich heute gesehen, steht die Verstoßung der Hagar von Adrian van der Werff, ein Bild, das nach meinem Gefühle dem Herrlichsten an die Seite gestellt werden kann, was die Kunst je hervorgebracht,

29. Ich wollte über diese Hagar noch größere Lobeserhebungen niederschreiben; nun trifft sich's aber, dass von allen, mit denen ich über dies Bild gesprochen, niemand in meine Meinung einstimmen will. Das ist

schlimm, bei mir wenigstens immer von großem Gewicht, vornehmlich in Dingen, von denen ich mir keine vollständige Kenntnis zuschreiben kann. Nun denn also, das Fleisch dieser Hagar mag elfenbeinern sein, die Formen sind aber demungeachtet vortrefflich, dieser Nacken, dieser Rücken, diese Arme überbieten sich an Schönheit. Der Faltenwurf ist kleinlich? Warum sollte er hier grandios sein? Dass der kleine Ismael garstig ist, sah ich wohl auf den ersten Blick selbst. Aber nun, welche Wahrheit in der Komposition! Das Gesicht Hagars ist abgewendet, und doch liest man den ganzen Gehalt des Augenblickes in jeder der reizenden Wendungen des Halses, des Kopfes. Wie sie sich nach Abraham hinkehrt, klagend, vorwerfend und offenbar zugleich lauernd, ob nicht ein Wink, eine Bewegung anzeigen werde, dass er nur gezwungen handle, dass sein Herz nicht sei bei seinem grausamen Ausspruch. Und Abraham hat wirklich so viel Gedrücktes, die Wendung der Entfernung gebietenden Hände hat so viel Entschuldigendes, dass ohne die lauernde Sara die Szene wohl eine andere Wendung nähme,

30. 31. Wie leicht vorauszusehen war, die Lust zu diesen Kritzeleien verloren. Vor- und Nachmittag auf der Galerie. Den Enthusiasmus für meine Hagar zum Teil verloren, nachdem ich die unendlichen Werke der italienischen Schule gesehen, Correggio: Die Nacht, wurde eben kopiert und war daher nur Teil für Teil, nicht als Ganzes zu betrachten. Hat (vielleicht nur wegen dieses Umstandes) nicht all die Wirkung auf mich gemacht, die ich erwartete. Das Licht, das vom Kinde ausgeht, gibt in seiner nicht von der Natur hergenommenen Weiße dem Ganzen etwas Sonderbares, besonders wird die Jungfrau dadurch für mich beinahe entstellt. Die Hirten in der Entfernung, viel gelber bestrahlt, machen sich lebhafter. Der heilige Joseph vortrefflich. Wie gesagt, wäre es möglich gewesen, das Bild in gehörigem Abstände und als Ganzes zu betrachten, so würde das Urteil vielleicht anders ausgefallen sein. Alle Erwartungen erfüllte jene zweite Madonna mit Johannes, Katharina usw. Auf dem dritten Bilde fand ich besonders den heiligen Rochus mit seinem Helldunkel außerordentlich. Zum heiligen Georg. Dieser Heilige so schön man sich nur denken kann, dagegen der heilige Johannes viel zu hässlich, die Engel kolossal. Die Madonna, unangenehm hingekauert und wohl gar zu irdisch, das Ganze nach meinem Gefühle zu bunt.

Durch besondere Güte Rafaels *Madonna di S. Sisto* gesehen, die eben unter den Händen des Restaurateurs sich befindet.

Was ist da viel zu sagen! Die übrigen Bilder und Maler sind unter sich der Stufe nach verschieden, Raphael der Gattung nach. Dieser Bube, mehr ein Erschaffer als Erlöser. Die Augen brennen ihm im Kopfe, dagegen die Jungfrau, die menschliche Mutter des jungen Gottes. Auf allen Kupferstichen und Kopien hat die heilige Katharina etwas widerlich Kokettes, auf dem Bilde selbst, wie so anders, wie verschämt zierlich. Der heilige Papst zeigt offenbar mit dem Finger der rechten Hand aus dem Bilde heraus, das Kind schaut bestimmt, die Mutter etwas obenhin in der Richtung des zeigenden Fingers; Katharinas gesenkte Augen blicken beinahe verstohlen ungefähr nach derselben Gegend. Zeigt nicht der Papst den beiden Himmlischen die Kirche, die er gestiftet, und ist nicht etwa diese Kirche es oder etwa nur ein Altar darin, der heiligen Katharina gewidmet, die beschämt und still erfreut über so viel Ehre verstohlen danach hinblickt? Ich wäre begierig, das Eigentliche der Sache zu wissen.

Die Antiken besehen mit schmerzlichen Empfindungen. Es brachte mir die Tage in Rom ins Gedächtnis, die damalige Lage, die damaligen Entwürfe. Was stand alles zu hoffen, wie wenig hat sich erfüllt! Der Welt ward ein Dichter geboren und die Prosa hat ihn getötet. Ich glaube bald, diese Begeisterung war bloß physisch und hat sich mit den physischen Ursachen zugleich aus dem Wege gemacht. Wohlan! Man muss ausharren bis ans Ende.

Wenn ein eigentlicher Dichter durch nähere Bekanntschaft leicht verliert, so kann dagegen ein schlechter nur gewinnen. Theodor Hell (Winkler) scheint ein gutmütiger Mensch; er ist als Familienvater höchst glücklich und ich habe die Fähigkeit, glücklich zu sein, immer unter die Tugenden gezählt. Kleinlich sind die Leutchen hier wohl ein wenig, aber nicht bösartig. Ich musste lachen, wie die Tochter des Hofrat Böttiger ihrem Vater etwas zu melden kam, und während sie sprach, ihren Augen gegenüber ein Stellbrett voll Phallen und ägyptischen Götterscheusalen ... hatte.

Ich bin krank. Das Herumjagen in den Galerien, der ungewohnte Wein und vielleicht ein Abendessen, das Advokat Kuhn gab, haben übel auf mich gewirkt.

2. Sept. Missmutig beschloss ich um elf Uhr nach Tharandt zu fahren, um doch etwas von der gerühmten schönen Natur um Dresden zu genießen. Einige Götterstunden verlebt! Die Gegend ist paradiesisch, die Aussicht von den Ruinen über allen Begriff. Ich weiß nicht, war es die Gewohnheit der letzten Tage, in Galerien heimisch zu sein, oder liegt es im Eigentümlichen der hiesigen Natur, dass jede einzelne Aussicht sich

mir so sehr als ein Gemälde darstellte. Ich habe das wohl nie in so hohem Grade erfahren,

3. Sept. Nach Leipzig abgegangen. Abends fünf Uhr angekommen. Im Theater *Die Italienerin in Algier*. Guter Tenor Vetter. Die anderen schlecht. Taddeo, ein sächsischer Spaßmacher. Die Leipziger lachten zum Ausschütten, mir aber war der Patron so abgeschmackt, dass ich ihm hätte Nasenstüber geben können. Herr Genast hieß er, denk' ich. Das Innere des Theaters bis auf einen gewissen Grad imposant, mit vor- und übereinander gebauten Galerien, in einem seltsamen Geschmacke, fast an eine türkische Moschee erinnernd, mit dünnen goldenen Säulchen zu hellen bunten Farben. Die Studenten etwas abgeschmackt herausgestutzt, sonst aber ziemlich gesittet. Zwei von ihnen, nicht jung mehr, mit aufgedunsenen leeren Gesichtern, hatten sich aufs Malerischste in schwarze Anzüge gekleidet, auf dem Kopfe aber trugen sie weiß und blaue kleine Käppchen, auf die Art, wie ehemals die Kurfürsten sie trugen. Hier fängt wohl das Land des Scheines an, obwohl nicht zu leugnen ist, dass sie auch in manchem Wesentlichen uns arme Österreicher weit zurücklassen.

4. Aus langer Weile Hofrat Wendt besucht. Das ist nun so ein Scheinmensch, ein aufgedunsenes Nichts. In Österreich hielte der Mann sein Maul und verlöre sich unter der Menge, hier schwatzt er und schreibt und gilt.

Abends mit Wendt, Justizrat Blümner und Graf Hohenthal im Rosentale. Blümner, ein offenbar sehr gescheiter Mann, übrigens vielleicht etwas intolerant, denn er wurde zusehends kälter, als ich über einige Dinge mein Urteil gesagt, das offenbar nicht das seinige war.

Mein Übel verschlimmert sich; die vergangene Nacht nicht geschlafen, mich verkühlt; weil ich's im Federbett nicht aushalten konnte und daher auf dem bloßen Stroh schlief ...

Hofrat Küstner wiegt wohl nicht schwer. Ein literarischer Petit Maître.

Leipzig hat einen offenbaren Vorzug vor Dresden, nämlich die wunderbare Anzahl hübscher Mädchen, die hier auf den Straßen herumlaufen, indes das weibliche Geschlecht in Dresden zu dem unbegabtesten gehört, die mir noch vorgekommen.

5. Üble Nacht, Kaum eine Stunde geschlafen ... Ich will demungeachtet noch heute fort nach Berlin, dort kann ich länger bleiben, dort will ich mich pflegen.

Wenn ich meiner innersten Neigung folgte, so würde ich auf der Stelle umkehren und wieder nach Hause reisen. Die Natur in diesen Gegenden ist nicht anziehend genug und die Leute beengen mich. Es war ein Teil des Zweckes meiner Reise, die namhafteren Männer kennenzulernen, und ich besuche sie mit einer Art Pflichtgefühl, aber nur, damit ich dort war, nicht als ob es mir Vergnügen machte, hinzugehen. Diese Leute haben eine Art Rührigkeit des Geistes, die meine wienerische Trägheit zuschanden macht und einschüchtert. Ich rede, wenn ich etwas zu sagen habe, und schweige still, wenn ich nichts weiß; diese Leute aber wissen immer etwas; die meisten Gespräche machen mir Langeweile.

Es ist vier Uhr, um sieben Uhr geht's nach Berlin. Weiß Gott, ich möchte lieber umkehren!

Wir fuhren die ganze Nacht. Nachdem ich drei Nächte schlaflos gewesen, schlummerte ich nun aus äußerster Ermattung fast die ganze Nacht hindurch im Wagen. Ich befinde mich äußerst unwohl, und unter diesen Umständen ... eine Reise von 23 Meilen im Eilwagen zu machen, der nirgends anhält, ist wohl ein wenig gewagt. Aber mich drängt es weiter. In Berlin kann ich ausruhen. Mein Übel wird während der Reise vor der Unmöglichkeit Respekt haben.

Preußische Grenze. Visitiert. Anständig behandelt.

Bei grauendem Morgen Wittenberg. Die alte Stadtkirche trat neblig hervor. Luthers Denkmal leider wegen des Dunkels nicht sehen können. Abgeschmackte Gegend, Heide, Heide. So schlimm, so sandig, als man mir es beschrieben hatte, fand ich es denn doch nicht. Treuenbritzen, Potsdam. In letzterem beim Eintritt Strohdächer, baufällige Hütten; in der Nähe des Schlosses Prachtgebäude und breite Straßen. Es regnete heftig, wir konnten wenig sehen. Die Gegend um Potsdam schöner als seit Leipzig, aber doch auch nicht allzu viel. Sanssouci will ich mir in der Folge einmal besehen. Erst ein paar Tausend Schritte vor Berlin merkt man die Nähe einer so großen Stadt. Die Landhäuser von hier an aber wirklich sehr niedlich, besonders mit sehr hübschen Eisengittern eingefasst. Endlich die Türme von Berlin. Der erste Anblick imponiert kaum mehr als der von Dresden. Durchs Tor eingefahren. Schön! Die Gebäude schöner, als ich sie in solcher Menge beisammen je gesehen. Die Straßen breit. Königlich. Das Schloss, ohne ein eigentliches Bauwerk zu sein, schön. Im Gasthause zum Könige von Portugal abgestiegen. Alles besetzt, schlechte Stube. Da es regnete und ich zu faul war, weiter zu suchen, blieb ich, gegen das Versprechen einer besseren Wohnung für morgen. Man spielte in drei Theatern; da ich weder Käthchen von Heilbronn mit einer solch obskuren Besetzung sehen wollte, noch der französischen Komödie wieder in die Hände fallen wollte, der ich erst so glücklich in Wien entsprungen, so beschloss ich noch nach der Königsstadt zu gehen, zu fahren vielmehr; denn ich mietete eine Droschke, deren Führer auf eine mich anekelnde Weise, auf russisch, vermummt war. Gewöhnt ihr euch schon im Voraus auf die Livree eurer künftigen Herrn? Das Königsstädter Theater von außen recht hübsch, weite Vorhallen, breite Gänge. Das Innere nicht minder gut. Drei Reihen Galerien übereinander. Die Vertäfelung des Proszeniums unschicklicherweise von der Bühne heraus gegen Parterre und Orchester gerückt. Muss das nicht der Wirkung der Stimme Schaden tun? Die übrigen Einrichtungen vom Leipziger Theater erborgt oder umgekehrt. Man gab ein elendes Lustspiel von Clauren: *Das Doppelduell*. Die Gesellschaft ungefähr so schlecht als das Personal unserer Josefstädter Bühne. Eine Mamsell Holzbecher wenigstens als Frauenzimmer hübsch. Über Spitzedern erschrak ich. So ohne alle Komik, so stümperhaft hatte ich mir ihn nicht vorgestellt. Der andere Komiker Angely langweilig bis zum Sterben. Das Publikum lachte sehr über beide. Hierauf folgte: Zum goldenen Löwen. Hier war Spitzeder besser. Übrigens beruht sein Spiel (wie schon in Wien) mehr auf einer Anhäufung äußerer Possen, als auf wirklich innerer komischer Kraft. Für letztere scheint man im nördlichen (protestantischen?) Deutschland überhaupt wenig Sinn zu haben. Angely in diesem Stücke so schlecht als im vorhergehenden. Ich war müde und ging vor dem Ende.

Im *Könige von Portugal* zu Nacht gegessen, wo die Speisekarte aus zwei warmen und drei kalten Gerichten bestand. In Wien ist man mit zwanzig Nummern kaum zufrieden. Ländlich, sittlich. Zu jeder warmen Speise erhält man unaufgefordert gesottene Kartoffeln,

6. Septbr. Diese Nacht besser geschlafen. Gegen Morgen träumte ich von *** mit eigentlichem Verlangen. Mein Uebelbefinden hält an. Diese Art zu reisen taugt für mich nicht. Ich bin an viele Bequemlichkeiten gewöhnt, die mir hier fehlen, die Fahrt auf der Eilpost Tag und Nacht ist beschwerlich und die immer neuen Gegenstände lassen meinen Geist nicht zur Ruhe kommen, ohne ihn durch ein besonderes Interesse zu begeistern; das ermüdet mich, greift mich an, macht mich krank.

Ich hatte gehofft, auf dieser Reise mich durch die Notwendigkeit, mich um alles selbst zu kümmern, aus meiner Indolenz herauszureißen, aber nichts weniger als dies. Diese Bemühungen um Kleinigkeiten ennuyieren mich, ich verrichte sie mit Widerwillen und sinke dann in meine alte Untätigkeit zurück.

Ich will wieder nach Hause. Acht Tage in Berlin bleiben, weil ich nun denn schon einmal da bin; in Weimar den alten Dichterkönig sehen, zu dessen Untertanen ich einmal gehörte, in München die Galerie, dann nach Wien, um auszuhalten, es komme, wie es wolle. Meine Seele ist betrübt bis in den Tod. Ich fühle mich erlöschen von innen heraus.

Habe mir mit dem Barbiermesser den Zeigefinger der rechten Hand halb gespalten, muss daher mit der Schreiberei für einige Zeit aussetzen. *Laus deo.*

Wenn Autorschaft hier blüht, wen, Freunde, wundert das? Stand nah der Sandbüchs denn nicht stets das Tintenfass?

Lange mich in stumpfer Dumpfheit herumgetrieben; konnte nicht schreiben meines verwundeten Fingers wegen. – Schade! Das Schreiben macht mich meist ruhiger: Hier musste ich dies Mittel entbehren; noch jetzt wird mir's sauer.

Diese Stadt gefällt mir immer besser, je länger ich mich darin aufhalte; das ist schon ein gutes Zeichen. Wien dürfte auf manchen leicht die entgegengesetzte Wirkung hervorbringen. Alles hat hier einen Anstrich von Großartigkeit, Geistigkeit und Liberalität, der einem armen Teufel von Österreicher schon des Kontrastes wegen wohltut.

Die Menschen habe ich hier angenehmer gefunden, als ich sie mir vorstellte. Ein hoher Grad von Gutmütigkeit ist hier nicht seltener als in Wien, nur die Art sich anzukündigen und daher auch sie zu erkennen ist verschieden. Der Österreicher scheint im Auslande leicht ein Tölpel, der Preuße ein Großsprecher; zu Hause sind beide etwas anderes, wenn sie gleich einen kleinen Beischmack davon behalten mögen. Einen herzlicheren Mann als Marchand gibt es auch an der Donau nicht. Die Unterhaltung übrigens ist hier ungleich geistreicher als bei uns, selbst dem, der sie nicht glänzend will. Eine Tischgesellschaft, die, nachdem sie eine feine Anzahl Rhein-Weinflaschen überwunden, zu einem Gespräche über die moralische Natur des Menschen überginge, wie dies bei Marchand der Fall war, gibt es in Wien nicht.

Wenn die christlichen Einwohner beider Städte verschieden sind, so gleichen sich dagegen die Juden auf ein Haar. Bei Mendelssohn gewesen. Er, ein tüchtiger Mann, besser als die Wiener Juden, Madame dagegen und die liebe Familie wie nach den Arnstein, Pereiras, Herz usw.

kopiert, oder vielmehr jene nach diesen. Ich saß neben Madame; einmal konnte ich kaum widerstehen, ihr tüchtige Grobheiten zu sagen. Eine tätliche Grobheit wäre mir fast noch näher gelegen.

Wie bald diese Preußen ihre Konstitutionslust verloren haben! Sie vergöttern ihren König, als ob er nicht mehr der von Anno 1806 wäre, und als ob sie alles erhalten, was sie im Jahr 1816 so heiß zu wünschen schienen; aber am Ende ist er ihr König und sie wollen nicht Wort haben, dass etwas an dem ihrigen mangelhaft sei. Man muss aber auch gestehen, dass die hiesige Regierung, wenn sie einmal im Wesentlichen nichts aufgeben will, sich in Bezug auf das Zufällige musterhaft benimmt, und Österreich könnte und sollte sich daran ein Beispiel nehmen. Eine Beengung des einzelnen ist hier nirgends sichtbar, die Polizeivorkehrungen stören nirgends, Kunst und Wissenschaft sind frei und man müsste weit gehen, wenn man sich an den gezogenen Schranken irgend verletzend stoßen sollte. Daher haben die Preußen ihre politischen Anforderungen auch so bald vergessen. Der Geist hat auf so viel Seiten freie Bahn, dass er am Ende die einzige verschlossene kaum mehr vermisst.

In Österreich zieht man aber die Grenzen immer enger, und das Geistige muss daher entweder ganz erliegen, was doch die Regierung selbst nicht wollen kann, oder es muss einen Satz wagen, wie der eingehegte Hirsch, und – im Springen kommt man leicht weiter als man glaubte und wollte. Weiß Gott, wie fern mir alles Politische liegt, ich erkenne aber das Verfahren Österreichs, auch von Seite des Interesses der Regierung betrachtet, als völlig unzweckmäßig.

Die hiesigen öffentlichen Gebäude haben alle beim ersten Anblicke etwas höchst Imposantes, bei näherer Betrachtung verlieren sie aber, teils durch eine gewisse Überladung an Verzierungen, die häufig an die Haarbeutelmanier erinnern, teils durch die Art, wie die Säulen angebracht sind, die alle ohne stark vortretende Substruktion vom ersten Stockwerke an in die Höhe steigen, was auf mich einen widerlichen Eindruck macht, da die Säule, ihrer Natur nach eine Stütze, auf dem Boden ruhen soll. In ihrer hiesigen Anwendung erscheint sie mehr als ein müßiges Beiwerk.

Einer Generalprobe der Oper *Nurmahal* von Spontini unter persönlicher Leitung des Komponisten beigewohnt. Merkwürdig, dass, indes er den kleinsten Verstoß gegen Rhythmus und die äußere Delikatesse von Seite der Instrumentisten, sowie alles Ungehörige der äußeren Anordnung aufs Strengste rügte, er falsche Intonationen der Sänger gar nicht zu merken schien.

28. Abreise von Leipzig, 29. September Ankunft in Weimar, 3. Oktober Abreise von Weimar.

Schleißheim zu ebener Erde I. 2. Paul Veronese. Ehebrecherin. Eine Kopie nach Rafael, St. Michael. II. Paul Veronese, Hauptmann von Kapernaum. Titian. Domenichino, Kreuzauflegung. Tintoretto, Porträt. C. Poussin, Landschaft. Sarrazeno, vier Heilige, sonderbar verzückter Franziskus. III. Ein weinendes Mädchen, eins das ihr lächelnd zusieht, Rotari (äußerst lieblich). Wagner, homerische Helden, grandios, ohne Farbe.

Da mein Finger sich immer verschlimmerte und der Wundarzt mir zuletzt alles Schreiben verbot, so will ich jetzt versuchen, abgerissen aus dem Gedächtnisse nachzutragen, soviel ich vermag.

Tagebuch auf der Reise nach Frankreich und England

1836

30. März, abends sieben Uhr, Abfahrt von Wien. Freunde warten am Wagen: Bauernfeld, Nimbsch, nicht Auersperg. *Tant mieux.*
Im Wagen ein ältlicher Kaufmann, der den Linzer Markt besucht, auf dem Bocke ein hübscher, junger Mensch, sein Begleiter, ein Neffe des Großhändlers Wedl.

Mit völligerer Gleichgültigkeit hat wohl noch niemand eine Reise angetreten, und während der schlaflosen Nacht fand ich es höchst lächerlich, sich so vielen Beschwerlichkeiten auszusetzen, ohne dass der Zweck nur irgendeinen Genuss verspreche. Ja es gibt Augenblicke, wo mich der Gedanke anwidert, in einer fernen Stadt unter fremd redenden Menschen mich herumzutreiben, ich, der ich mich überhaupt nicht gern herumtreibe. Aber *alea jacta est*. Es gilt eine homöopathische Kur. Wem die gewöhnlichen Widerwärtigkeiten zu schwer fallen, der kann nur durch ungewöhnliche kuriert werden.

Während der Nacht kam mir meine Reise eigentlich zwecklos vor. Als der Tag anbrach und Wiesen und, obzwar zurzeit noch unbelaubte Bäume hervortraten, stellte sich doch eine Art Wohlgefallen ein, obwohl ohne Frühlingsempfindung, die sonst bei mir so mächtig ist.

Kein Ereignis. Mein Reisegefährte sprach mit mir über Tuch und Kaschmir, was mich wirklich unterhielt. Ich sprach dagegen von der Unsolidität und dem Aufwand der Kleinhändler, was ihn unterhielt. Der hübsche junge Mensch auf dem Kutschbocke war halb erfroren, Frühstück in Mölk.

Mittagsmahl in Strengberg. Die ehemals hübsche Postmeisterin rezitierte eine unanständige Grabschrift, die sich auf dem dortigen Kirchhofe befindet und die ich vergessen hatte. Schon morgens hatte es geregnet, später aufgehört, jetzt fing es wieder stärker an, mit heftigem Winde begleitet. Aussicht auf eine unangenehme Nacht. Zurückkehrende Gedanken über das Zwecklose dieser Reise. Ankunft in Linz. Regen. Kann nicht einmal die Stadt ansehen, die ich zehnmal besehen und zehnmal wieder vergessen habe. Sitze im Gasthofe zum Stuck oder vielmehr modernisiert zur Kanone und schreibe diese Reisebemerkungen, während mir der Kellner versichert, dass meine neuen Reisegefährten zwei sehr angenehme Gesellschaftsdamen sein würden.

Widerwillig esse ich ein paar Bissen, füttere einen Hund mit dem schlechten Braten. Da schlägt die Stunde, und ich gehe querüber ins Posthaus, wo der Wagen schon bereitsteht. Ich steige hinein, womit folgende

Novelle

beginnt; bloß Wahrheit, nicht Dichtung, weder der Form noch dem Inhalte nach.

Ich stieg in den Wagen, den der Kondukteur öffnete, und blieb ein paar Sekunden im Tritte stehen. Nicht weil ich mich mit dem Mantel verwickelt oder einen falschen Tritt getan, oder dass mich meine Reise zu reuen angefangen hätte, vielmehr fing sie mich erst jetzt an zu interessieren; denn mir gegenüber, das Gesicht gegen die Pferde, saßen zwei der schönsten Frauenzimmer, die ich oder sonst jemand irgend erblickt. Die mir unten Ansitzende zur Rechten, groß, hellblond, in gewähltem Anzuge, beinahe eine tadellose Schönheit zu nennen; die zweite kleiner, *cendrée*, mit nicht minder regelmäßigen, aber minder bestimmt geschnittenen Zügen, wog durch Beweglichkeit, Biegsamkeit, weiche, dialektlose Sprache, kurz durch all das, was man Annehmlichkeit nennt, die Vorzüge ihrer Nachbarin mehr als vollkommen auf. Sie standen augenscheinlich in keinem nähern Verhältnis zueinander, sondern waren, wie sich später zeigte, nur durch die gemeinschaftliche Reise auf dem Eilwagen von Wien nach Linz zusammengebracht worden. Die beiden Hintersitze des Wagens nahmen ein physiognomieloser Student und eine Art Ungar ein, ein dienstfertiger, schweigsamer Mann, an oder in den Fünfzig, mit großem Schnurrbart, dünn behaartem Haupte, polnischem Rock, ungarischer Weste und einem sehr baufälligen weißen Hut, der mit dem Winterpelze seltsam kontrastierte und der ganzen Garderobe ein etwas trödelhaftes Ansehen gab. Sonst war an dem Manne nichts Hässliches, sein Körperbau stämmig, er dürfte ein vom Husaren oder Jäger avancierter herrschaftlicher Hausoffiziant gewesen sein.

Ich wandte meine Worte vorzugsweise an die Kleinere, die mir höchst schnell entgegenkam, mit einer verzärtelten Mattigkeit gar nicht übel sprach, indes die Blonde, als ob über den ihrer Gefährtin gegebenen Vorzug grollend, hartnäckig schwieg.

Das Gespräch ward lebhaft, obgleich nicht interessant, über die Gegend an der Donau, in der wir hinrollten, die doch alles übertreffe usw. Es heißt der Linzer Weg, unterbrach die Blonde ihr Schweigen, und es gibt eine Menge Spitzbuben da, die die Leute umbringen oder sonst beschädigen. Wir zweifelten, sie beharrte aber auf ihren Spitzbuben, wobei ihr Organ und ihr Dialekt sich nicht auf die vorteilhafteste Art zeigten. Fortsetzung folgt.

Schluss der Novelle.

Es war fünf Uhr morgens, als wir in München ankamen. Die Schöne erfuhr, dass die Post nach Lindau um neun Uhr abgehen werde. Sie war in Verlegenheit, wo die paar Stunden hinbringen. Der Doktor empfahl sich, trotz des bedeutenden Blickes, den sie ihm zuwarf. Ich erbot mich ganz kalt, so lange bei ihr zu bleiben, bis ihre Sachen abgepackt sein würden. Da trat der Schnurrbart hervor und erklärte, diesen Dienst wolle er der Schönen leisten, eine Unterkunft im nächsten Gasthofe nehme er auf sich. Da empfahl ich mich und der Abgeschabte führte zum Lohn seines Ausharrens die Braut nach Hause.

In München ein paar Stunden nach drei nächtigen Wachen geruht. Darauf ausgegangen. München ist seit dem Jahre 1827, wo ich es zuletzt sah, nicht mehr zu erkennen. Dass es mir besonders gefallen hätte, kann ich nicht sagen. Die neuen Gebäude sind wie eine Musterkarte von allen Geschmäcken, von denen keiner der gute, vor allem aber nicht der meinige ist. Nirgends ein heiterer Anblick, überall schießschartenartige Fenster, die groß sein mögen, aber klein scheinen, oben abgerundet, was der Helle Schaden tun muss. Nirgends freier Trieb, überall das Angeordnete. Die Bilder in den Arkaden meistens höchst mittelmäßig. Die Statue König Max' auf zu niedrigem Fußgestelle und dadurch dem Beschauer so nahe, dass sie eine lebenslügende, wachsfigurenartige Wirkung macht. Den in Russland Gefallenen eine Säule zu errichten, heißt seine eigene Schande ausposaunen. Das Bibliotheksgebäude wird schön, macht aber einen finstern Eindruck, indes die Wissenschaften hell machen sollen. Die Dreifaltigkeitskirche byzantinisch wunderlich. Die Ludwigskirche kündigt sich schon in dem Gerüste herrlich an. Der königliche Palast trüb wie alles. Zudem trägt das Ganze den Keim der Vernichtung in sich, da es München an Gewerb und Verkehr fehlt, um sich je als Stadt zu der Stufe aufzuschwingen, zu der diese Voranstalten sie heben möchten. Das alte München gefällt mir in seiner Regsamkeit, das neue sind von vornherein angelegte Ruinen.

Im Packhofe zu München abreisefertig angekommen, erblicke ich die Tänzerin Hermine Elßler, die sich anschickt, ihre berühmten Muhmen in Paris zu besuchen, und froh ist, einen Landsmann zum Reisegefährten zu haben. Sonst zur Gesellschaft ein widerlicher Professor, der nach

Zürich geht mit einem nicht üblen jungen Menschen, seinem Verehrer und Akoluthen, und einer Schwester, bei sonst ganz hübschen Zügen, talgig und fett, den Eindruck einer gerupften ungebratenen Gans machend, die die Waage zwischen Schiller und Goethe handhabt und von Rückert und einem ihrer Bekannten, sonst aber Ungenannten die Wiederherstellung des Geschmackes erwartet.

In Paris angekommen. Der erste Eindruck keineswegs ein angenehmer. Die alten Straßen düster, schmutzig, erinnern sehr an die ähnlichen in Neapel. Unmittelbar vor der Stadt war der Kot so tief und so in Klumpen, dass man über geackertes Feld zu fahren schien. Auf der Post abgestiegen. Die Koffer noch einmal, nun zum dritten Mal, visitiert. Mit vieler Mühe für Hermine einen Fiaker erhalten, in dem sie, mit meinem Segen und *adieu pour jamais* ihren tanzenden Verwandten in die Arme fuhr. Ich zu Fuß mit einem Träger durch die Stadt. Meine französischen Reisegesellschafter wohnten im *Hotel de Bretagne*. Ich wollte mich auch einmieten, aber, außer *au quatrième*, kein Zimmer zu haben. Wanderung nach Quartier. Überall alles besetzt. Endlich *Rue Richelieu*, im *Hotel de l'Europe* ein eigentliches Dachstübchen gefunden, das ich vorderhand bezog, um nur des Weiterlaufens überhoben zu sein. Gewaschen, angekleidet, gefrühstückt, und so, ohne seit drei Nächten geschlafen zu haben, unmittelbar auf die Straße hinaus. Ich hatte keinen Plan der Stadt, keinen *guide des voyageurs*, nahm mir aber vor, bei dem nächsten Buchhändler im Vorbeigehen das alles zu kaufen und so meinen Lauf einzurichten. Es war aber Sonntag und viele Gewölbe, namentlich der Buchhändler, geschlossen. Ich ging denn so zu, die gerade *Rue Richelieu* hinab. Und es führte mich zum Glück. Auf einem unregelmäßigen Platz angekommen, sehe ich rechts ein großes Gebäude. Menschen, die sich an ein Gitter drängen; Trommeln. – Was ist hier? – *Manœuvre des troupes*, Monsieur. – Ich stand vor den Tuilerien. Der Triumphbogen Napoleons vor mir mit den modern gekleideten steinernen Grenadieren und Musketieren auf dem Simse, die gegen den antiken Stil des Ganzen gar zu sonderbar abstechen. Eine steinerne Bärenmütze ist nicht um ein Haar künstlicher als der marmorne Hosenträger des Andreas Hofer zu Innsbruck. Ich wollte nicht aus meiner Richtung kommen und ging wieder zurück in die *Rue Richelieu*, die für mich vorderhand die Lebensader dieses ungeheuren Körpers war. Ich wollte sehen, wohin sie am anderen Ende führte. Ein düsteres Gebäude an der rechten Seite der Straße, Anschlagzettel dabei. *Don Juan d'Autriche par Mr. Delavigne.* Es war das *Théâtre français*, und ich wusste nun schon, was ich des Abends zu tun hatte. Gleich daneben ein Eingang, mit Haufen von Aus- und Einströmenden. Ich ging hinein, fest entschlossen, in derselben Richtung wieder zurückzukehren. Ein ungeheurer Hof, daran stoßend eine Art Garten, beide mit bedeckten Arkaden umgeben, die unzählige Buden enthielten.

Est-ce bien le Palais royal? - Oui, Monsieur. Ich weiß nicht, wie es kam, dass dieses berühmte Gebäude mir anfangs kleinlicher vorkam, als ich erwartet hatte. Vielleicht trat ich zuerst in den kleineren Hof, und der erste Eindruck war somit verloren. Da waren denn, trotz des Sonntags, all die Hunderte der glänzenden Buden offen, und ich ließ mich zum guten Anfang mit einem Plan von Paris betrügen, an dem nichts neu war, als die Jahrzahl 1836, die man auf das veraltete Zeug eingekratzt hatte.

Am oberen Ende führte meine *Rue Richelieu*, (von der ich noch einen zweiten Seitenabstecher auf den Börsenplatz und zum *Théâtre de l'opéra comique* gemacht hatte) auf den Boulevard des Italiens, und nun sah ich denn, was man mit dem Namen Paris eigentlich für ein Ding bezeichnen will. Graben und Kohlmarkt, hundertmal aneinander gestückt und zwanzigmal in die Weite gedehnt und zehnfach bevölkert und tausendfach verschönert, würden ungefähr ein Bild dieser Boulevards geben. Die Kaffeehäuser weiß ich (die Größe abgerechnet) mit nichts zu vergleichen, als mit dem Staatswagen, in dem der Kaiser von Österreich am Ostermontage nach St. Stephan fährt. So ging ich denn fort und fort, und ich sog den Eindruck der ungeheuren Stadt in mich ein. Endlich erinnerten mich meine Füße an die drei durchwachten Nächte und an die sechs anderen meiner Reise, die von jenen nur durch eine Nacht Schlaf getrennt waren. Ich konnte nicht weiter. Ich schleppte mich in mein Gasthaus, wo ich bis zur Essenszeit (halb sechs Uhr) meinen plan de Paris studierte. *Table d'Hôte* von wenigstens zwanzig Schüsseln, von einer Feinheit der Zurichtung, von der man in Wien, aber, die Wahrheit zu sagen, in diesem Grade auch in den meisten anderen Pariser Gasthäusern keine Vorstellung hat. Übrigens ennuyierte ich mich sehr und ließ gern das Dessert im Stiche, um, da es inzwischen dreiviertel auf sieben Uhr geworden war, ins *Théâtre français* zu gehen.

Das Stück wurde zum fünf- oder sechsundsiebenzigsten Male gegeben, und doch musste man *queue* machen, um zur Kasse zu gelangen. Glückliche Theater! Glückliche Autoren! – Ich bewundere die ungezwungene Grazie eines gemeinen Gendarmen, der mit dazwischen gehaltener Hand eine Barriere bildete und die Zuströmenden nur paarweise zur

Kasse ließ. Keine *petite maîtresse* hätte das artiger tun können. Man respektierte aber auch die nachlässig ausgestreckte Hand, als ob es eine eiserne Barriere gewesen wäre. Endlich war ich im Innern. Ein junger Mann aus der Normandie zeigte mir den Eingang, und bald saßen wir auf den beiden letzten Plätzen, die auf den Bänken des Parterre noch zu haben waren. Das Haus ist groß und schön. Man hört und sieht auf der letzten Bank so gut als auf der ersten.

Der Vorhang ging auf, und – ein Gemälde lag vor mir da. Ein Zimmer mit einigen Bücherstellen, dunkel gehalten. Keine Kulissen, keine Soffitten, keine Seitenlampen, keine Einsicht zwischen die Wände; sondern eben ein Zimmer, wie man es in der Wirklichkeit sieht. Weit entfernt, dass man dasselbe von den Schauspielern sagen konnte. So spricht man nicht im Leben; aber man könnte allenfalls so sprechen. Gilt in der Oper Gesang zur Musik für Sprache der Leidenschaft, warum nicht auch Gesang ohne Musik oder kadenzierter Rhythmus ohne Gesang? Das ist alles schärfer und betonter als im Leben, aber man will eben Aufmerksamkeit erregen. Die Wirklichkeit drückt sich mit Recht gemäßigt aus, denn sie hat die Unbestreitbarkeit ihres Wesens für sich; soll die Fiktion nichts tun, um das, worin sie im Nachteil steht, auszugleichen? Dazu kommt die Genauigkeit der Schule, die macht, dass nichts vor dem anderen hervortritt und alles, gesteigert, aber harmonisch sich fortbewegt. Es ist, als ob man eine Landschaft durch ein gefärbtes Glas betrachtete. Die Luft flammt, die Bäume röteln, alles spielt ins Feurige und Gelbe. Da der Ton aber allem gemeinschaftlich ist, so hat man wenig dagegen einzuwenden. Damit will ich dieser Schule nicht das Wort reden, sondern mir nur begreiflich machen, wie sie wirkt und wirken kann. So viel wenigstens ist gewiss, dass, indes bei unserer matten Natürlichkeit die Zuseher nach drei Stunden sich bang nach Tür und Ausgängen umsehen, die Leute hier von sieben Uhr bis Mitternacht in immer gesteigerter Erwartung saßen und die Teilnahme eher stieg als sank.

Die Individuen nicht eben bedeutend, bedeutend aber die allen gemeinschaftliche Schule. Der Beste vielleicht Firmin, der den Don Juan gab. Er legte etwas Bäurisches in den komischen Teil der Rolle, das kaum darin liegen dürfte, aber zur Individualisierung diente. Mad. Volays, oder wie sie hieß, vortreffliche Momente, aber von der Art, wie sie alle französische Schauspielerinnen haben. Die Armbewegungen mit dem ganzen Arme machen viele Wirkung. Einmal spuckt sie dem Könige ins Gesicht. Ja, wer das beschreiben könnte! Das ganze Schimpfliche der Handlung und nichts von dem Ekelhaften. Das Ganze lag bloß in der

Bewegung des Kopfes, ohne dass die Lippen dabei etwas zu tun gehabt hätten. Ein einziges Mal machte sie einen jener eigentlichen Naturschreie, die ich so sehr hasse. König Philipp sang gar zu sehr, auch sonst nichts Bedeutendes. Don Juans Erzieher gegen das Ende zu immer besser. Der Schlechteste: Karl V. Wie ein reduzierter Dragoneroffizier, der in einem Kloster das Gnadenbrot genießt *et qui s'en moque*. Ein junger Laienbruder, Mlle. Anais, recht gut, nur noch mehr hervortretend, als wohl der Dichter selbst wollte, und viel mehr, als die Sache erfordert. Das Stück ist in Prosa, die Schauspieler sprachen aber durchaus, als ob es Verse wären. Von den Dekorationen, dem Künstlerischen von Kostüme, Anordnung, Bewegung und Stellungen (immer mit Ausnahme Karls V.) lässt sich nicht genug Gutes sagen. Das Stück sah sich mitunter an, als ob es etwas Besonderes wäre, was es doch, bei Gott! nicht ist.

Die Aufmerksamkeit des Publikums bis ans Ende (halb eins nach Mitternacht) bewundernswürdig, aber ebenso merkwürdig die Unzahl von Streitigkeiten, vor allem wegen der Plätze. Hinter mir forderten sich ein Paar.

Nach Hause. Weniger gut geschlafen, als man nach so vielen durchwachten Nächten hätte glauben sollen.

Montag morgens hätte gern manches aufgeschrieben, konnte aber lange weder Tinte noch Papier erhalten. Brief an Katty. Dann ausgegangen, um Börne aufzusuchen, der *Rue Lafitte* Nr. 44 wohnen soll. Im selben Hause wohnt Herz' Schwester, Mad. Neuwall, an die ich einen Brief hatte. Börne, erfuhr ich, ist aufs Land nach Auteuil. Daher bloß meinen Brief abgegeben. Eine Einladung zum Mittagsessen für Donnerstag erhalten, wo auch Börne gebeten werden wird. Aus dem Hause tretend, bleibt ein Vorübergehender stehen und sieht mich starr an. Ruft fragend meinen Namen aus, gibt mir die Hand. Ich erkenne ihn nicht. Es ist Mr. Brant, ein Engländer, den ich vor Jahren in Wien kennengelernt. Ein angenehmer Mann, der sehr gut deutsch spricht. Nun ist für alles gesorgt. Er verspricht, mich in Paris herumzuführen, und da er hört, dass ich später nach London gehe, und es mit meiner Kenntnis des Englischen schlecht steht, verspricht er, mir auch darin unter die Arme zu greifen. Wir machen gleich einen guten Anfang, streichen in den Tuilerien herum, gehen zum Louvre, dann zurück bis gegen die elysäischen Felder. Endlich führt er mich zum Essen ins *Palais royal*, wo bei den *deux frères* für zwei Franken eine halbe Flasche Wein, Brot, Suppe und vier Gerichte nach Auswahl zu haben sind, nicht aufs Beste, aber doch noch immer gut genug für mäßig wünschende Leute. Mit einer englischen

Familie von Brants Bekanntschaft gespeist. Da sie immerfort englisch zwitscherten, wendete ich mich endlich auch mit einer Frage in derselben Sprache an meine Nachbarin, eine der Töchter. Diese gab mir ganz kurz keine Antwort. Ich glaubte, sie hätte mich nicht verstanden, als Mr. Brant sich an den alten Engländer wandte und ihm meine Befürchtung mitteilte, in England nicht verstanden zu werden, was der Mann unter vielen Beteuerungen für ungegründet erklärte. Die Miss hatte daher nur für gut befunden, mir ganz einfach nicht zu antworten.

Nach Tisch mit Brant ins *Gymnase dramatique*, wo man drei Stücke gab, wovon zwei, jedes von zwei Akten. Ich bewunderte das gute Spiel der Schauspieler in den beiden ersten, L'*interérieur d'un Bureau* und *Chut!* von Scribe, glaube ich; konnte aber, weil man gar zu rasch sprach, vieles nicht verstehen. Ganz entzückt aber war ich über das letzte Stück: *Le gamin de Paris*. Dass Bouffé ein vortrefflicher Komiker ist, der den gamin sowohl in den Gassenbübereien mit unübertrefflicher Laune, als in den ernsthaften Szenen höchst wirksam spielt, findet man allenfalls noch in der Ordnung, dass aber auch die Untergeordneten, namentlich Terville den General usw. vortrefflich, dass überhaupt niemand da schlecht spielt: Das erregt gerechtes Erstaunen.

Dienstag. Meyerbeer besucht mich morgens. Ein wackerer Mann mit Künstleraugen; nicht aufgeblasen durch seine neuesten Erfolge. Ging dann zum österreichischen Gesandten ins Faubourg St. Germain, den Sitz des Adels. Ein schmutziges Quartier voll Dreck und Hotels, der Gesandte freundlich, ohne Übermaß. Die Frau kam. Scheint sehr liebenswürdig. Soll bei ihnen essen. Essen muss der Mensch. Werde erscheinen. Der Gesandte gab mir seine Karte in die Deputiertenkammer, die fünfzig Schritte von seinem Hause im *Palais Bourbon* ist. Schönes Gebäude. Ein Labyrinth von Eingängen und *couloirs*. Das Innere wunderschön, zu hübsch fast. Ein Halbzirkel um den Präsidentenstuhl gezogen, der, prächtig von Bronze, wohl acht Fuß vom Boden erhaben ist. Unter ihm die Rednerbühne mit Aufgängen zu beiden Seiten. Die Bänke und Galerien purpurfarb ausgeschlagen. Gerade dem Präsidenten gegenüber die zwei Bänke der Minister, bloß durch eine goldene Inschrift als solche bezeichnet, sonst in allem den übrigen gleich, die in Keilen von zwei, drei und vier Sitzen auf Stufen emporlaufen. Unter der Rednerbühne Huissiers in schwarzen Kleidern, Degen an der Seite und goldene Ketten um den Hals. Der Anfang sollte um zwei Uhr sein. Es war aber noch kaum jemand da. Um halb drei Uhr kam der Präsident, den die Wache mit Trommelwirbel empfing. Dupin ist nicht groß und ziemlich beleibt. Gefärbtes Gesicht, weißes Haar. Ich habe viele Kaufleute gesehen, die so aussehen. Nach und nach kamen auch Deputierte, in allem wohl einhundert oder so. Ein Greffier trat auf die Tribüne und las etwas vor. Wahrscheinlich die gestrige Verhandlung. Niemand aber merkte auf. Die Deputierten schwatzten, der Präsident schwatzte, und der Greffier, der das wusste, murmelte nur, fast ohne den Mund zu bewegen. Endlich nahm das Gelese ein Ende. Nun hatte man aber Teufelsmühe, die Deputierten auf ihre Plätze zu bringen. Endlich gelang es, und die Sitzung fing an. Sie war ohne Interesse. Der Gegenstand nicht unwichtig, denn es handelte sich um die Entschädigungen für Privatgüter, die zum Behuf öffentlicher Arbeiten in Anspruch genommen würden. Die Sache wurde aber mit vieler Gleichgültigkeit behandelt. Die meisten schrieben Briefe oder schwatzten, sodass der Präsident wiederholt klingeln musste, damit die Redner nur verstanden würden. Alle Reden kurz, mitunter nicht ohne Stottern. Am besten sprach einer der Opposition von seinem Sitze aus. Ziemlich jung, mit einer kräftigen hellen Stimme. Von den Ministern, deren drei zugegen waren, sprachen zwei. Einmal der Finanzminister d'Argout, von seiner Bank aus, wie es schien, ohne zu überzeugen. Er ist ein übel aussehender, hässlicher Mann, dem die Haare wie ungekämmt vom Kopfe herabhängen. Der zweite der Minister, der nach der Ähnlichkeit mit dem Porträt mir Montalivet zu sein schien, wollte auch auf seinem Sitze bleiben, man rief ihm aber so lange zu, bis er sich auf die Rednerbühne begab. Merkwürdig die Schnelligkeit, mit der bei Zwischenfragen, die man nur durch Aufstehen von den Bänken entscheidet, die Stimmen gezählt werden. Drei Beamte treten auf die Tribüne, während die Stimmenden sich nur für zwei Sekunden erheben, und schon sind die Zahlen bekannt. Das eigentliche Votieren geschieht durch Kugeln. Zwei Vasen werden zur rechten und linken Seite auf die Rednerbühne gestellt, und die Deputierten gehen nun einer nach dem anderen über die Tribüne und werfen die beiden Kugeln, die sie von einem der unter dem Präsidenten sitzenden Beamten erhalten, je eine, in die dort stehenden beiden Vasen. Gegen vier Uhr ward die Sitzung aufgehoben.

Zu Tisch ins *Palais royal*, abends zu Brant, wo ich einen jungen Engländer fand. Sie tranken Tee. Ich nahm auch eine Tasse. Wir schwatzten. Gegen neun Uhr ging ich ins *Théâtre porte St. Martin*, wo man ein grässliches Stück: *Les sept Infants de Lara* gab. Mlle. George, einst schön, noch immer edle Züge. Schreit, rast; in den ruhigen Momenten oft wirksam. Das Arrangement gut. Schlecht – niemand. Ich war erst zum zweiten

Akte gekommen und ging um Mitternacht, da eben der fünfte angehen sollte. Habe daher soviel als nichts von der ganzen Handlung verstanden. Nur weiß ich, dass es sehr grässlich herging. Zwei Gegner, ein Don Gonzalo von hoher Figur, mit schönem kräftigen Organ, und ein hagerer dünnbärtiger Araber erzählten einander, wie sie sich hassten und was sie Lust hätten, miteinander vorzunehmen. Die Mutter der sieben Infanten warf jedem ihrer Söhne insbesondere einen eigenen Mord oder sonst eine Schandtat vor. Der eigentliche Kern aber ging mir verloren. Das Theater übrigens gedrängt voll. Wenig Fremde, fast alles Eingeborne.

Mittwoch mit Brant die Stadt durchstrichen. Garten der Tuilerien. Nicht groß, aber angenehm, besonders dadurch, dass jedermann den Garten wie seinen eigenen betrachtet. Die Kinder schlagen den Reifen, andere tanzen im Kreise und singen dazu. So abscheulich hier die Erwachsenen singen, so gut lässt es den Kindern, die überhaupt das Artigste sind, was man sehen kann. Ein weiteres Spiel ist, dass zwei, oft Erwachsene, eine Schnur schwingen und nun ein so kleines Wesen aufs Graziöseste darüber hin und her hüpft. Alles ist so heiter, und dazu die sonoren Organe und die selbst beim gemeinen Volke elegant markierte Sprachweise.

Die *Champs Élysées* unbedeutend, dafür aber mitten in der Stadt, drei Schritte von jedermanns Wohnung entfernt. Hierauf über den *Pont neuf*. Statue Heinrichs IV. Wüsste nicht, dass sie mir sonderlich gefallen hätte. Der Kopf des Pferdes gut, das übrige scheint mir nicht ausgezeichnet. *Notre Dame*, etwas schwer, besonders mit dem Straßburger Münster verglichen. Im Innern, wie dieser, ausgeweißt und so verdorben. Die Priester sangen eben eine Art Vesper, von einem Instrumente gleich einem Serpent begleitet, was eine gute Wirkung machte. Ganz weiß gekleidete Chorknaben standen vor ihnen, sehr anständig und gemessen in ihren Bewegungen. Die Kirche muss man natürlich wiederholt besehen. Platz des zerstörten erzbischöflichen Palastes. Aufs andere Ufer zurück. *Hotel de Ville*. Kleiner, als ich mir's vorgestellt hatte und es einer Stadt wie Paris ziemt.

Für den Abend hatte ich mich mit dem jungen Neuwall ins *Théâtre du Vaudeville* zusammen bestellt. Man gab *Deux maitresses*, wo eine Mlle. Brohan recht gut spielte. Dann *Renaudin de Caèn*. Arnal, der Komiker, sehr gut, trocken natürlich. Suzette, ein sehr hübsches Mädchen, mit dem deutschen Namen L. Mayer. Endlich *M. und Mad. Galochard*, wo Arnal und die Brohan das Ehepaar aufs Beste darstellten. Ein Bauernmädchen Suzon, die nur zehn Worte zu sagen hatte, von einer Mlle. Josephine so vortrefflich gegeben, als bei uns kaum die ersten Personen imstande sind. Mir entgeht übrigens zu viel in diesen Stücken, als dass sie mir nicht mitunter lange Weile machen sollten. Die angestrengte Aufmerksamkeit ermüdet mich unendlich.

Schlecht geschlafen. Als ich vor Tag aufwachte, war mir wie einem zumute, dem eine große Krankheit bevorsteht. Das Zimmer drehte sich mit mir. Ich suchte eine Weile vergebens nach dem Puls. Machte mir doch ein wenig Bange. Aufs Frühstück ward es übrigens besser. Ich bin ein solches Jagen und Hetzen nicht gewohnt. Will mich mehr schonen und zum Frühstück die Butter weglassen, die mir nicht bekommt.

Zu Brant. Wir lesen englisch. Beschließen, in den *Jardin des plantes* zu gehen. Es beginnt zu regnen. Machen einen Gang durch ein paar Straßen. Der immer stärkere Regen zwingt uns, umzukehren. Gehe nach Hause und fange an, diese Erinnerungsbehelfe niederzuschreiben.

Mittags bei Neuwall. Treffe Börne. Den Witz sieht man dem Manne wohl an, kaum aber die Gewalt, am wenigsten die Ausgelassenheit. Ich hatte mich herzlich auf ihn gefreut. In der Art wollte es sich nicht recht geben, wozu wohl auch die größere Gesellschaft beitrug. Ein Doktor David aus Kopenhagen, mit seiner Frau, der mir kaum gefiel. Soll wegen Liberalismus halb verbannt sein. Ein Herr Leidesdorf aus Kopenhagen. Scheint ein gescheiter Mensch. Brant. Ein paar Unbekannte. Gutes Diner, schlechter Champagner. Der Sohn vom Hause gefällt mir recht wohl. Abends mit den Hauswirten zu einer deutschen Familie Valentin, oder wie sie heißen. Curschmann aus Berlin, den angenehmen Liedersänger, dort getroffen. Im Übrigen bleiben sich die Deutschen aller Orten gleich. Man muss mit ihnen in einem herzlichen Verhältnisse stehen, um sie nicht abgeschmackt zu finden. Ich war sehr müde und daher froh, als ich fortkam.

Freitag, 15. April. Kamen morgens ein paar junge Schweden zu mir, die ich in Wien kennengelernt und gestern bei Tisch im *Palais royal* wieder gefunden hatte. Beschlossen, abends zusammen in die Oper zu gehen, wo man den zweiten Akt der Oper *Wilhelm Tell* und ein Ballett: *La revolte au serail* gibt. Ging zu Geymüllers Tochter, die als Frau des Grafen Kielmannsegge, hannoverischen Gesandten, hier lebt. War nicht zu Hause, d. h. ließ sich verleugnen. Die Gans mag warten, bis ich wiederkomme. Tat es ohnehin bloß, um dem Vater bei meiner Rückkunft sagen zu können, ich hätte sie besucht. Kam mir manches Widerliche aus den Verhältnissen in meiner Vaterstadt ins Gedächtnis. War verstimmt. Wollte eine historische Tour, allein, machen. Den Platz der Bastille, den Temple sehen. Verfehlte die Direktion und ging bis an die *Champs Élysées*, ehe ich meinen Irrtum gewahr wurde. Umgekehrt und in der entgegengesetzten Richtung die Seine hinaufgewandelt. Man kann sich nichts Malerischeres denken, als den Anblick von Paris, von den Brücken und Quais aus. Konnte den Platz der Bastille vor Müdigkeit nicht erreichen. In einem Omnibus zurückgekehrt. Schnell ist diese Gelegenheit nicht, da alle zehn Schritte der Wagen anhält, um jemanden ein- oder auszulassen. Für weite Entfernungen und müde Beine haben sie ihr Gutes. Mittagsessen mit meinen Schweden. Abends in die Oper.

Der Saal prächtig und geschmackvoll zugleich. Es ist schon ein Schauspiel, nur ihn zu sehen. Rot mit Gold. Vier Reihen Galerien, in äußerst angenehmen Krümmungen. Das Orchester vortrefflich. Die Ouvertüre ging, wie man bei uns keine Vorstellung hat, bis auf das letzte Presto, wo, wie überall, die Violinen zu wenig hervortraten. Sänger: Mad. Dorus, sehr gut, Stimme und Ausbildung. Tenor, Lafont, wenig Klang, eine Art Binder, mit besseren Formen. Tell, Derivis, unangenehm. Serda, tiefer Bass, mit einem Anklang von Strohbass. Das berühmte Terzett gefiel mir in Wien viel besser. Der Chor wird häufig von den Instrumenten übertäubt, die Rütli-Szene auch im Arrangement nicht vorzüglich.

Das Ballett, schlechte Erfindung von Taglioni. Die Tänzerinnen kamen mir unbedeutend vor. Ein Mr. Albert gefiel mir. Die Chortänze viel besser als bei uns. Dekoration und Kostüme sehr gut, ohne außerordentlich zu sein. Erstere gefielen mir im *Théâtre français* weit besser. Im Anfang des zweiten Aktes das Innere des Serails, wo die Mädchen in einem Bassin baden, eigentlich reizend. Sonst dummes Zeug und Langweile.

Sonnabend, 16. Meine Hypochondrie kommt wieder. Fürchte, diese Reise umsonst gemacht zu haben. Der Gedanke, nach Hause zurückzukehren, macht mich schaudern, und doch fühle ich, dass ich hier nichts zu tun habe. *Courage, mon ami*!

Mein Zimmer ist unbehaglich. Feuer im Kamin wäre mir recht angenehm. Aber das Anmachen, das Unterhalten, das Ab- und Zulaufen der Dienstleute wäre mir zuwider. Daher mag es nur kalt bleiben. Es geht mir damit, wie mit der Gesellschaft von Paris. Ich möchte sie wohl kennenlernen, habe auch Empfehlungsbriefe im Portefeuille, die alle Türen öffnen würden, kann mich aber nicht entschließen, mich der damit verbundenen *gêne* zu unterziehen. Auch ist mir die französische Sprache zu wenig geläufig, um im Gespräch über der Schwierigkeit des Wie, des Was nur einigermaßen froh zu werden. Meyerbeer hatte sich sehr empressiert gezeigt, jetzt bekomme ich ihn nicht mehr zu sehen. Ich war zweimal bei ihm, ohne ihn zu treffen. Thalberg, der Klavierspieler, versprach mir eine Karte in sein heutiges Konzert. Er hat bis jetzt nicht Wort gehalten. Es wird wohl unmöglich gewesen sein.

Ich bin für die Gesellschaft verdorben. Ich kann mit niemand sprechen, an dem ich keinen Herzensanteil nehme. Es unterhält mich mehr, einem Redlichen stumm gegenüberzusitzen, als mit einem Zweifelhaften noch so geistreich zu konversieren. Brant gefällt mir erst, seit ich einen Zug von ihm gehört habe, der ihn als Ehrenmann charakterisiert.

Bin heute mit ihm in der Stadt herumgeschlendert. Pantheon. Prachtvolles Gebäude, wunderlicherweise ganz leer. In den Souterrains höchst widerlich die Sarkophage einiger *grands hommes* aufgeschichtet, die niemand kennt. Ich dachte mir die Monumente in der Kirche selbst. Rousseaus erstes Grabmal. Voltaires Bildsäule. Charakteristisch liegt der eine, und der andere steht. Die Kuppel bestiegen. Unangenehme Empfindung beim Emporsteigen. Seit mich vor Jahren auf dem Tischberge bei Gastein der Schwindel so heftig ergriff, machen alle Höhen mir einen beängstigenden Eindruck. Ungeheure Aussicht. Doch sollte man eigentlich gar nie die Grenzen eines großen Gegenstandes zu sehen begehren. Paris ist größer, wenn man seine endlosen Gassen durchwandert, als wenn man die Massen Stein und Kalk vom Pantheon aus überschaut.

Jardin des plantes. Der Schönbrunner Garten besser gehalten. Den Wert der Pflanzen verstehe ich nicht. Der Pariser Garten unendlich reicher an Tieren, in weiteren, luftigeren Räumen aufbewahrt. Die interessantesten waren verschlossen. Ein Bisonochse merkwürdig. Das Vorderteil mit dem Kopfe ungeheuer, das Hinterteil schwach.

Über den *Place de la Bastille* zurückgekehrt. Bizarre Idee des Elefanten als Springbrunnen. Noch nicht vollendet. *Boulevard du temple.* Reise bis zum Mittelpunkte der Stadt. Mit Brant in einer Restauration nach englischer Art eingekehrt, wo man für beinahe nichts wirklich nichts erhält. Mein Magen fordert tüchtigere Mahlzeiten. Die Stadt durchwandert, die sich bei Nachtbeleuchtung feenhaft ausnimmt. Vor allem die mit Glas bedeckten Passagen, *Rue Vivienne*, die einer einzigen ungeheuren Lampe gleicht oder einem Kristallpalaste, von Feuergeistern bewohnt. Die Boulevards heller als bei Tage. In dieser Richtung geht auch der Hauptzug der Vestalen vom ausgelöschten Feuer, die großenteils sehr hübsch sind, übrigens viel weniger zahlreich und anständiger, als ich gedacht hatte. Früher soll letzteres anders gewesen sein, besonders im Palais royal, von wo sie jetzt ganz verbannt sind. Das eine und das andere verdankt man dem jetzigen Könige. Louis Philipp ist überhaupt ein Ehrenmann und ein erzgescheiter Mann obendrein. Ich habe ihn vom ersten Augenblicke an dafür gehalten und sehe hier nichts, was mich meine gute Meinung zurücknehmen ließe. Abends bei Brant mit dem jungen Neuwall. Wir schwatzten beim Tee bis elf Uhr.

Sonntag. Gewaltig verstimmt aufgewacht. Dieses leere Herumschlendern ist am Ende doch gar zu armselig. Sollte mich ein wenig mit der Gesellschaft bekannt machen, kann mich dazu aber nicht entschließen. So angenehm es mir einerseits ist, hier immer mit Deutsch sprechenden umzugehen, so hindert es mich anderseits, mich ins Französische hineinzudenken, und ich weiche der Unterhaltung in dieser Sprache aus. Überdies mein Widerwille gegen jede Gesellschaft und Unlust, zu sprechen. Ich werde nach Wien zurückkommen, wie ich es verlassen, der Zweck der Reise läge im Gegenteil.

Meine gewöhnliche Zuflucht zu Brant. Er ist es zufrieden, da er denn doch keine Geschäfte hat. Den jungen Dithfield dort getroffen. Konnte mich nicht entschließen, englisch zu sprechen, schwieg daher ganz und war ziemlich unangenehm. Spaziergang in den Tuilerien. Ausflug zu den Invaliden, Marsfeld, Militärschule. Alles schön, großartig. Letzteres herrliches Gebäude. Die Invaliden sehr gut gehalten. Küche, Speisezimmer reinlich, elegant. Silberne Suppentöpfe der Offiziere. Die Statue Napoleons im Hofe nicht gut placiert.

Bei Neuwalls gegessen. Die Familie gefällt mir sehr wohl. Eine französische Dame da, französische Konversation. Macht sich ganz leidlich. Behauptung, dass Viktor Hugos theatralische Successe mehr die Sache einer Partei sei, die eigentlich Gebildeten aber nur an seinen Romanen teilnehmen. Woher dann aber die vielen Auflagen seiner Dramen?

Abends mit Many ins *Théâtre porte St. Martin*, um die *Lucrece Borgia* zu sehen, die man dort zugleich mit einem Lustspiel von zwei Akten und der *Tour de Nesle* von fünf Akten gibt, zusammen als zwölf Aufzüge. Zum Schluss der *Tour de Nesle* gekommen, wo die zwei Hauptschauspieler ein Geheul vollbrachten, wie Wölfe im Winter.

Lucrece Borgia, die schlechteste Vorstellung, die ich hier noch gesehen. Kein Schauspieler seiner Rolle gewachsen. Die George ein widerliches Weibsbild. Das Stück ist gewiss nicht gut, wenn es aber Tieck so *de haut en bas* traktiert, so sollte er sich vorher erforscht haben, ob er imstande sei, eine einzige Szene davon zu schreiben. Es hat große Schönheiten, und mit einigen Änderungen, wozu besonders das unkünstlerische Wiederkehren derselben Vergiftungs- und Entgiftungsverwicklung gehört, könnte ein, wenn auch nicht in jeder Hinsicht befriedigendes, doch höchst achtbares Werk daraus gemacht werden. Die reine, unschuldige Haltung des Gennaro ist ein Meisterstück. Die Figur des Herzogs; die Szene zwischen den beiden Ehegatten. Dazu die eigentliche Sprache der Leidenschaft. Ich wüsste niemand in Deutschland, der das machen könnte. Bei dieser Aufführung ging aber alles verloren. Sogar die äußere Anordnung, mit Ausnahme des letzten Nachtmahles, schlecht. Der Calembourg mit dem Orgia fand in einer Bicoque statt, die unmöglich für das Portal eines fürstlichen Palastes gelten konnte. Ebenso das Arrangement des herzoglichen Zimmers ganz gegen die Absicht des Verfassers. Oder wenn er es so gemeint, so habe ich ihm mehr Fantasie zugetraut, als er hat. Die Tischszene im letzten Akt vortrefflich. So was können sie nur in Frankreich. Wie malerisch, wie natürlich. Und wenn dann die Lichter ausgelöscht werden, welche wunderliche Beleuchtung waltet dann über dem Ganzen. Die Totenchöre, Mönche und Särge, ganz so wirkungslos, als ich sie mir beim Lesen vorgestellt hatte. Hier einer von den wenigen Fällen, wo das Theatralische und Dramatische voneinander abweicht. Dramatisch lässt sich nichts dagegen einwenden. Es ist übrigens die Frage, ob es sich denn doch nicht auch darstellen ließe.

Vor dem Ende fortgegangen, es war dreiviertel auf ein Uhr. Das Publikum benahm sich, besonders während der Zwischenakte, ziemlich unanständig. Man pfiff, krähte, heulte. Liebespaare in den höheren Logen wurden mit dem Finger bezeichnet, ausgelacht, aufgefordert, sich näher zu rücken. Besonders unterhielt es die oberste Galerie, kleine Papierchen wie Schneeflocken herabregnen zu lassen. Bedenkt man aber, dass die Leute von sechs bis ein Uhr da saßen, so muss man ihnen schon einige Aufheiterung zugutehalten.

Montag. Die französische Dame von gestern hatte mir eine Karte in die Deputiertenkammer versprochen, wo eine interessante Sitzung sein sollte. Der junge Neuwall brachte sie mir. Ging daher schon bald nach zwölf Uhr dahin, um nichts zu versäumen und Platz zu finden. Vorher auf die Post, um nach Briefen zu sehen. Nichts. Bis zu diesem Grade der Vereinsamung habe ich es gebracht.

In der Kammer war noch niemand, als Zuseher. Kaum hatten sich noch drei bis vier Deputierte versammelt, als Trommelwirbel schon die Ankunft des Präsidenten verkündeten. Ein Mann von nicht viel mehr als 40 Jahren, schlank, groß, mit dunkeln Haaren, bis auf die höhere Statur ein wenig dem Kriegsagenten Dembscher in Wien gleichend, setzte sich auf den erhabenen Stuhl. Da er in nichts dem Präsidenten von neulich glich, fragte ich. Es war Dupin, jener nur ein *remplaçant*, vielleicht der Vizepräsident. Dupin gefiel mir sehr. Durch nichts in Verlegenheit zu bringen, wohl gar mit einem *bon mot* antwortend, nachlässig, überlegen, wie zu Hause. Er hatte das weiße Schnupftuch in der Brusttasche stecken, welchen Achtungsverstoß der Zerstreuung er mit einer, wie mir vorkam, nicht ganz unaffektierten Hast verbesserte. Übrigens schnitt er ein Buch auf und las, auch während eines großen Teils der Verhandlungen. Als er zitierte Paragrafen laut vorlesen sollte, verfehlte er Seite und Absatz und las ganz was anderes, worauf er von allen Seiten zurechtgewiesen wurde, was ihn aber gar nicht genierte. Ruhig las er von Neuem; wieder was Falsches; wieder unterbrochen, bis er endlich das Rechte fand. Die Verhandlung, die den Zolltarif betraf, sollte, wie gesagt, interessant werden; die Kampfhähne wollten aber nicht recht beißen. Ein Artikel, wenn mir recht ist, über die Foulardtücher, wurde zum Teil verschoben. Über die Havanna-Zigarren fing man an, sich zu erwärmen, aber das Zentrum mit seinem immerwährenden *aux voix*! unterbrach alles, und man bekam keine größere Rede zu hören, als die eines unglücklichen Deputierten, der zugunsten der minderen Zollsätze sprach, aber so langweilig, dass die übrigen spazierten, diskurierten, lachten. Anfangs schellte der Präsident einmal mit der Glocke, und der Huissier rief mit Stentorstimme: Silence, Messieurs! Dann aber überließ auch er den armen Teufel seinem Schicksale, und er vollendete seine Rede während eines Lärmens, der nicht geringer war, als der auf dem Michaelsplatz nach Beendigung des Burgtheaters. Unmittelbar auf ihn kam ein Mann mit einem Faungesichte, der einige Späße über die Langweiligkeit der Rede seines Vorgängers machte, was anfangs gut aufgenommen wurde; als er aber weiter fortfuhr, erging es ihm nicht viel besser, man konversierte wie vorher, nur dass er, bei einem kräftigen Organe, doch auch einer der Mitredenden blieb. Von den Ministern sprach d'Argout, der es mit einer Art Superiorität, ja Schärfe tat und sich wie verweisend umsah, wenn er gestört wurde. Sehr gefiel mir der

Handelsminister Passy, ein großer, hagerer Mann, nicht alt, mit kahlem Kopfe. Er spricht gut, ohne Lebhaftigkeit, aber wie es scheint, bündig und überzeugend. Ungefähr in derselben Art, obgleich gewiss besser, würde bei uns Baron Pillersdorff sprechen. In der Frage über den Zollsatz des Mahagoniholzes bestieg er gewiss fünfmal die Bühne, um den Gegnern zu antworten. Der Hauptgegner, der eigentliche *diabolus rotae*, war ein junger Mann, den ich nach seinem Sitze für de Sade halten muss. Er scheint der Rapporteur des Ausschusses der Kammer gewesen zu sein, und ihm lag ob, all die Änderungsvorschläge zu verteidigen, die diese Kommission gegen die Anträge der Regierung gemacht hatte. Das tat er denn recht klug und verständig, mit Beredsamkeit und Lebhaftigkeit. Er sprach wohl zwölfmal gegen die Minister und ihre Redner. Es war aber alles umsonst. Die Anträge der Regierung wurden durchweg angenommen.

Ich ging vor der Ballottierung und kam erst um sechs Uhr zu Tische. Meine Schweden sagten mir, dass im *Théâtre du Palais royal* ein paar gute Stücke gegeben würden. Wir gingen hin. *Acteon*, eine Art Parodie, wo Chiron als Pferdemensch mit dem Regenschirm unter dem Arme vorkommt. Die Hauptrolle spielt ein Herr Alcide recht gut. Das Theater ist wegen seiner derben Spaße bekannt. Einer der besten, dass, als Acteon fragt, ob er (Chiron) schon einen Jäger (Chasseur) mit Hörnern gesehen habe, dieser antwortet: Er glaube, bei der Nationalgarde. Eine der Albernheiten Chirons fertigt Acteon damit ab: Jetzt habe sich einmal wieder seine *partie de derrière* geltend gemacht. Hierauf zwei Akte von *Les chansons de Desaugiers*, wo Levassor und Mad. Déjazet in verschiedenen Verkleidungen auftreten. Ersterer als Engländer, Mylord Doy, recht gut. Ich habe eine ähnliche Figur aber von Alexandre viel besser gesehen. Die Déjazet als Postillon wollte mich nicht recht ansprechen. Im Anfange des zweiten Aktes liegen die beiden, als Herr und Madame Denis, in zwei Himmelbetten, wo es denn an Zoten nicht fehlt, ohne dass ich dabei einen sonderlichen Spaß entdeckt hätte. *L'enfant du Faubourg*, das Stück *en vogue*, ist eine schlechte Nachahmung des *Gamin de Paris*. Levassor spielt den ersten Akt als Taugenichts recht gut, dann verschlechtert er sich zugleich mit dem Stücke. Zuletzt stirbt er als Galeerensklave, von seinen eigenen Kameraden ermordet, was mich höchlich überraschte, da, wenn in dem Stücke irgendein Sinn wäre, es ihm nach seiner Besserung eher besser, als schlimmer hätte ergehen müssen. Ich wartete das letzte Stück *Coliche* nicht ab. Das Theater ist sehr klein, kleiner als unser Leopoldstädter. Im Nachhausegehen verfehlte ich den rechten Ausgang des *Palais royal*, irrte eine Weile herum und fühlte alle Anzeichen einer Verkühlung, als ich mich, seit Langem zum ersten Mal vor Mitternacht, zu Bette legte.

Dienstag, 19. April. Sehr schlechte Nacht zugebracht. Meine Gesundheit leidet sichtlich unter dem Andrange so vieler Gegenstände und Neuigkeiten. Wäre doch höchst unangenehm, hier krank zu werden. Doch ich kann meiner Natur schon etwas zutrauen. Besonders die Verdauung schlecht, obschon ich wenig esse. Nur einmal des Tags und da, außer Suppe, ein Stückchen Rindfleisch, eine Kotelette, eine Obstspeise und irgendein Nichts als Dessert ...

Muss heute beim Gesandten speisen. Ärgere mich schon jetzt darüber.

Mit Brant zum Kirchhofe des *Père Lachaise*. Ich bin ein guter Fußgänger, Brant geht mich aber doch in Grund und Boden. Er will von Fiacre oder Omnibus nichts wissen, und so geht es denn zu Fuße in diesen ungeheuren Entfernungen. Der Kirchhof wunderschön. Es gibt nirgends etwas dem Ähnliches. Ein fortgesetzter Hain mit Grabmälern, einige mit Gärtchen, Blumenstücken, alle mit Kränzen von Immortellen. Obgleich die Rührung, die der letztere Schmuck erregt, etwas dadurch gemindert wird, dass diese Kränze auf allen Zugängen schon fertig zu Hunderten verkauft werden, so zeigt es doch immer Aufmerksamkeit der Angehörigen. Grabmal Abailards und Heloises mit den ganzen Figuren beider, liegend unter einem gotischen Baldachingewölbe. Heloise, schöne Züge. Heloise! –

Sankt Anna sitzt im Nest und brütet Heloise.

Ich weiß nicht, warum ich mir einbilde, eine Person müsse sich eben jetzt in Paris befinden. Ich sehe mich auf allen Straßen um, und erschrecke manchmal. Und doch ist es ein Unsinn – Herzlosigkeit und ein Raum von 800 Meilen liegt dazwischen.

Eins ist, was altergraue Zeiten lehren,
Und lehrt der Morgen, der erst heut getagt;
Des Menschen ew'ges Schicksal heißt entbehren,
Und kein Besitz, als den du dir versagt.

Der laute Tag, verlebt in froher Runde,
Beim heitern Fest genippter Götterwein,
Des Teuern Kuss auf deinem heißen Munde,
Dein wär's? Sieh zu! ob du vielmehr nicht sein.

Denn der Natur alter notwendige Mächte,
Sie hassen, was in freien Bahnen zieht,
Als vorenthalten ihrem ew'gen Rechte,
Und ziehen's lauernd in ihr Machtgebiet.
All was du hältst, davon bist du gehalten,
Und wo du herrschest, bist zugleich du Knecht!
Genuss sieht vom Bedürfnis sich gespalten,
Und Pflicht, als Dorn, umstellt das süße Recht.
Nur was du abweist, kann dir wiederkehren!
Nur was du denkst, ist dein; denn du bist's, es ist du;
Drum lass gefasst ein Äußres uns entbehren:
In Selbstbewahrung liegt zuletzt die Ruh.[1]

Mittags beim Gesandten gegessen. Gut empfangen. Niemand da, als die Familie. Doch einige Aufhorchereien, ob man mit Börne und Heine schon gesprochen. Die Ministerin den Börne gelobt. Heißt das, wenn nicht – obschon. Ich finde es natürlich. Habe nun mein Futter. Werde nicht leicht wieder hingehen. Die Frau habe ich mir natürlicher, herzlicher vorgestellt. Die Söhne benahmen sich, als ob ich eben aus China angelangt. Die Ministerin zeigte ihren Wunsch, mich öfter zu sehen, wenn nur dem Fremden in Paris seine Augenblicke nicht so kostbar wären, in welche Wahrheit ich herzlich einstimmte. Der Minister meinte, zu dem tanzenden Frühstück, das er am 3. Mai geben wolle, müsse ich denn doch kommen. Allerdings. Mögen leicht zu den Besten einer schlechten Gattung gehören. Mir ist, als witterte ich etwas Uriasartiges bei meinen hiesigen Landsleuten, mit Ausnahme der Familie Neuwall. Gut, gut! Wird sich ja aufklären. Oder auch nicht. Die Straßen von Paris können sie mir doch nicht wegnehmen und die Theater auch nicht.

Des Abends mir Ruhe gegönnt. In einem Lesekabinett zum ersten Mal seit drei Wochen die Zeitungen gelesen. Nichts Neues gefunden. In Spanien die alten Trägheit. Um halb elf Uhr nach Hause. Will mich ausschlafen.

Mittwoch, 20. Gut geschlafen. Heiterer aufgestanden bis auf eine Unbehaglichkeit des Magens, die gewöhnlich bis eins, zwei Uhr steigt, sich dann vermindert und nach dem Essen ganz verschwindet.

Um zwölf Uhr zu Börne. Den Wagen nach Auteuil versäumt, mit einem elenden Kabriolett hinausgefahren. Die Gegend außer der Barriere von

---

[1] vgl. Bd. I, S. 129.

Passy recht hübsch. Die Bäume in voller Blüte. Habe zum ersten Male den Frühling empfunden.

Traf Börne allein. Er hatte eben ein Schläfchen gemacht und musste sich erst finden. Er wohnt sehr hübsch da draußen. Mehrere Zimmer sehr gut möbliert, eigene Bedienten. Ich freue mich, dass er so viel hat, um leben zu können, sonst würde es ihm bei allen diesen Zensurverboten übel ergehen. Kamen eben ins Gespräch, als zwei Herren angemeldet hereintraten, die mir Börne als deutsche Verbannte, ehemalige rheinbayrische Deputierte vorstellte. Die Namen habe ich vergessen. Das Gespräch wendete sich um staatsrechtliche Fragen, Politik, Literatur. Wunderte mich, wie dieser eigentlich gescheite Mensch sich noch immer in dem Kreise von Bestrebungen herumtreiben mag, die mit der letzten Spur der Möglichkeit gewissermaßen ihren Gegenstand verloren haben. Börne scheint übrigens mit den übrigen deutschen Malkontenten darin in Streit zu sein, dass ihm, bis auf das System der Regierung, das französische Wesen gefällt, indes diese, in echt deutscher Verblendetheit, ihren Landsleuten das Übernatürlichste zutrauen und von den Franzosen als einem höchst unglücklichen Volke reden. Der eine der beiden Männer dauerte mich wirklich, so angegriffen war er, so bitterer Ernst schien es ihm. Arme Teufel! Ich wette drauf, es sind ehrliche Männer, seien sie nun erleuchtet oder verblendet. Man sprach übrigens mehr von französischen als deutschen Zuständen. Börnen schien die politische Wendung nicht angenehm, entweder weil er mir doch nicht ganz traute, oder mich nicht für voll nahm, da ich gleich von vornherein meine gemäßigten Gesinnungen deutlich erklärte. Er fragte mich, ob ich für den Mittag geladen sei, was ich bejahte, teils weil ich heimische Klagen genug auf dem Herzen habe und keinen Beruf fühlte, sie beim offenherzig machenden Glase Wein an Übertriebene gelangen zu lassen, teils weil ein Besuch bei Börne schon Stoff genug für einen Gesandtschaftsbericht ist, ein Mittagmahl aber gar, und noch dazu in solcher Gesellschaft, ohne Zweifel die Zahl der sieben Todsünden um eine achte vermehren würde.

Ich weiß wohl, dass ich unrecht habe. Die Gemäßigten werden weder geliebt noch gefürchtet, stehen daher von allen Seiten schlecht. Sei's! Ich hege auch weder Furcht noch Liebe, höchstens Mitleid und Verachtung.

Mittags im Palais royal. Abends in der Oper, *La Juive von Halevy*. Die Musik großenteils blinder Lärm, bis auf einige choralmäßige Chöre, die wirklich schön sind. Von den Sängern die Weiber Dorus und Falcon gut, die Männer unangenehm. Lafont ungefähr wie neulich. Nourrit, ein hiesiger Liebling, hohe Halsstimme ohne eigentlichen Klang, nur wirksam, wo er schreit. Serda, schnurrender Bass, aber ausgiebig, wirksam. Nur singt er gern noch um ein paar Töne tiefer, als seine tiefe Stimme reicht. Das Ganze ohne Interesse. Aber welche äußere Ausstattung: die Dekorationen Wirklichkeiten, oder nein: Bilder. Dadurch unterscheidet sich die französische Dekorationsmalerei von der der übrigen Nationen, dass letztere die Gegenstände der Wahrheit gemäß abbilden und nun dem Zufall überlassen, ob das unwahre Lampenlicht, die Gruppierung und Bekleidung der Figuren die Wirkung steigern, stören oder aufheben werde. Hier aber malt man das Licht, die Steigerung und Abschwächung, das Wesentliche und die Beiläufigkeit gleich von vorneher in die Dekoration hinein; da man der leidigen Allseitigkeit der Lampenbeleuchtung nicht los werden kann, so wird in den Gruppen Licht und Schatten durch helle und dunkle Farbe der Bekleidung ausgedrückt. So entstehen eigentliche Bilder, von deren Wirkung man bei uns keine Vorstellung hat. Der Marktplatz einer Reichsstadt gleich beim Aufziehen des Vorhangs, eine Kirche im Vorgrunde, dunkel gehalten mit stehenden und knienden Gruppen. Gegenüber Männer auf Barrieren, Ecksteinen sitzend, mit den Füßen schlenkernd, stehend, liegend, Straßenjungen. Im Hintergrunde, perspektivisch sich emporhebend, gewappnete Männer, die Harnische gräulich glänzend, um nicht zu sehr vorzutreten. Dazu aus der Kirche Orgeltöne, Chorgesang, Frauen mit schlepptragenden Pagen, die in die Messe gehen. Der Kardinal erscheint auf den Stufen. Man muss das gesehen haben. Ich glaube, Fantasie zu haben. Hier zum ersten Male in meinem Leben habe ich ein theatralisches Arrangement gesehen. Der Einzug des Kaisers. Pferde. Prächtig. Bei uns ist derlei Spielerei, hier nicht, weil es die Wirkung des Ganzen erhöht. Tänze eingeflochten, nicht eingezwängt. Die Kostümes von einer Pracht, die ärgerlich wäre, wenn sie ihren Zweck nicht so vollständig erfüllten; von einer Genauigkeit, die ans Absurde streift, durch die Großartigkeit des Ganzen aber nur noch als volle Wahrheit wirkt. Dazu die Geschicklichkeit all dieser Leute. Nichts, was stört. Keiner geht, sitzt wie der andere, alles künstlerisch geordnet und natürlich aufgefasst und wiedergegeben. Alle Ehre den Künstlern unserer Theater, aber unsere Bühnen sind elende Marktbuden im Vergleich dieser Wirkungen. Hier kann ein Mann von Fantasie und Geschmack einer Vorstellung beiwohnen. Die Dekoration des letzten Aktes war schlecht.

Das Haus gedrängt voll, der Beifall groß. Die Leute meinten, es wäre die Oper, was ihnen gefiel.

Donnerstag, 21. April. Ziemlich gute Nacht, Die Gesundheit bessert sich. Nur gar so wenig Besinnung. Kann man ein Greis und ein Knabe zugleich sein, indes man das mittlere zwischen beiden sein sollte: ein Mann.

Mit Brant englisch gelesen. Wie es mir in England mit der Sprache gehen wird, weiß vorderhand Gott allein. Ich habe mich geflissentlich auf diese Reise geworfen, wie ein Nichtschwimmer ins Wasser, die Not sollte die Bewegungen von selbst lehren. Ertrunken bin ich vorderhand auch wirklich noch nicht, aber Wasser habe ich in Mund und Nase bekommen teufelmäßig, und wer weiß, was noch kommt?

Soll ich die Schuld auf Mangel an Charakter schieben? Kein wirkliches Unglück, keine eigentliche Gefahr hat mich noch unmännlich gefunden. Aber diese kleinen *ennuys*, diese immer wiederkehrenden Plackereien matten mich auf eine Art ab, dass ich dagegen durchaus nicht aushalten kann. Das eigentliche Unglück ist, dass ich das Fehlerhafte, das Absurde meiner Stimmungen und Eigentümlichkeiten völlig einsehe und mir alle Mühe gebe ....

Bin hier im Schreiben durch Hagberg unterbrochen worden und konnte den ganzen Tag nicht wieder dazu kommen. Jetzt da ich mich wieder dazu hinsetze, habe ich die merkwürdigen Ereignisse rein vergessen. Weiß nur noch, dass ich die Kirche St. Eustach besah, dieselbe, die Ludwig XIV. aus einer gotischen in eine haarbeutelmäßige so glücklich verballhornen ließ. Die Reste noch immer schön. Die *Halle aux blés* gesehen mit der riesenmäßigen Dachkuppel. Merkwürdiges Echo in der Mitte, das trotz der ungeheuren Entfernung des Daches jedes gesagte Wort wiederholt, beinahe ehe man's zu Ende gesprochen. Ich finde die natürlichen Erklärungen der natürlichen Dinge äußerst unnatürlich.

Großer Marktplatz, schmutziger als irgendetwas bei uns. *Dames de la Halle*. Die sehen eher nach einer Revolution von 1830, als nach der von 1792 aus. Gott ist mächtig in den Schwachen. Heißt das: Gott in Frankreich. Was sonst geschah, deckt die Nacht des Vergessens.

Mittags bei Neuwall. Nach Tisch waren wir schon im besten Zuge, uns gegenseitig zu ennuzieren, da erklärte ich, ins Theater gehen zu wollen.

Ging in die *Variétés*. Kam zum dritten Akte eines fünfaktigen Drama *Le Marquis de Brunoy*. Verstand daher nicht viel von der Verwicklung. Frédéric Lemaitre spielte die Hauptrolle sehr gut, bis auf eine Art Wahnsinn zum Schluss, was sich nicht recht geben wollte. Überhaupt alle Schauspieler recht gut. Was müsste man einer deutschen Truppe anbieten, damit sie sich eine solche Treue des Kostümes gefallen ließe, wie man sie hier täglich auf dem Theater sieht. Gepuderte Frisuren, Reifröcke, Haarbeutel.

Zum Schluss *Ma femme et mon parapluie*. Ein Klavierstimmer, dem man beide diese Einrichtungsstücke entführt, der um beide ungefähr im gleichen Maße trauert und in seinen Klagen sie ewig vermischt und verwechselt. Bernet, der ihn spielte, vortrefflich. Das ist der Unterschied zwischen unsern Wiener Komikern und den hiesigen, dass erstere immer mehr oder weniger Possenreißer sind, d. h. Späße aus freier Faust einmischen, indes die Pariser für ihre Komik immer bloß den Charakter und die Situation ausbeuten. Einer, der plötzlich ins Theater einträte, ließe sich gar nicht einfallen, dass Bernet der Komiker des Stückes sei, bis er nach und nach aus der Wirkung es bemerkte. Nicht einmal auffallend gekleidet hatte er sich. Er sah wie Tausende aus, die unbeachtet auf der Straße an uns vorübergehen. Sehr gut war auch Prosper als Mr. Coquerdon. Mehr chargiert, aber doch vollkommen wahr. Nur ganz gegen das Ende fingen beide an, sich ein wenig gehen zu lassen.

Freitag, den 22. Leidlich geschlafen. Früh morgens kam Meyerbeer, der mir ein Billett für die heutige Vorstellung seiner Hugenotten versprach, auch Wort hielt. Besuch von Schlesinger, Hagberg kam. Einig mit ihm, die Galerie im Luxembourg zu besehen, was höchste Zeit ist, da ich ungebildeterweise noch gar nichts von schönen Künsten und Wissenschaften mitgemacht habe. Da die Galerie des Louvre der Ausstellung zuliebe ausgeräumt und daher nicht zu sehen ist, so interessiert mich das übrige auch im Grunde wenig. Also: Galerie Luxembourg. Ist das schofel! Süßigkeiten und Übertreibungen, Grau in Grau gemalt, Guérins *Hippolyte* sieht aus wie eine Demoiselle, der man die Röcke überm Knie abgeschnitten. Zudem ist er mit seiner *chevelure* aus der Mode gekommen! Dazu von Farbe keine Spur. Dadurch sei nicht abschätzig von dem Talente des Künstlers gesprochen. Er gab eben der Mode seiner Zeit nach, und da die Flut vorüber ist, liegt er auf dem Trocknen. In neuerer Zeit fangen sie an, die Niederländer zu studieren, und eine sterbende Königin Elisabeth sieht aus, als sei Rubens wahnsinnig geworden. Eine Beistehende, die schöne Hände übers Gesicht schlägt. Das Beste von Horace Vernet, der in seiner Art vielleicht keinem der Münchner Künstler nachstehen dürfte. Hat er Cornelius' Großartigkeit nicht, so ist dafür seine Farbe besser.

Zurück. Noch einmal *Notre Dame* besehen. Dass die Arbeit viel roher ist als an unsern Kirchen, kein Zweifel. Dazu die Fassade etwas gedrückt, obgleich schön. Das Schiff würde mir kaum gefallen, wenn es auch nicht geweißt wäre. Dafür die Nebengänge, besonders der links, mit der Aussicht in eine Säulenhalle, schön. Sollten die Säulen des Schiffes schon bei der Erbauung so gewesen und in der Folge nichts daran geändert worden sein?

Erinnere mich eben, dass ich gestern auch auf der Börse war. Das Äußere mit seiner Kolonnade wunderschön. Das Innere macht einen wüsten Eindruck. Die aufeinander gestellten zwei Reihen Pilaster lassen das, durch die äußeren Säulenordnungen erhobene Gemüt unangenehm wieder herabfallen. Gedränge, Lärm. Von der Galerie herab macht es den Eindruck eines aufgeregten Meeres. Gegen das obere Ende des Saales ein zirkelförmiges Gelände, um das die Sensale herumstehen und in den inneren leeren Kreis hineinschauen, als ob da Orakel am Boden aufgeschrieben wären; sich dann plötzlich umwenden und mit Stentorstimme Preise und Anträge herausschreien, welche Anstrengung notwendig ist, da man sein eigenes Wort nicht hört.

Heute mit Hagberg noch ins *Louvre* zur Kunstausstellung gegangen. Unabsehbare Menge von Bildern. Wie überall und natürlich nicht viel Gutes. Wieder Horace Vernet bei Weitem der Beste. Ein Bild von einem Siege des Marschalls von Sachsen vortrefflich. Vorzüglich rechts im Vorgrunde die Gruppe eines, wie es scheint, österreichischen gefangenen Generals, der seinen Sohn wieder findet. Der junge Mensch, mit seinem durch die ungeschickte Kleidung durchleuchtenden schönen Körper, halb emporgehoben in der Umarmung des kräftigen alten Mannes, hinreißend. Auch einige Napoleon-Geschichten von demselben Maler. Besonders gut auf einem derselben der Kaiser, über die Schulter zurück nach vorwärts schauend. Ausgezeichnet schöne Porträts. Einige in englischer Manier mit glücklicher Kühnheit. Unser Amerling fände hier würdige Nebenbuhler. Weiberköpfe, wunderschön als Weiber und als Bilder. Nirgends mehr *Grecs* und *Romains*, aber leider auch keine Griechen und Römer. Die Farbe durchaus besser, als auf jenen David-Gérardschen ungebleichten Kattunfiguren.

Zu Tische. Traktierte meinen schwedischen Freund und mich mit einer Bouteille Champagner, der aber schlecht war, wie aller, den ich noch in Paris getrunken. Ins *Café de la régence*. Wenige Schachspieler da. Die besten sollen vormittags zwischen ein und fünf Uhr kommen.

In der Oper. Ungeheuer voll. Meyerbeer hatte mir eine stalle im ersten Rang verschafft. Vortrefflicher Platz. Die Ouvertüre ging an, vielmehr nur Introduktion. Ich war zu gespannt, als dass sie mir besonders hätte gefallen können. Der Vorhang geht in die Höhe. Eine Art Fest katholischer Herren. Das Arrangement nicht besonders. Das Opernbuch hat den Fehler, um drei Viertel zu lang zu sein. Die Musik muss nur immer hinter den Worten herlaufen, dass ihr ja keines entgeht, wodurch sie sich, besonders anfangs, zu wenig in sich selbst konzentrieren kann. Macht daher eine etwas zerstreuende Wirkung. Dazu sind zu komplizierte Zustände, sodass man sich, selbst mit dem Buche in der Hand, kaum zurechtfinden kann. In der Mitte des dritten Aktes fängt mit einem Duo eigentlich die Musik der Oper an und erhält sich recht kräftig, oft ausgezeichnet, bis ans Ende. Ich war aber durch die Bemühungen, schon dem Anfange zu folgen, viel zu sehr hergenommen, als dass sich mir die Folge klar auseinandergesetzt hätte. Muss daher noch einer Vorstellung beiwohnen, um auch nur gegenüber von mir selbst mir ein Urteil zu erlauben.

Von den Darstellenden die Weiber Dorus und Falcon sehr gut, besonders die letztere. Die Männer, was man dramatische Sänger nennt, das heißt: schlechte. Sie verstehen sich nämlich vortrefflich darauf, die Winkelpoesie eines erbärmlichen Opernbuches geltend zu machen, sind aber nicht imstande, die musikalischen Intentionen einer guten Komposition ins Leben zu bringen. Aus einem Chor herauszuschreien, oder die Lichter auf finstere Violinhintergründe aufzusetzen, dazu sind sie ganz die Leute; die Kantilene mag aber besorgen, wer Lust hat. Überhaupt kommen sie, wie neuere Soldaten, erst dann ins Feuer, wenn die Kanonen, d. h. die Bässe, donnern.

Samstag, 23. Die Körperstimmung wieder etwas gedrückt. Besinnung und Erinnerungskraft besonders schwach. Weiß mich am folgenden Morgen kaum zurechtzufinden, was am Tage vorher geschehen. O die Zeit meines Lebens! Ich habe geträumt bis heute, weiß es, und werde fortträumen bis zum Tode. Δοσ μστ που δτω

Was also diesen Samstagvormittag geschah, weiß ich heute, Sonntag morgens, nicht mehr. Doch ja. Ging zu Frau von Neuwall, mich für Sonntag mittag zu entschuldigen, da Meyerbeer mich zu Tische geladen. Darauf – ja doch! den *Montmartre* bestiegen und von da die Stadt betrachtet, was einen gewaltigen Anblick gibt, doch um nichts bedeutender und um vieles weniger schön, als die Ansicht Wiens, allenfalls vom Koblenz aus.

Werde täglich erinnert, meinen Empfehlungsbrief an Mr. Rothschild abzugeben, auch Heine soll ich besuchen, verschiebe es aber von Tag zu Tag.

Mit Brant bei einem Restaurant im *Palais royal* gegessen. Nach Tisch in den *Cirque Olympique Franconis*, wo man nun seit zwei Monaten alle Tage *Jérusalem délivrée* gibt. Demungeachtet das Haus so voll, dass wir kaum noch ein paar der schlechtesten Plätze fanden. Freilich ein wenig Brants Schuld. Man bot uns vor der Türe *stalles* da sie aber fünf Francs das Stück kosteten, und Brant sparsam ist, so nahmen wir Plätze auf den Seiten, wo man ziemlich schlecht sieht.

Überhaupt ist mir Brant ein großer ökonomischer Nutzen in Paris. Obgleich etwas ängstlich bei größeren Ausgaben, lasse ich mich doch bei kleineren gern gehen, wenn ich einmal im Zuge bin. Vor den Nullen habe ich allen Respekt, aber die Einheiten fliegen. Da ich nun viel mit Brant bin und er das Seine sehr zurate hält, fehlt mir die Gelegenheit, meine Einkaufwut in Gang zu erhalten. Ein paar Hundert Franken mag das im ganzen wohl austragen.

Von dem befreiten Jerusalem nun wüsste ich nichts zu sagen, als dass es dabei sehr bunt herging. Dekorationen gut; Kleider prächtig; Komparserie, zwei Heere im eigentlichsten Verstande; 30 bis 40 Pferde zugleich auf der Bühne. Letztere ist durch bretterne Steige mit der Arena in Verbindung gesetzt, und da fliegen denn nun Ritter und Knappen, Mann und Weib in voller Carriere auf und nieder. Gesang, Chöre, Tanz, Flugwerke, Feuer speiende Drachen. In Wien würde das Stück nicht bloß zwei Monate, sondern ein ganzes Jahr Tag für Tag gegeben. Besonders ein Aufwand von Harnischen, wie er seit Erfindung des Schießpulvers nie mehr vorgekommen. Übrigens weiß ich nicht, ob hier die Schauspieler zugleich Kunstreiter oder die Kunstreiter zugleich Schauspieler sind; denn die Hauptpersonen des Schauspiels, die eben nicht so übel sprechen, machen Dinge zu Pferde, die einem die Haare emportreiben. Das Beste des Ganzen ein förmliches Rennen von sechs Rittern, anfangs mit Lanzen, dann mit Schwertern, wobei die Hiebe auf den Harnischen klatschen wie nichts Gutes. Endlich bearbeiten sich die zwei allein Übriggebliebenen mit Kolben und Streitäxten, dass man wahrhaft meint, sie müssten sich die Hirnschädel einschlagen, Hieb auf Hieb, klitsch, klatsch, wohin's trifft, ohne auszusetzen oder zu parieren. Endlich fiel der Sarazene vom Pferde und – wir gingen. Wenn sie nicht in den folgenden Akten einen wirklich totgeschlagen haben, so konnte das Gesehene nicht mehr überboten werden, und wir hatten daher ganz recht, uns fortzumachen.

Ich ging noch in ein Café, um mich abzukühlen. Auf gut Glück nahm ich ein Zeitungsblatt in die Hand und las *bon mots* auf die Gräfin Apponni, als eine Art *faiseuse politique*, eine Fürstin Lieven. Aha! Daher also manche Verschiedenheiten mit dem, was ich früher von ihr gehört hatte. Daher dieses *air de triomphe*. Man spricht hier von einer Heirat des Kronprinzen mit der Tochter des Erzherzogs Karl. Das hat wohl sie gemacht, heißt das: vermittelt.

Wieder eine meiner politischen Voraussagungen eingetroffen! Wäre ich nicht so *bête*, d. h. ehrlich, und Herr meiner Stimmungen, ich hätte einen Staatsminister abgeben können.

Sonntag, 24. Eins gibt dem anderen die Türe. Werde erinnert, meinen Empfehlungsbrief an die Baronin Rothschild gewiss morgen abzugeben, Einladung auf morgen zu Mr. und Mad. Valentin. Der geheime Rat Koreff. Der Rummel ginge an. Gott sei Dank, dass ich in vierzehn Tagen wieder fortkomme, Koreff sagt, Rossini habe die Idee, aus der Ahnfrau eine Oper zu machen. Proficiat.

Hagberg bietet mir an, die Galerie des *Palais royal* zu sehen, wozu er Billette erhalten hat. Muss es leider ablehnen, da ich Many Neuwall und Braut versprochen, mit ihnen ins Diorama und, was weiß ich, wohin noch zu gehen. Ein plötzlicher Regen hindert alle Pläne. Spazieren demungeachtet in den Straßen ein wenig herum. Der Kot ennuyiert uns, unsere eigene Unterhaltung will dagegen nicht auslangen. Es ist vier Uhr geworden, und ich gehe nach Hause, um mich anzukleiden.

Um fünf Uhr zum Essen zu Meyerbeer in meinem Hotel. Er ist noch nicht zu Hause. Finde die Mutter. Gespräch, durch ein nicht hübsches, aber scheinbar gutartiges und daher mir angenehmes Gesellschaftsfräulein unterstützt. Curschmann kommt. Ein Franzose, der Theaterdirektor, oder etwas dieser Art. Meyerbeer, der mir verblümt zu verstehen gibt, ich hätte seine Mutter doch früher einmal besuchen können, welche Bemerkung mich wenig geniert. Bin in derlei Grobheiten noch von Wien her eingeübt. Endlich Herr Leo, der Deutsche, den ich bei Valentins getroffen. Zu Tische. Machte der Einladung, was das Essen betrifft, Ehre. Verfiel, nachdem ich mich eine Weile im Gespräche recht gut gehalten, in meine gewöhnlichen Abwesenheiten, während denen ich aber zu sprechen pflege, ohne zu wissen, was. Meyerbeer mag ziemlich erstaunt gewesen sein über diese Worte eines Verstorbenen. Erfahre, dass heute Konzert im Konservatorium gewesen, über dessen Vortrefflichkeit Giacomo (so nennt ihn die Mutter) nicht fertig werden konnte. Wusste nichts davon. Wäre froh, Paris wieder im Rücken zu haben. Was brauch' ich all das Zeug zu sehen und zu hören. Werde Wien wieder angenehm finden, wo ich wenigstens allein sein kann. Wenn nur dort der schändliche Geistesdruck nicht wäre und die Erniedrigung der Nebenmenschen. Was mit mir selbst geschähe, sollte mich wenig anfechten. Mich erniedrigen sie nicht, und wenn sie tausend Jahre dran versuchten.

Leo ist ein gescheiter Mensch. Er lebt 20 Jahre in Paris, und obschon ein Deutscher, überströmt er vom Lobe der hiesigen Zustände. Gleich mir hält er Louis Philipp nicht bloß für tief verständig, sondern auch für einen ehrlichen Mann. Der gegenwärtige Wohlstand Frankreichs soll unbeschreiblich sein. Merkwürdige Details über die arbeitende Klasse, die, nach Leo, eine angestrengtere Existenz führen, als selbst die Negersklaven, aber nur durch 12 bis 15 Jahre, dann ziehen sie sich zurück und leben von ihren Renten. Gewohnheit unter allen Ständen, ihre kleinen Kinder aufs Land zu geben. Nicht aus Herzlosigkeit, denn die Mütter seien selbst in Verzweiflung darüber, sondern aus Unmöglichkeit, sie zu behalten. Die Mütter nämlich haben sämtlich ihren angewiesenen Platz im Geschäft. Ungeheurer Lohn der Ammen; aller Dienstleute überhaupt. Ein Bedienter bekommt monatlich 100 Franken. Die männlichen Diener im Allgemeinen schlecht, die weiblichen gut. Details über den inneren Verkehr, der durch nichts gehemmt wird. Fühle mich unglücklich, von solchen Dingen nichts zu verstehen, ja selbst die Erklärungen darüber nicht zu begreifen.

Wir gehen gegen neun Uhr. Ich zu Brant, dem ich's versprochen habe. Trinken Tee und ennuyieren uns. Ich bleibe geflissentlich, weil ich durchaus dieser Stimmung Herr werden will. Finde es unmöglich. Um halb elf Uhr nach Hause.

Montag, 25. April. Kann nicht ausweichen, heute der Frau v. Rothschild meinen Brief abzugeben. Wollte vorher noch die Gemäldeausstellung sehen; war verschlossen. Ging in den Tuileriengarten, las die Zeitungen. Der Kronprinz geht nach Berlin und Wien. Die österreichische Heirat dürfte sich bestätigen. Fängt an zu regnen. Flüchte mich in die Galerien des *Palais royal*. Möchte einige Kleinigkeiten kaufen, kann sie nirgends finden. Nach Hause gegangen, umgekleidet. Zu Rothschild. Von der Frau sehr gut empfangen. Sie ist liebenswürdig, gebildet, spricht wahrhaft gut. Sie gehen aufs Land. Soll sie dort besuchen. Sie gibt mir die

Adresse von Heine. Gehe von ihr fort, meine Reisegefährtin zu besuchen. Hermine kommt heraus, sagt mir, dass viel Gesellschaft bei ihren Schwestern sei, Franzosen, zweifelt, ob mir das angenehm sei. Spreche mit dem Mädchen, finde sie weniger hübsch als auf der Reise. Sonst ganz dieselbe. Ein alter General, der bei den Schwestern war, kommt, um Abschied von ihr zu nehmen. Tut ziemlich bekannt. Der Aushängschild zeigt das Gewerbe. Gehe endlich auch, eben als Auber, der Opernkompositeur, sich entfernt, der mit den Schwestern artistische Konferenz gehalten hat. Bin gar nicht begierig, seine oder irgendjemands Bekanntschaft zu machen. Noch ehe ich zu Rothschild ging, besuchte mich Lapique, der Gefährte unserer Reise von Nancy nach Paris. Es plagt sie offenbar die Neugierde, zu wissen, wer Hermine ist. Ich mag es ihnen aber durchaus nicht sagen. Muss sie aber doch besuchen. Sie sind gar zu freundlich und gut.

Mittags bei Valentin. Der üble Eindruck, den ich am ersten Abende unserer Bekanntschaft erhielt, verschwindet. Es sind liebenswürdige Leute. Leo, den ich damals absprechend fand, ist es vielleicht, aber nicht mehr, als alle Deutsche, die Verstand haben. Ein Doktor Julius aus Berlin da, der eben aus Amerika kommt und der allerorten die Gefängnisse untersucht, auch ein sehr gutes Werk darüber geschrieben haben soll. Er gibt mir einen Brief an den Londoner Buchhändler Murray, der mich gleich in den Mittelpunkt der dortigen gelehrten Welt setzen soll. Guter Gott! Mich in den Mittelpunkt der gelehrten Welt! Nahm übrigens den Brief, der wohl nie aus meinem Portefeuille herauskommen wird.

Hatte Doktor Koreff versprechen müssen, ihn in der Oper, wo er eine Loge genommen hat, zu besuchen, um die Bekanntschaft seiner Frau zu machen. Gehe um neun Uhr hin. Die Frau äußerst hübsch. Ein wenig auffallend angezogen. Der Verfasser des Gräuelstückes *La tour de Nesle* ist bei ihr. Ein gut aussehender junger Mann. Ich suchte vergebens nach dem Kainszeichen an ihm. Gehen während der Zwischenakte ins prächtige Foyer, wo die Leute auf und ab spazieren. Man zeigt mir Jules Janin. Ziemlich jung, wohlbeleibt, unelegant gekleidet, heiteres, französisch-behagliches Gesicht.

Meine eigene Behaglichkeit fing nach und nach an, zu Ende zu gehen. Die letzten Akte der Oper machten auf mich weniger Eindruck, als das erste Mal. Nach dem Schlusse ging ich mit Doktor Julius, der auch gekommen war, ins Café, Eis zu essen. Wollte sich kein rechter Austausch geben.

Dienstag, 26. Hagberg hatte mir versprochen, mich in die Bibliothek abzuholen. Ich wartete bis ein Uhr. Er kam nicht. Ging, Heine aufzusuchen. Madame Rothschild hatte mir eine falsche Adresse gegeben. Er war ausgezogen. Da ich nun schon in der *Rue des petits Augustins* und somit am anderen Ufer der Seine, entfernt vom Mittelpunkte der Stadt war, beschloss ich, den *Jardin des plantes* noch einmal zu besuchen. Kam so der Kirche *Notre Dame* näher und betrachtete mir sie wieder. Sie ist unleugbar schön. Die Breite der Fassade sticht vorteilhaft gegen die Dürftigkeit jener der Stephanskirche in Wien ab. Was letztere auszeichnet, ist der Turm und das Innere. Das Hauptschiff von *Notre Dame* will mir auch jetzt noch nicht gefallen. Die vier Nebengänge aber, von denen die zwei äußersten sich um den Hochaltar herumschlingen, machen einen wunderbaren Eindruck. Was mir am Hauptschiff nicht gefällt, ist das etagenmäßige Übereinandergebautsein von Säulen, Säulchen und Wänden.

Außer einigen Gaffern, gleich mir, waren nicht drei oder vier Menschen darin. Die Depots von zu vermietenden Stühlen machen einen widerlichen Eindruck.

Erinnerte mich des *Palais de justice*, und dass ich noch keine Gerichtssitzungen gesehen. Herrliches Gebäude, die mittlere Halle großartig. Ging zuerst in die Kriminalsitzungen (oder ist es bloß *police correctionelle*?). Da war alles so voll, dass ich kaum an der Türe festen Fuß fassen konnte. Ein *concierge*, *huissier* oder dergleichen, um bessern Platz zu verschaffen, war nicht zu sehen. Es handelte sich um eine öffentliche Gewalttätigkeit. Eine Flinte und ein sackartiges Bündel lagen als *corpus delicti* auf der Tafel. Drei Richter. Links vom Zuseher der *procureur du roi*. Rechts die Beschuldigten, die ich aber vor Gedränge nicht sehen konnte. Der Advokat war mitten in seiner Rede. Er sprach gut. Der Beschädigte, zur Angabe seines Schadens aufgefordert, weigerte sich, einen Ausspruch zu tun. Er verfolge eine Sache der öffentlichen Moral, sagte er, nicht des Vorteiles.

Der Richter resümierte den Fall, ich konnte es aber über dem Anstoß ewig neu Zudrängender nicht aushalten. Ich ging in ein anderes Zimmer, wo das Gedräng geringer war, ich daher auch sehr leicht guten Platz fand. Dafür war aber auch der Gegenstand minder interessant. Der Diebstahl einer Uhr. Zwei übel aussehende Bursche und zwei garstige Weibsbilder, in der Reihe von Stadtsoldaten getrennt da sitzend, waren die Angeklagten. Hier war der Richter eben in seiner Rede an die Geschwornen. Er sprach aber ziemlich schlecht, stotternd, sich selbst unterbrechend und verbessernd. Die Jury entfernte sich, und da sie gar nicht wiederkommen wollte, ging ich endlich auch. Mein gutes Glück führte mich durch die mittlere, säulengetragene Halle zur Abteilung der Ziviljustiz, Ich hörte ein paar Prozesse plädieren. In einer Stunde waren zwei Fälle abgetan, um die man bei uns zehn Jahre gestritten hätte, oder wenn auch nicht abgetan, doch der Entscheidung nahe gebracht, obgleich mir ersteres schien. Beim zweiten Prozesse unterbrach der Richter den zuletzt sprechenden Advokaten. Sie wüssten schon genug, sagte er, der eben enthüllte Umstand entscheide die Sache.

Die Advokaten sprachen nicht alle gut. Das Ganze nimmt sich würdig aus. Die schwarzen Talare und Mützen der Richter und Anwälte, die anständige Dekorierung der Richtersitze. Man fühlt, um was es sich handelt. Das Publikum nimmt aber auch den lebhaftesten Teil an den Prozeduren. Besonders die peinlichen Gerichte zum Ersticken voll. Leute der niedrigsten Stände, die ihr Gefallen und Missfallen bestimmt, obgleich anständig und leise zu erkennen geben. Ein paar Schusterjungen mit bloßem Kopf traten ein, von niemandem gehindert, hörten eine Weile dem plädierenden Advokaten zu und gingen dann ebenso ruhig wieder fort. Was für eine Wirkung muss das nebst der Journallektüre auf die Bildung der Masse haben. Das gemeine Volk spricht aber auch so gut, graziös möchte ich sagen, dass man lediglich auf die Marktplätze gehen muss, um eigentliche Pöbelsprache zu hören.

Mittags mit Brant und Many zu Very bestellt. Vortreffliche Küche. Interessiert mich nicht sehr. Bezahlen dafür aber auch für zwei Portionen Suppe, ebenso viel *filet de bœuf*, eine Portion *turbot*, ein *poulard* mit Salat und zwei Portionen Pudding, der noch dazu nicht ganz gar gekocht war, endlich zwei Flaschen Chablis, 25 Francs.

Da die Mars, die gewöhnlich nicht mehr auftritt, im Theater *Odeon* zum Benefiz eines Acteurs spielt, im Fiaker hinaus. Kamen um halb neun Uhr eben zurecht, um eine Mlle. Reisner auf der Blasbalgharmonika (*accordéon*) recht hübsch spielen zu hören. Dann sang ein Herr abscheulich zwei Romanzen.

Hierauf Mlle. Mars in der *Gageure imprévue*. Hat meine Erwartungen nicht erreicht. Mad. Löwe in ihrer guten Zeit war mir lieber. Überhaupt will mir, was ich von der *haute comédie* gesehen, nicht recht ein. Der Franzose ist in allen Künsten nur da ausgezeichnet, wo er sich unbekümmert seiner Natur überlässt; wie ihm einmal das Wort Kunst in den Kopf steigt, macht er die wunderlichsten Schnirkel. Mlle. Mars gibt den vornehmen Ton noch abgeschliffener und farbloser, als er ist. Man glaubt Flöhe husten zu hören, und man greift im Leeren herum; wie einer, dem die Luft ausgeht. Übrigens kann man von einem Male kein Urteil fällen, auch war Stück und Umgebung ziemlich langweilig.

Mlle. Mars dagegen sehr gut in *Valerie*, was bei uns *Gabriele* heißt. Die Sechzigjährige so zart, warm, weich, furchtsam, liebenswürdig. Das Entzücken nach vollbrachter Augenkur dagegen schwach und für jeden Fall unter der Aufgabe.

Im Nachhausegehen gerieten wir auf einen Weg an den Kais, den zu gehen verboten ist. Die Schildwache, die uns zurückwies, fing ihre Rede mit Messieurs an. Ein deutscher Krieger hätte sich kräftiger ausgedrückt.

Mittwoch, den 27. April. Hatte endlich die Wohnung Heines erfragt, ging heute zwölf Uhr zu ihm. *Cité Bergère* Nr. 3. Als ich schellte, öffnete mir ein hübscher, runder, junger Mann im Schlafrock, der mir wie einem alten Bekannten die Hand reichte. Es war Heine selbst, der mich für den *Marquis de Custine* hielt. Er zeigte große Freude, als ich mich nannte, und führte mich in seine tolle Wirtschaft hinein. Tolle Wirtschaft. Denn er wohnt da in ein paar der kleinstmöglichen Stuben mit einer oder zwei Grisetten, denn zwei waren eben da, die in den Betten herumstörten, und von denen er mir eine, eben nicht zu hübsche, als seine petite bezeichnete. Er selbst sieht aber auch wie die Lebenslust und, mit seinem breiten Nacken, wie die Lebenskraft aus. Machte mir einen sehr angenehmen Eindruck, denn mir ist der Leichtsinn nur da zuwider, wo er die Ausübung dessen, was man soll, hindert.

Wir kamen gleich in die Literatur, fanden uns in unsern Neigungen und Abneigungen ziemlich auf demselben Wege, und ich erfreute mich des seltenen Vergnügens, bei einem deutschen Literator gesunden Menschenverstand zu finden. Er scheint durch die Bundestagsbeschlüsse sehr alteriert und schrieb eben an einer Denkschrift an die abgeschmackte Versammlung. Vom Ultraliberalismus will er durchaus nichts wissen und spricht mit Verachtung von den deutschen Refugiés. Mit Börne steht er schlecht. Beklagt sich, dass dieser ihn für seinen Freund ausgegeben, was er nie gewesen. Ging nach einer Stunde, herzlich entlassen.

Der Besuch hatte mich heiter gestimmt. Ging zu Brant, um mit ihm in die Pairskammer zu gehen, wohin Many Neuwall mir Billetts gebracht hatte. Englisch gelesen. Die Notwendigkeit, mich wenigstens verständlich machen zu können, leuchtet immer deutlicher ein. Brant war erstaunt, mich das erste Mal heiter zu finden.

Regnet in Strömen. Wir benützen endlich einen leidlichen Augenblick und gehen ins Luxembourg; nach Brants Gewohnheit zu Fuß.

Der Saal der Pairs viel weniger schön, als der der Deputierten, obwohl viel reicher. Vielleicht nur, weil die Einrichtung älter ist. Blauer Samt mit Goldstickerei. Statt der Bänke Armsessel. Die älteren bis zum Grau verschossen und daher abstechend zu den neuen, lebhaft blauen. Baron Pasquier, der Präsident, geistreiches Gesicht, lebhaftes Benehmen, kahles Haupt. Ein Pair liest eben von seinem Stuhl eine Rede ab, die die ganze Welt langweilt. Die übrigen Bären genieren sich nicht; machen sich wohl auch sichtlich über ihn lustig. Der Finanzminister d'Argout antwortet in artigeren Formen, als in der Deputiertenkammer. Der Bär dupliziert. Das war nicht mehr auszuhalten. Brant schlief schon, ich war nahe daran, und so gingen wir um halb fünf Uhr.

Als wir in den Hof kamen, goss der Regen in Strömen. Die Mitte der Straßen glich ebenso vielen Waldströmen. Kerls, die durch Brücken auf Rädern die Verbindung herstellen und schreiend die Darübergehenden um eine Vergütung ansprechen; niemand hört, niemand zahlt, Parapluies, Wagen, Kabrioletts. Der Übergang über die Beresina kann nicht viel ärger gewesen sein.

Endlich nach Hause. Ziehe mich um. Mittags zu Neuwall. Die Gesellschaft war angenehm überrascht, mich zum ersten Mal erträglich zu finden. Leidesdorf spricht recht gut. Angenehme Konversation bis neun Uhr.

Hatte Leo versprochen, den Abend dort zuzubringen, da ich das Mittagessen ablehnen musste. Fand Börne nicht mehr da. Hiller da, der Klavierspieler. Musik. Vortreffliche Pariser Fortepiano. Tee. Gespräch. Jean Paul. Die Frauen sind gegen ihn. Ist mir lieber, als sie beteten sein Lob nach. Gegen zwölf Uhr nach Hause.

Donnerstag, 28. April. Ging früh aus, weil ich mir einbildete, es sei Einlasstag in die Bibliothek. Habe Donnerstag mit Dienstag verwechselt. Durchstreife für mich allein die Stadt. Finde mich doch schon recht gut allein zurechte. Erst in die Straße *Louis le grand*, um Leo das Billett in die Deputiertenkammer zurückzustellen. Dann zur *Rue J. J. Rousseau*, wo die Post ist. Keine kleine Aufgabe. Fand alles auf, aber keinen Brief. *Tu l'as voulu, George Dandin*! Dann die *Rue St. Honoré* entlang, *Marché des Innocents*. Noch einmal *St. Eustache*. Vortreffliche Bildsäule Colberts am

Hochaltare kniend. *St. Roch.* Scheint die besuchteste der Kirchen zu sein. Doch wenigstens eine Messe da, was mir bis jetzt noch nicht vorgekommen. Viele Grabmäler in der Kirche. Endlich zu Brant. Zwei Stunden mit ihm englisch gelesen. Gebe die Hoffnung auf. Was ist das für eine kokette Sprache. Gar nicht aus Buchstaben, nur aus Worten bestehend, gleich der chinesischen. Fühlte mich ungeheuer angestrengt.

Gingen ein wenig in der Stadt herum. Musste mir die Haare schneiden lassen, Brant desgleichen. Nach seinem Gesetze der Sparsamkeit führte er mich zu einem Friseur für 10 Sous, wo augenscheinlich ein Lehrling an mir seinen ersten praktischen Versuch machte. Er ließ mir nichts als die Haut auf dem Kopfe und eine kleine Auswahl von abwechselnd kurzen und langen Haaren, dass ich aussah wie eine Vogelscheuche und den Tag meiner Geburt verfluchte. Hierauf ins *Palais royal* wieder zu einem wohlfeilen Traiteur, wo ich nichts gut fand, als die Suppe, die ich verabscheue, und meinen Hunger zuletzt mit Käse stillte, der mir noch jetzt im Magen liegt.

Abends allein in die *Opéra comique.* Fand keinen Platz im Parterre, musste eine *stalle d'orchestre* zu 6 Francs nehmen. Erstes Stück: *Die zwei Savoyarden*, die zu gleicher Zeit mit den Haarzöpfen zu gefallen aufgehört haben. Zugleich die niederträchtigste Vorstellung. Die beiden Menschen spielten, als ob sie aus Wien von Duports kleiner Oper verschrieben wären, und sangen, wie die Dienstmägde bei der Wäsche. Die Männer muss man aus den Billeteurs und Feuerwächtern rekrutiert haben. Von einem solchen Chor hat man keine Idee. Sie trafen nie auf den Taktstreich zusammen und taten, als ob in einer komischen Oper auch die Musik ein Spaß wäre.

Ich war schon im besten Schlaf, als mich die Ouverture des zweiten Stückes, *Sarah*, Oper in zwei Aufzügen, Musik von Grisar, aufweckte, deren zweite Vorstellung heute war. Ouverture schön, kam mir, soviel ich davon verstehe, gut gearbeitet vor. So ging es denn recht lobenswert fort. Leider hatte sich meine Natur einmal zu dem ihr eigentümlichen Theaterschlaf geneigt, und da das Sujet, ich weiß nicht, ob gar zu einfach oder wirklich langweilig ist, so überhörte ich vieles in süßem Vergessen. So oft ich aber wieder zu mir selbst kam, hörte ich immer was Gutes, und der zweite Akt, den ich ganz vernahm, gefiel mir teils recht wohl, teils fand ich ihn ausgezeichnet. Mlle. Jenny Colon, deren zweites Debüt war, spielt sehr und singt recht gut. Sie ist hübsch, hat aber Neigung zum Embonpoint was ihr in der Folge schaden kann. Die beiden Tenore, Jansenne und Coudere, für die komische Oper vorzüglich. Von einem Bass war nichts zu hören, es müsste denn Dougal, Deslande etwas derart gewesen sein. Er spielte aber recht brav. Die Chöre gingen viel besser, als die der ersten Oper, jedoch bei schwierigeren Stellen ohne Genauigkeit. Das Orchester oft ausgezeichnet, immer gut. Vorzüglich Hörner und Violinen. Um elf Uhr nach Hause.

Freitag, 29. Mein Schwede ist entweder krank, oder es hat ihn verdrossen, dass ich einige seiner wahrhaft gütigen Anerbietungen nicht annehmen konnte. Er hat sein Versprechen, mich in die Bibliothek zu führen, nicht gehalten. Ging daher heute allein. Das Gebäude, Rue Richelieu, von außen unscheinbar, gefängnisartig, von innen freundlich, schön; der Hof ein Garten. Die Büchersäle nichts weniger als imposant oder prächtig. Mit dem Wiener nun schon gar nicht zu vergleichen. Die Einbände, mit Recht als Nebensache behandelt, häufig schmutzig, immer gewöhnlich. Die Bücher nach Materien geordnet. Gleich beim Eingange Voltaires Bildsäule von Erz, dieses Napoleons der geistigen Welt oder Robespierres vielmehr, dieser Guillotine verjährter Ansprüche und Überzeugungen. Man hat ihn mit Recht in einen Imperatorsessel gesetzt, denn er hat die Welt beherrscht und gemacht; der einflussreichste Mensch aller Zeiten. Er ist jetzt in Frankreich vergessen, man kauft seine Werke 10 Sous den Band, aber er war der Pflug, der die Erde aufriss, in die die Zeit ihren Samen legte. Noch allerhand Spielereien. Ein Parnass mit spannhohen großen Männern. Ein plastischer Aufriss der Gegend um die Pyramiden. Was mögen das für Kolosse sein! Ich benahm mich ganz wie der unwissende Reisende, den mein Guide des voyageurs beschreibt, und begaffte die Sachen, ohne mich um irgendetwas näher zu bekümmern. Teils sieht man derlei überall, teils verstehe ich's nicht, teils fehlt es mir an Zeit, etwas zu approfondieren. Nicht einmal Herrn Hase suchte ich auf, der die Deutschen so freundlich empfängt. Ich fürchtete, weiter hineingezogen zu werden, als die Umstände rätlich machen. Goethes Widerspiel, möchte ich außer der Poesie und dem allgemein Menschlichen sonst nichts betreiben.

Die Münzen, in interessanten Suiten, unter Glas, der allgemeinen Beschauung freigegeben. Überhaupt die Einrichtung vortrefflich, dass man ohne Führer und scheinbar ohne Aufsicht die Säle durchwandert und besieht, was und wie man Lust hat. Ägyptische Mumien, Rüstungen. In einem eigenen Saale zu ebener Erde der Tierkreis von Denderah. Sogar in den Himmel haben diese Chinesen der alten Welt ihre Scheußlichkeiten übertragen. Inschriftenbruchstücke. Ich bin der Meinung, dass man bei kurzem Aufenthalte gleich von vornherein vieles ausschließen muss, was man nicht sehen will, wenn man nicht erdrückt werden soll. Dazu gehört nun für mich hier in Paris alles gelehrte und alles Kunstwesen, mit Ausschluss der Theater. Sie würden mich tot von hier wegführen müssen, wenn ich das auch noch mitmachen sollte. Ich leide ohnehin schon.....

Mit Brant englisch gelesen. Der Mann ist sehr geplagt mit mir. Heute schlief er mir unter dem Lesen ein. Dann die Kirche *St. Sulpice* besehen. Nach Notre-Dame die schönste Kirche in Paris. Die Fassade prächtig, ohne gerade schön zu sein. Die doppelt übereinandergestellten Säulen wollen mir nicht gefallen. Das Innere wunderschön. Nichts ist gefährlicher, als auf Säulen am Äußeren eines Gebäudes innen Pilaster folgen zu sehen. Die von Sulpice aber sind von so schönen Verhältnissen, so schlank bei aller Tüchtigkeit, dass sie dem Eindrucke nichts entziehen. Alle Wände mit Bildern geziert. Die Fresken darunter höchst mittelmäßig, bis auf eines, St. Roch während einer Pest darstellend, mit häufig unrichtiger Zeichnung und auffallender Nachahmung der Raffaelischen Stanzen, aber eben vielleicht aus diesem letzteren Grunde, und weil recht gut zusammengestellt, Wohlgefallen erregend.

Drauf mit Brant und Moreau, weil wir abends in die Oper gehen wollten, wieder in ein wohlfeiles und schlechtes Gasthaus in der *passage de l'opéra*. Die beiden wollten ins Parterre; mussten daher schon um sechs Uhr sich aufmachen. Mir hatte Meyerbeer eine stalle im Amphitheater der ersten Loge gegeben, mir blieb daher eine volle Stunde; da es aber den ganzen Tag grimmig kalt gewesen war und ich es im Freien nicht aushalten konnte, ging ich in ein Café und las Zeitungen. Endlich ins Theater. Fand meine frühere Meinung bestätigt. Die Schuld des ersten Aktes liegt im Buche. Die verwickelte Lustspielintrige und der zu viele Text machen es der Musik unmöglich, zu folgen. Im zweiten Akt hätte sich gute Musik machen lassen, sie wurde aber nicht gemacht. Der Anfang wenigstens böte Gelegenheit, dann kommt wieder ein Stück Komödie, wie im ersten Aufzuge. Der dritte Akt beginnt mit einem sehr guten Chor, nimmt dann etwas ab, erhebt sich aber sehr in dem Duett zwischen Valentine und Marcel. Gegen den Schluss kam mir meine gewöhnliche Theaterschwäche. Ich erinnere mich aber, dass er mir das erste Mal gefiel. Von nun an ist die Musik wahrhaft großartig. Man vermisst das etwas sparsam gehaltene melodische Element weniger, und die Situationen werden von der Komposition aufs Hinreißendste unterstützt, mit Ausnahme einer Kavatine gegen den Schluss, die in Nourrits Munde sich etwas abgeschmackt ausnimmt. Überhaupt die

Sänger nicht nach meinem Geschmacke. Serda mit seinem, zwar nicht angenehmen, aber durchgreifenden Basse wirkt allein musikalisch, die anderen singende Komödianten. Derivis, der den Grafen von Nerves gibt, blökt, wird aber sehr beklatscht. Blökt ist nicht der Ausdruck. Man glaubt statt aller Vokale immer ein unreines E zu hören, mit widerlicher Vehemenz herausgestoßen. Levasseur ein vorzüglicher Darsteller. Aber es klingt bei allen, als ob man ein Violinstück auf einer Bratsche spielte. Rau, unangenehm, klanglos. Ich glaube, wenn einer falsch sänge, man würde es nicht sehr merken. Es sind so Kommuntöne. Die Dorus gefiel mir heute weniger. Bei aller Richtigkeit, ja Geläufigkeit, ist sie doch die hiesige Grünbaum, sogar im Herausschlagen und -Schnellen der Passagen. Sie und Mlle. Flecheux, der Page, kalte Stimmen mit hartem A-Klang. Die Krone von allen Mlle. Falcon, die ich, mit Ausnahme der großen Italienerinnen, dem Besten an die Seite stelle, was ich in diesem Fache jemals gehört. Ihr Gesang tut dem Spiel, ihr Spiel dem Gesang nirgends Eintrag. Dabei von einem Fleiß, einer Hingebung, um das Wort Anstrengung nicht zu gebrauchen. Wenn ich die Hugenotten mit Robert dem Teufel vergleichen sollte, so hat letzterer bei Weitem mehrere schöne Einzelheiten, dafür aber nichts, was sich so sehr auf gleicher Höhe erhielte, als die zwei oder, wenn man will, die drei letzten Akte der Hugenotten.

Samstag, 30. April. Heute gerade ein Monat, dass ich diese wunderliche Reise antrat. Ich nenne sie wunderlich, denn was war ihr Zweck? Zu sehen? Ich suche Zerstreuung? Zerstreut wäre ich wohl genug. Wenn ihr Zweck aber Sammlung, Fassung, Ermutigung gewesen wäre, so bin ich davon so weit entfernt, als da ich von Hause abging. Indes, vielleicht kommt die Wirkung, wie bei den Bädern, hintennach.

Es ist entsetzlich kalt, demungeachtet meine Gesundheit besser. Die Wolken des Innern teilen sich, ein wenig Licht schimmert durch. Gehe schon um zwölf Uhr zu Brant. Wir lesen viel englisch. Die Zunge fängt an, sich etwas zu gewöhnen. Wir beschließen, einige Sehenswürdigkeiten nachzuholen. Kaum auf der Gasse, beginnt es heftig zu schneien. Oh, la belle France, was ist das?

Wir treiben uns in bedeckten Gängen, Passagen herum bis zur Essenszeit. Brant hat Lust, mich zum Essen wieder in eine Kneipe zu schleppen, wo man für 32 Sous speist. Setze es doch durch, dass wir zu einem menschlichen Restaurateur gehen. Ich bin beinahe froh, bald wieder von Paris wegzukommen. Paris gesehen habe ich. Es kennen zu lernen, braucht's ein Jahr und darüber. Diners und Gesellschaften mag ich nicht mitmachen, weil ich übler Laune bin und mich derlei geniert. Hätte ich meinen Brief an die Rothschild früher abgegeben, so war ein Haufen Einladungen kaum zu vermeiden, jetzt hoffe ich früher loszukommen, eh es eigentlich losgeht. In London kenne ich niemand. Da will ich eigentlich leben, wie mir's gefällt. Kein Gesandter dort. Den Brief, den mir der hiesige Rothschild an den dortigen mitgeben soll, warte ich nicht ab. Ein paar kleine Empfehlungen, die ich für den Fall der Not bei mir habe, will ich eben nur im Fall der Not brauchen. Und so bin ich mein eigner Herr. So lieb und gut die Neuwalls sind, so hat mir ihr Haus doch den hiesigen Aufenthalt verleidet. Ich verliere alle Haltung und Richtung, wenn ich üble Stimmungen nicht mit mir allein abmachen kann, sondern mich anderen gegenüber zwingen muss. Vor allem durch das gewöhnlich fruchtlose Streben, meine Stimmung zu verbergen, zu überwinden, die anderen nicht darunter leiden zu lassen.

Also wir aßen im *Café français*, ganz gut bei schlechtem Weine. Brant wollte mich für den Abend zum Tee, ich beschloss aber, ins Theater zu gehen, das für mich denn doch ein Hauptzweck ist. Vielleicht überwinde ich dadurch meinen Widerwillen dagegen und kann auch zu Hause wieder hineingehen. Diesmal sollte es ins *Palais royal*, wo die Déjazet und Achard spielen. Da das Ding erst um acht Uhr anfängt, trank ich eine Tasse Kaffee im *Café de la régence*, dem Zusammenkunftsorte der guten Schachspieler, fand aber keine einzige Partie.

Die Zugänge zum Theater gedrängt voll. Musste *queue* machen und kam endlich gegen halb neun Uhr in meine stalle.

Esther à St.-Cyr, ein munteres Stück. Alcide Tousez spielt eine Art Haremswächter sehr gut. Ein trockener Komiker, nach Art unsers Korntheuer. Ebenso einseitig und wirksam als er. Mlle. Théodore als Gouvernante recht gut. Ebenso auch Herr Octave. Dabei ein bildhübscher Mensch.

Hierauf *La Marquise de Protintaille*, was eigentlich jetzt das Zugstück dieses Theaters ist. Eine Verspottung des alten Adels. Das Kostüme der Zeit Ludwigs XV. treu bis zum Abgeschmackten und in dieser Genauigkeit völlig wirksam. Die Dupuis sieht aus wie die Madame Bativia in der Hundskomödie, und nach den ersten zehn Worten stört es nicht mehr. Levassor der Chevalier als schwindsüchtiger Roué, dünn wie eine Kerze, in roter Chevauxlegersuniform, die dümmste Suffisance im Gesichte, das er nie verleugnet bis ans Ende. Achard, als Jean Grivet, von einer Vortrefflichkeit, von der man keine Vorstellung hat. Der hübsche

Kerl mit feurigen schwarzen Augen und eben solchen Augenbrauen, in einer weiß gepuderten Stutzperücke nimmt sich prächtig aus. Die altmodische Kleidung, als ob er nie eine andere getragen hätte, dabei sein Spiel, jede seiner Bewegungen so eins mit seiner Rolle, der damaligen Zeit und der heutigen Empfindung, dass man nur anstaunen kann. Derlei ist nirgends als hier. Nicht viel weniger gut die Dupuis als Kammermädchen. Was die Déjazet, den Liebling des Publikums des *Palais royal*, betrifft, so gefällt sie mir nicht. Man kann ihr Spiel nur loben. Sie weiß die Momente zu ergreifen und durchzuführen, aber für mich hat sie eine verletzende Gemeinheit. Es ist ein delabriertes Sichgehenlassen der Liederlichkeit in ihr, das mich anwidert. Damit stimmt auch das sackmäßig Hangende ihrer nicht üblen Züge überein. Es war einmal eine junge Schauspielerin auf den Wiener Vorstadttheatern, auf die mich ihr Wesen erinnert, Demoiselle Groll oder Hoch oder Groß. Nur spielt die Déjazet unendliche Mal besser. Arien singt sie ganz gut, mit Spuren von Schule; die eigentlichen Vaudevilles aber gellend, pöbelmäßig, widrig.

Das dritte Stück, *La fille du cocher*, recht hübsch. Eine Mlle. Emma, äußerst gut, liebenswürdig. Dazu sieht sie recht gut aus. Durand, der ehemalige Kutscher, wie ein dermaliger. Den Hauptspaß des Stückes macht eine deutsche Ehrenwächterin, die kein Wort Französisch versteht, ihre Kenntnis der deutschen Sprache aber durch die Worte: Was isch das? und Nix beurkundet. Dass sie sich mehr wie ein Tier als ein Mensch benimmt, versteht sich von selbst.

Der Colonel des Stücks schien anfangs seine Rolle nicht hinlänglich memoriert zu haben. Schon wollte ein Sturm losbrechen, als er glücklicherweise abzugehen hat. Beim Wiederauftreten ging die Rede wie am Schnürchen. Um ein viertel auf zwölf Uhr nach Hause.

Sonntag, 1. Mai. Sollte ein großer Tag sein, als erster Mai und als Namenstag des Königs, der höchst glänzend gefeiert werden sollte, und wozu die Vorbereitungen schon seit vier Wochen getroffen worden. Aber schon seit ein paar Tagen ist es ungeheuer kalt, und heute droht es zu regnen.

Many kommt, der Verabredung gemäß, mich abzuholen. Wir gehen zu Brant. Es war noch zu früh für Leute, die erst um halb sieben Uhr essen und bis dahin fortwährend auf den Beinen bleiben wollten. Endlich, um halb zwei Uhr machten wir uns auf. Doch treten wir kaum aus dem Hause, als ein ungeheurer Platzregen uns zurückjagt. Nach einer halben

Stunde konnte man's von Neuem versuchen, und wir gingen durch den Tuileriengarten, an den drei Fronten eines prächtigen Feuerwerks – derzeit noch im Embryo – vorüber in die *Champs Elysées*, deren lange Hauptallee, von der einen Seite zum königlichen Schloss, von der anderen zum Stern der Barriere von Neuilly führend, mit der Aussicht auf beide, durch zusammenhängende Festons sehr großer Talglampen verbunden waren, sodass der Stern von Neuilly, der ganz mit Lampen und Feuerwerkshülsen bedeckt stand, einen zauberischen Schluss- und Augenpunkt abgeben musste.

Trotz des Regens, der nie ganz aufhörte und von Zeit zu Zeit goss, wimmelte es von Menschen, obgleich, wie man mir sagte, nicht der fünfte Teil der sonstigen Anzahl. Unter den Bäumen auf erhabenen Bühnen vollzählige Orchester, die abwechselnd spielen, ohne dass man aber vor dem Lärm mehr als je und dann eine Trompetenpassage vernehmen könnte. Obsthändler, Orangenverkäufer, Fleisch- und Würstebrater, die ihr Erzeugnis, in ein Stück vortreffliches Brot eingeklemmt, nicht unappetitlich dem Käufer überliefern. Vor einer solchen Braterin stand ein Savoyardenbube, schmutzig, zerlumpt, in versunkener Betrachtung der allzu kostbaren Speise, die Miene halb aus der Witterung eines Wachtelhundes, halb aus dem Tiefsinne zusammengesetzt, mit dem Newton dem Gravitationsgesetze der Welt auf die Spur kam. Ich weiß aber noch nicht, ob die Ursache seiner Betrachtung Dürftigkeit oder Sparsamkeit war. Denn als wir ihm ein paar Sous schenkten, war seine erste Bewegung, mit dem Geschenke fortzugehen, erst später kehrte er zurück und holte seinen Anteil aus dem Glückstopfe, der wie so oft in der Welt ein Fleischtopf war. Von allen Seiten Geschrei der Lotterie- und Glückshafenunternehmer, bei denen man vom Biskuit bis zur silbernen Uhr gewinnen und auf der anderen Seite, nur etwas leichter, auch wieder bis zur silbernen oder goldenen Uhr verlieren kann. Eine Unzahl ist dieser Lotterien, die nebst dem Scheibenschießen die Hauptlust des gemeinen Parisers ausmachen. Geschossen wird mit Armbrüsten, doch auch – mitten im Gedränge – mit Feuergewehr; wenigstens knallt das Gewehr wie ein solches. Die Scheibe gibt häufig ein ohne Schmeichelei gemalter Kosak zu Pferde ab, oder man schießt nach kleinen Gipsfiguren. Keine der tausend und tausend solch kleiner Schießstätten steht einen Augenblick leer. Ein anderer hat einen Popanz aufgestellt, auf den man, mit einer übergestülpten grotesken Maske vermummt, also blind, losgeht und ihn abzustechen versucht. Selten gelingt's. Das Gelächter ist groß. Dort schreit ein Kreis Zuseher wie Wütende. Wir gehen hinzu. Es ist eine Art Blindekuhspiel, wobei einer mit verbundenen Augen einen anderen zu fangen sucht. Die Umstehenden schreien dabei aus vollem Halse: *à droite, à gauche*! und zappeln vor Vergnügen. In einigen der vielen aufgeschlagenen, sehr hübsch dekorierten Tanzsäle fängt man jetzt schon zu tanzen an, Ladenbursche und Grisetten, viel geringer angezogen als die gleichen bei uns, sich aber tausendmal anständiger benehmend. Schon das ist schön, dass nicht der plump-sinnliche Walzer, sondern Kontertänze getanzt werden, die nicht den Ausbruch, sondern den Verlauf des Vergnügens bezeichnen und die Teilnehmenden zu einer Art Anstand nötigen.

Endlich das Hauptvergnügen: *spectacle* gratis. Zwei große, hübsch dekorierte Theater, in der Entfernung von ein paar Hundert Schritten einander gegenüber aufgeschlagen, in denen nur bei Tage und abwechselnd so gespielt wird, dass, wie der Vorhang bei einem sinkt, er bei dem anderen aufgeht. Die Zuseher im Zwischenraum, unzählig, glücklich, aufjubelnd, sich in seliger Bequemlichkeit nur rechts und links wendend, je nachdem hier oder dort die endlose Lust sich anknüpft. Die Stücke wie natürlich *à grand spectacle*. Auf einer Seite Franzosen und Spanier, die endlos fechten und feuern. Dazwischen wird gesprochen, wovon man natürlich kein Wort versteht. Das andere Theater beschäftigt sich hauptsächlich mit dem Orient. Szenen aus Algier. Indianer und Wilde beiden Geschlechts. Dazwischen regnet es unaufhörlich auf Zuseher und Schauspieler, welche Letztere durch nichts geschützt sind. Die Zuseher spielen mit, indem sie laut aufschreien, ihre Landsleute auf dem Theater zur Tapferkeit ermuntern und sich über ihre Siege und Heldentaten erfreuen. Dabei nicht ohne Gedräng, aber ohne Unhöflichkeit. Der Franzose geniert ohne Bedenken, lässt sich aber auch ebenso gutwillig wieder genieren. Nichts wird übelgenommen, als die Absicht zu beleidigen. Ich habe keinen Streit vernommen, keine Unartigkeit gesehen, und obschon viele ihre Parapluies aufgespannt hatten und dadurch den übrigen die Aussicht benahmen, hörte man zwar häufig *à bas les parapluies*, aber lachend ausgesprochen. Die Rückstehenden ließen sich's gefallen, nichts zu sehen, weil die Vorstehenden doch nur von ihrem Rechte Gebrauch machten.

Zwischen beiden Theatern ein *mat de cocagne*. Ein ungeheurer, fettbestrichener Baum, mit Uhren, einem silbernen Becher u. dgl. behängt, auf dem man hinanzuklimmen versuchte. Der eine hatte sich fast nackt ausgezogen. Alle hatten Säcke mit Asche oder derlei anhängen, mit denen sie während des Klimmens die Hände rau zu erhalten suchten.

Aber der Regen hatte die Glätte des Baums verdoppelt. Keiner brachte es höher als auf die Hälfte. Nun strömte der Regen wieder von Neuem. Er hatte uns schon einmal vertrieben, und wir waren im Omnibus nach Hause gefahren und hatten uns wärmer angezogen, denn es war zugleich unerträglich kalt. Nun war es nicht mehr auszuhalten. Der Magen wollte auch nicht mehr gehorchen. Zudem nahte die verabredete Stunde des Mittagsmahls, sechs Uhr, um welche Zeit die Eltern Neuwall uns bei den *frères provençaux* erwarteten. Vortreffliches Diner. Suppe, *filet de bœuf, ragout, morue à la maître d'Hôtel, homard, meringue à la glace*, was weiß ich noch alles. Die Kochkunst in ihrer höchsten Ausbildung. Saucen von einer Feinheit, die unsern Fürsten und Schmeckern unbekannt bleibt. Verhältnismäßig wohlfeil. Samt zwei Flaschen Chablis fünf Franken auf den Kopf. Nach Tisch im Wagen die Beleuchtung anzusehen. Konnten nicht weit fahren, mussten anhalten, eben als die ersten Raketen des Feuerwerks auf dem Platze *Louis XV*. platzten. Ich mit Many aus dem Wagen. Sahen eben noch die letzte prächtige Fronte und mehrere *échappés* von Tausenden dreifarbiger Raketen, von denen besonders die letzte einem Feuer speienden Berge glich, der sich in ein Firmament von Steinen auflöste. Damit die französische Effektmacherei nicht fehle, entwickelte sich, da alles schon sich zum Gehen wendete, eine neue Feuergarbe, die mit einem Kanonenschlage alles endet. Das Publikum war in bester Laune, obschon die beabsichtigte Beleuchtung größtenteils zu Wasser wurde, namentlich in der großen Allee nur einzelne Lampen unausgelöscht blieben, welchem Schicksale nur die Gaslichter entgingen, als z. B. am Hotel des Finanzministeriums. Auch der alte Talleyrand hatte beleuchtet. Die übrige Einwohnerschaft setzte sich in keine Unkosten, auch fiel niemand ein, die Lustbarkeit auf dessen Geber und Gegenstand zu beziehen. Von einem Vivat oder dergleichen nichts zu hören, obschon sie Louis Philipp wirklich lieben. Der Enthusiasmus will eben, wie alles andere Feuer und Licht, nicht vom Regen gestört sein. Bei gutem Wetter wäre es vielleicht anders gewesen.

Unabsehbare, unabwartbare Massen, die sich durch die Straßen nach Hause wälzen. Tuilerienplatz und -Garten öde. Der Tambour gibt das Schlusszeichen. Gehen nach Hause. Schon um halb zehn Uhr klappernd vor Kälte in meiner Stube angekommen, die noch etwas kälter ist als die Straße.

Montag, den 2. Mai. Schlechte Nacht zugebracht. Mein Bette blieb Eis, und die Glieder starrten. Dazu, obschon ich nicht sonderlich viel gegessen, mochte der unverdauliche *homard* den Magen beschweren. Hätte abends Tee oder Kaffee nehmen sollen, wie mir Many riet. Wälzte mich schlaflos umher. Die Unbehaglichkeit bezog sich immer deutlicher auf den Magen ...

Am Morgen noch immer leidlich genug erwacht. Schwarzen Kaffee getrunken. Unerträgliche Kälte. Man bringt mir die Rechnung für das verflossene Monat. Leidlich für ein so teures Gasthaus als das *Hôtel des princes*, obschon sechsundzwanzig Kreuzer schweres Geld für ein und ein halb Schalen Kaffee mit Brot ohne alle Zutat nicht gerade wohlfeil sind.

Zu Brant, um das Englische fortzusetzen. Leider kommt ein *comte tel et tel*, der sich eben auch anschickt, nach London zu gehen, und der sich bei Brant über allerlei Rates erholen will. Gedenkt später über Wien nach Konstantinopel zu reisen, schreibt sich daher meine Adresse auf, da es ihm wohl an Empfehlungen fehlen mag. Unsere Lektion gestört. Es ist drei Uhr. Ich begleite Brant auf die Post. Die Sonne kommt etwas hervor. Wir gehen durch einige Gassen. Da erwacht in mir ein Zweifel, ob ich nicht bei Neuwall für diesen Mittag eingeladen sei. Ich gehe hin, den Bedienten zu fragen. Während ich mit diesem spreche, erkennt man im Nebenzimmer meine Stimme. Neuwall, der Vater, kommt heraus. Ich muss hinein. Die Einladung bestätigt und wiederholt. Die Leute meinen es gut, und ich finde sie liebenswürdig, aber meine Freiheit wäre mir unendliche Male lieber. Auf einen Augenblick nach Hause. Um sechs Uhr zu Tische. Das heißt seine Zeit an einem interessanten fremden Ort ziemlich vergeudet, aber die jämmerliche Kälte hindert jede zweckmäßige Benützung. War mit den drei Neuwalls allein zu Tische. Unterhielten uns recht gut.

Abends in die große Oper. *Le philtre*. Wehe mir, dass ich zur Strafe meiner Sünden einem solchen Geheule beiwohnen muss. Die Dorus recht niedlich, im Gesang nicht besser und nicht schlechter als sonst. Die einfachen Tonfolgen (dass ich nicht Kantilene sage) machen sich recht gut, nur bei den Passagen, die sie liebt und von denen ihr, materiell, keine zu schwer ist, zeigt sich das unangenehme, weniger Gestoßene als Geschleuderte ihrer Methode. Scheußlich aber die Männer. Da zeigt sich, was ein dramatischer Sänger, d. h., ein solcher, der die musikalischen Zwecke der Darstellung der Situation unterordnet, für ein hässliches Ding ist. Ihr Gesang ist ein Teil ihres Spiels. Bei komischen Stellen machen sie eigentlichen Spaß mit ihrer Stimme. Ich glaubte hundertmal, davon laufen zu müssen. Lafont gab den Bauerburschen mit einer Gemeinheit, die mich anekelte, dazu seine quäkende Stimme, die die Empfindung aus dem Halse und die Stärke aus der Mundhöhle hervorholt. Levasseur, der in den Hugenotten seinen alten Diener nicht übel gibt, brachte heute keinen gesunden Ton hervor. Er war offenbar der Meinung, er müsse das Lächerliche seiner Rolle (des Scharlatans) auch auf den Gesang übertragen. Wodurch Prevost, der Soldat, sich für einen Sänger hält, gehört unter die Unbegreiflichkeiten. Ohne Spur von Stimme, ohne Methode, wäre er kaum zum Choristen gut genug. Madame Larotte, als junge (alte) Bäuerin, war so unmaskiert schlecht, dass selbst die Franzosen sie auslachten, indes sie die anderen beklatschen, die im Grunde viel schlechter waren als sie. Denn die Arme sang nur ein paar Mal falsch, indes die anderen den ganzen Abend hässlich sangen.

Endlich das Ballett *La tempête* von Coralli, eine wunderliche Verschmelzung von Shakespeares *Sturm* mit *Fee und Ritter* oder einem anderen Ballett, von dem letzteres etwa der zehnte oder hundertste Nachklang ist. Das Tableau beim Aufziehen des Vorhangs vortrefflich. Die übrigen Gruppierungen und Chortänze nicht sonderlich. Albert ein sehr guter Tänzer. Die Damen Noblet und Alexis, mit denen er ein *pas de trois* tanzt, nicht zu verachten. Endlich die beiden Schwestern Elßler, um derentwillen ich eigentlich diesmal ins Theater gegangen war. Therese, ein tanzender Straßburger Münster oder St. Stephansturm, konnte mir hier so wenig gefallen, als in Wien, obschon sie bewundernswürdige Sachen macht und so viel Grazie hat, als die Umstände erlauben. Fanny, bei Weitem niedlicher als sie, obgleich auch ein wenig aus dem Frakturalphabet, scheint sich im Tanze sehr gebessert zu haben. Im Spiele habe ich, verglichen mit ihrer Leistung in *Fee und Ritter*, eher das Gegenteil gefunden. Es ist ein immerwährendes Wiederkauen derselben Bonbons, ein Küssen und Hinneigen und Beugen in allen Nuancen, das dem Freunde der Wirklichkeit auch in der Nachahmung immer wieder gefällt. Auch Fanny hat nicht das Ätherische, Luftige, das mir den Tanz allein zu einem Genusse macht. Ein tanzender Körper mit Begierden, statt Seele und Leidenschaften. Übrigens unendlich viel Gutes. Die Füße mehr Kraft als Elastizität. Arme und Hände oft wirklich graziös. Die Büste ohne Geschmeidigkeit. Das Ganze sich zum Derben hinneigend. Vielleicht zeigt nichts mehr den Verfall der schönen Tanzkunst in Paris, als der ungeheure Beifall, den ich übrigens meinen Landsmänninnen von Herzen gönne.

Auch die Komposition dieses Balletts verhielt sich zu *Nina* oder der *Fille mal gardée* wie ein Bauernkirchtag zu einem Ball in den Tuilerien.

Dienstag, den 3. Mai. Fühle noch immer die Folgen des gestrigen Uebelseins. Unerträgliche Kälte. Muss zum ersten Male während meines Hierseins Feuer im Kamin anmachen lassen und genieße nun das in Frankreich so gerühmte Vergnügen, mir Kopfweh zu holen durch Herumstören, Ab- und Zulegen an dem widerwillig brennenden Feuerherde. Gott möge das alles zum besten lenken. Wäre meine Heimat nicht gar so entwürdigt, ich würde mich dahin zurücksehnen.

Ich sehe immer mehr, der hiesige Zustand der Dinge ist befestigter, als man bei uns glaubt. Nicht Louis Philipp und seine Dynastie. Man liebt ihn, oder vielmehr, man ist der Überzeugung, dass er für die Bedürfnisse des Landes passt. Er dürfte aber nur gewisse Grenzen überschreiten, an denen er beinahe schon hinstreift, und es wäre um ihn geschehen. Aber auch der Herzog von Bordeaux, wenn man ihn, um einer Republik zu entgehen, die niemand will, nähme, müsste als erster König einer neuen Rasse regieren. Eine Fortsetzung der Bourbonherrschaft ist undenkbar. Man müsste Frankreich erst arm machen, wenn man ihm eine Ungleichheit, ein aristokratisches System aufdrängen wollte. Der allverbreitete Wohlstand, der Reichtum jedes Tüchtigen und Fähigen ist es mehr als die Freiheitsliebe, was sich jeder Rückkehr widersetzt. Der Franzose ist genusssüchtig und eitel. Er unterscheidet sich aber von den Eitlen und Genusssüchtigen unter uns dadurch, dass ihm keine Anstrengung zu groß ist, um zu seinem Ziele zu gelangen. Er ist immer bereit, eine Gegenwart zu opfern, um sich eine Zukunft zu sichern. Müßig sein mag der Franzose so gern als ein anderer, wenn er nicht zu arbeiten braucht, ja das Ziel ungeheurer Anstrengungen der hiesigen erwerbenden Klasse ist nur, sich für spätere Tage Freiheit von Sorgen und Geschäften zu sichern. Er ist aber nie träge. Trägheit ist ein deutsches Laster. Vielleicht ein russisches noch mehr. Die praktischen Folgen davon sieht jedermann ein.

Wollte den Besuch in der Bibliothek wiederholen, teils konnte ich mich aber nicht entschließen, bei der unerträglichen Kälte die Wohltat meines Feuers aufzugeben, das erst nach zwei Stunden Flamme etwas Wärme zu geben anfing, teils fürchte ich die kalten, ungeheizten Säle, die schon neulich bei gutem Wetter und besserer Gesundheit mir arg zugesetzt hatten. Ich blieb daher bis ein Uhr zu Hause und machte dann nur eine Wanderung von meinem zu Brants Kamine. Wir lasen an zwei Stunden Englisch. Mir geht's hier, wie einst in den Schulen. Während des philosophischen Kurses holte ich die alten Sprachen nach, die ich im Gymnasium hätte lernen sollen, in den juridischen Hörsälen die Philosophie;

sodass ich die Rechte eigentlich nie lernte. Ebenso treibe ich in Paris Englisch, das ich zu Hause hätte betreiben sollen, und mein Französisch vergesse ich da, wo ich mich darin hätte völlig ausbilden können. Es gibt eben absurde Menschen! Aber mich befällt ein Schauder, wenn ich an London denke, und dass die Leute da englisch sprechen, eine Sprache, die ich ohne Meister gelernt, in der ich nie zehn Worte geredet und worin meine Aussprache, aus dem *pronouncing dictionary* zusammengelesen, so originell ist, als Grabbes Tragödien oder die Romane des jungen Deutschland.

Um vier Uhr wollten wir einen Gang durch die Stadt machen. Erneuter Regen zwang uns aber bald, durch bedeckte Passagen uns ins Palais royal zu flüchten, wo wir in den Gängen Motion machten, bis die fünfte Stunde erlaubte, uns im Café français an einer rauchenden Suppe und ein paar Gläsern Chablis zu erwärmen. Nach Tisch kaufte ich bei Baudry Bulwers *Rienzi*, um vor dem Schlafengehen etwas zu lesen und nebstdem Übung im Englischen zu haben. Dann verließ ich Brant und ging ins Théâtre français, wo man Delavignes neuestes Trauerspiel in einem Akt: *Une famille au temps de Luther* und ein Lustspiel: *Les deux Anglais* gab. Über ersteres enthalte ich mich zu reden; ja ich will versuchen, in Zukunft auch nicht mehr daran zu denken. Wäre mir nicht manches entgangen, so würde ich es eine bis zum Unsinn gesteigerte Grässlichkeit oder einen bis zur Grässlichkeit gehenden Unsinn nennen. So aber bescheide ich mich und bin froh, dass es überstanden ist. Hatte die hiesige Darstellungsweise mir neulich imponiert, so musste ich dafür heute das Lehrgeld zahlen. Ligier, der tragische Schauspieler par excellence, ist, wie alle, in den gehaltenen Momenten gut, oft sehr gut. In den Ausbrüchen aber schlägt er eigentliche Triller der Wut. Er dehnt nämlich die letzte Silbe des prägnanten Wortes ungeheuer, heult nach Möglichkeit und füllt den Zwischenraum mit einer Art Trommelwirbel aus. Musikalisch würde sich das Ding ungefähr so bezeichnen lassen: pctr-re. Das macht nun, so oft es vorkommt, auf die Zuseher einen solchen Eindruck, dass sie in vollem Sturm losbrechen und ich nicht begreife, warum die übrigen Schauspieler es ihm nicht nachtun, da es die leichteste Sache von der Welt ist. Aber nur die Mutter, Mad. Dorval, trat in Wettkampf mit ihm und traf es mitunter ganz genau. Herr Volans, der zweite der (mir) feindlichen Brüder, spielte natürlicher und wurde nur von dem Stücke gehindert, einen guten Eindruck zu machen. Der Diener Marco, Herr Samson, *qui a*, wie die hiesigen Blätter sich ausdrücken, *crée cette rôle* (bei uns tut das der Dichter), gefällt sehr. Er ist nicht übel. Einen angenehmen Eindruck machte anfangs Mde. Plessy. Schön aussehend, mit einem Organ und einer Aussprache, wie kein deutsches Theater es aufzuweisen hat, schien sie ein Himmelslicht unter diesen Höllenbreughels; gegen das Ende aber nahm sie sich zusammen und tat einige Quietsche und Notsignale, dass mein Mittagmahl sich mir im Leibe umkehrte und ich glaubte, der eine der Brüder habe im Eifer des Spiels dem anderen wirklich das Messer in den Leib gestoßen. Ein paar Franzosen, die neben mir saßen und mit denen ich mich recht gut unterhielt, meinten: (*C'est horrible, mais c'est beau*. Auf meine bescheidenen Zweifel ließen sie doch mit sich handeln und äußerten die Überzeugung, dass diese grässliche Epoche der Literatur bald vorüber sein werde, wie denn das Publikum schon anfange, das Ding sattzuhaben.

Das Lustspiel I *Les deux Anglais* ist auch in Wien schon gegeben worden. Die Darstellung war im Allgemeinen nicht besser als bei uns, weshalb ich mich auch langweilte, wie bei uns, und das Ende kaum abwarten konnte. Höchstens mochte man Perrier, der den Lord spielte, vorzüglich nennen. Im ganzen finde ich überhaupt das sogenannte höhere Lustspiel durchaus unbedeutend. Ich glaube, es ist in Wien besser, wenigstens entspricht es durchaus seinem Rufe nicht. Nur die Schauspieler der kleinen Theater sind vortrefflich. Nicht bloß die Hauptpersonen, die die foule machen; alle, alle!

Um halb zwölf Uhr nach Hause in mein kaltes Bett.

Mittwoch, den 4. Es regnet immer fort. Die Luft ist eisig. Englische Lektüre mit Brant. Locke on the *conduct of understanding*. Die Klarheit der Darstellung erquickt mich. Das Interesse an dem Buche wirkt selbst vorteilhaft auf den Accent. Hierauf gehe ich, eine Karte bei Dr. Koreff abzugeben, der mich mit Güte überhäuft und erst gestern wiederholt da war, mich ins *Théâtre de la porte St. Martin* abzuholen, wo man ein neues Stück von Alexandre Dumas gibt: *Don Juan de Maraña*, über das die Leute hier sonderbar reden. Ich glaube es, denn ein guter und ein böser Engel treten darin auf, nebst anderen Kuriositäten. Fand wider Erwarten Koreff zu Hause und brachte eine angenehme Stunde mit ihm zu. Musste ihm den Plan von Hero und Leander erzählen, über den er entzückt schien. Glaube es wohl. An dem Plan ist auch wenig auszusetzen. Es fragt sich nur, ob die Ausführung nicht hinter dem Vorsatze zurückgeblieben, und darüber kann mich niemand zur Gewissheit bringen. Koreff besteht darauf, mit ihm bei Alexandre Dumas zu frühstücken, der ein gewaltiger Freund der deutschen Poesie ist und sehr wünscht, meine Bekanntschaft zu machen. Auch zur Mars will er mich führen.

Das letztere verbitte ich mir. Gegen Dumas ist nichts einzuwenden, obschon ich eigentlich kein großes Verlangen danach trage. Es wird sich ja doch alles zeigen. Koreff verspricht zugleich, in London für mich Quartier zu bestellen und mir einen Deutschen zuzuweisen, der, dort vollkommen bekannt, mir behilflich sein könnte. Das ließe sich hören. Finde Brant im *Palais royal*. Gehen zu den *deux frères*. Ist mir der angenehmste Restaurateur. Meine Schweden und Dänen dort. Hagberg war krank. Zahnschmerz, dessen Spuren ich auch zu fühlen anfange. Meine Wohnung zeigt Spuren von Feuchtigkeit.

Einer der Dänen will mich morgen abholen in die Bibliothek, Hases Bekanntschaft zu machen. Nach Tisch ins *Café de la régence*, um noch etwas Erwärmenderes als Wein in den Leib zu kriegen. Abends macht uns, mir und Many Neuwall, der gute Brant Tee, und wir plaudern bis elf Uhr. Ich war im einfachen Rocke. Schütternd und geschüttelt kam ich nach Hause. Das heißt seine Zeit gut zubringen!

Donnerstag, den 5. Mai. Befinde mich recht übel. Ein rheumatisches Unwohlsein fängt an, sich durch Geschwulst und einen Ausbruch am Munde Luft zu machen. Kälte geht wie ein brummender Orgelpunkt fortwährend durch das ganze Stück. Hoffe, ohne Feuer zurechtzukommen. Finde es endlich unmöglich. Ziehe wiederholt die Klingel. Muss endlich selbst den Einheizer holen. Er kommt, ich genieße schon in Gedanken die wohltätige Wärme; da tritt, ehe das Feuer noch brennt, mein hilfreicher Schwede ein, mich seinem Versprechen gemäß in die Bibliothek abzuholen. Ich verlängere das Gespräch des Empfangs nach Möglichkeit, um mich während desselben zu erwärmen. Umsonst! Noch erstarrt, muss ich in die Büchersäle, die ungeheizt, wie sie sind, ein frostiges Gegenstück zu meinem eigenen Museum bilden. Suchen und finden Herrn Hase, den deutschen Kustode. Sehr freundlich empfangen, merke ich erst nach und nach, dass mein Besuch gar keinen eigentlichen Zweck hat. Zum Glück interessiert mich das System der Anordnung, Katalogisierung und Aufstellung der Bibliothek zu kennen; ich lasse mir das erklären, was Herr Hase mit großer Gefälligkeit tut. Endlich verfällt er selbst darauf, mir Handschriften der Minnesänger und Troubadours zu zeigen. Wir gehen in das Manuskripten-Zimmer, wo ich einen solchen Kodex in die Hand bekomme. Unendlich wichtiger ist mir der erste Band des gedruckten Katalogs der hiesigen Bibliothek, die Theologie umfassend. Ich durchgehe ihn mit großer Aufmerksamkeit, den Hut auf dem Kopfe, da die Temperatur des Lesezimmers ungefähr die einer *porte cochère* bei schlechtem Wetter ist. Um ein Uhr kommt Brant, mich abzuholen. Herr Hase war inzwischen von anderen Geschäften abgerufen worden und hatte vorher noch mir versprochen, des anderen Tages um zwei Uhr mich zu einer kleinen Sitzung des *Institut royal* zu führen. Ich nahm mit Vergnügen an, da ich denn doch nichts Besseres zu beginnen wusste. Brant machte mir die Notwendigkeit begreiflich, einmal wieder nach mehreren Tagen dem Körper Bewegung zu verschaffen. Es ist Pferderennen im *Champ de Mars*. Wir beschließen, hinzugehen. Die Sonne kommt hervor. Schon werden unsere Hoffnungen kühner und kühner. Das Pferderennen beginnt. Keines der größten. Die prägnanten Punkte von Zusehern besetzt, der übrige Teil der Bahn ziemlich leer. Drei Pferde laufen. Zwei davon machen sich den Sieg ziemlich streitig. Da umziehen schwarze Wolken von Neuem den Horizont, Wir eilen, nach Hause zu kommen. Bald aber bricht der Platzregen los. Schon durchnässt, flüchten mir unter die Säulen des Palastes der Deputiertenkammer. Da hatten wir Zeit genug, die abgeschmackt placierten Statuen an den Stufen dieses sonst herrlichen Gebäudes und die noch viel alberneren des *Pont de la Concorde* zu betrachten. Endlich während eines mäßiger gewordenen Regens zu Brant. Englische Lektüre, durch Lockes gesunden Menschenverstand erheitert. Ich gehe nach Hause, mich umzukleiden. Finde eine Einladung von Rothschild auf morgen zum Essen. Wohl! Wird dann abgetan sein. Zugleich sagt mir der Portier, eine Madame Chese oder Chise, die seit drei Wochen schon in Nr. 12 hart neben meiner Stube wohne, habe sich angelegentlich nach mir erkundigt. Sollte das Mde. Chezy, die Dichterin, sein? Ich kann es kaum glauben. Wäre übrigens doch möglich. Beschließe endlich, wie gewöhnlich, den Göttern die Aufklärung zu überlassen. Kaum in meinem Zimmer angelangt und halb ausgezogen, poch! poch! an meiner Türe, und die leibhafte Frau von Chezy, Dichterin der Euryanthe usw. tritt ein. Sie scheint betrübt und hat, wie natürlich, gealtert. Sonst gut und herzlich wie immer. Bei der Erwähnung ihres ältesten Sohnes steigen ihr die Tränen in die Augen. Er scheint ihr Kummer gemacht zu haben. Sie ist hier, um ihre Pension zu sollizitieren. Sie will mich überall hinführen und mit der ganzen Welt bekannt machen. Ich, nach meiner stockischen Art, wehre mich dagegen aus Leibeskräften. Muss ihr (nicht gerne) versprechen, morgen bei ihr zu frühstücken. Endlich kann ich mich ankleiden und zu Neuwalls zum Essen gehen. Die französische Dame von neulich, ebenso groß im Essen als Reden, speist da. Unterhalte mich ziemlich lange mit ihr im gewähltesten Französisch. Sie scheint zufrieden, was von einer französischen Dame gegenüber einem deutschen *homme d'esprit* immer genug ist. Später gehe ich mit Brant Tee trinken, und wir beschließen den Tag.

Freitag, den 6. Habe die Bemerkung gemacht, dass die unerträgliche Temperatur meines Zimmers daher rührt, dass durch den immerwährenden Regen die Nässe bei einigen Stellen der Mauer eingedrungen ist. Will ein anderes Zimmer begehren oder das Hotel verlassen. Das Wetter scheint sich übrigens etwas aufzuheitern. Bin eben im Begriffe, mich zu waschen, als Madame Chezy an meine Türe pocht, mir zu sagen, dass der Kaffee fertig sei. Ziehe mich in der Hast an und den Überrock über die Nachtweste und gehe zu ihr hinüber. Ihr Zimmer noch kleiner als das meine. Nur ein Bett mit so viel Raum, um hinein- und herauszusteigen. Wo sie Platz für den Kaffeetisch hergenommen hatte, weiß ich noch jetzt nicht. Aber wenigstens die Wände trocken. Ein vernünftiges Feuer im Kamin, an dem sie den Kaffee macht, den sie lobt, ohne dass ich ihn besonders gefunden hätte. Plaudern eine Stunde. Sie, in ihrer grandiosen Naivität, verglich unter anderm einen Roman der Madame Sand mit einer wohlgekleideten Dame, die in Gesellschaft die Röcke, obwohl nur für einen Augenblick, über den Kopf hebe. Lob dieser Schriftstellerin, die von ihrem Manne übel behandelt werde, obwohl sie sich im ganzen Leben nur zweimal vergangen. Jetzt freilich scheine sie in einem intimen Verhältnis mit einem jungen Republikaner, dem Sohne des bekannten Arago, zu stehen. Sie sei sehr hübsch, geistreich, gut, ziehe sich manchmal als Mann an, rauche Zigarren und betrinke sich ein wenig (*se grise*). Ihr Stil werde kaum dem Chateaubriands nachgesetzt. Ich soll durchaus in die Abendgesellschaften der Damen Brady und Abrantes gehen. Meines Vaters Sohn deprezierte. Kehre endlich in mein Zimmer zurück, wo ich von den Resten des Holzes von gestern, das bald nach meinem Fortgehen ausgelöscht sein musste, Feuer zu machen versuche. Umsonst. Endlich Hilfe von Gott. Den Wandschrank nach Papier durchsuchend, finde ich – einen Blasbalg und einige Stämmchen Reisig. So muss Robinson zu Mute gewesen sein, als der Blitz einen Baum entzündete und er nun Feuer hatte für alle künftigen Tage. Bald flackert die Flamme auf und dauert noch jetzt fort, da ich dieses schreibe. Sobald sie verlöscht, gehe ich aus, da das Wetter besser geworden ist, es wenigstens nicht regnet.

Um zwei Uhr auf die Bibliothek zu Hase, um mich von ihm in die Sitzung der Académie des *inscriptions et belles lettres* führen zu lassen. Warten bis drei Uhr auf der Bibliothek der Akademie, wo Hase meinen Namen einschreiben lässt und mir dadurch das Recht verschafft, hingehen und lesen zu können. Endlich die Sitzung. Schöner Saal. Lichtbraun in Holz ausgetäfelt. Die Fenster hoch oben. Dazwischen schöne Porträts berühmter Männer aller Fächer: J. J. Rousseau, d'Alembert, Gretry. Von anderen nur die Namen in Gold. Der Fond hellblau, was zusammen einen hübschen Eindruck macht. Der immerwährende Sekretär liest das Protokoll der letzten Sitzung. Niemand versteht ein Wort. Darauf die eingelangten Bücher vorgezeigt und besprochen. *Dépôt à la bibliothèque, remerciment à l'auteur.* Hase, als Präsident, verspricht sich nicht selten. Endlich die Abhandlungen. Erstlich eine über die verschiedenen Schriftzeichen. Dann Raoul Rochette, die Fortsetzung eines schon früher begonnenen Aufsatzes über antike Überbleibsel. Er war eben bei den Esswaren und Küchengeräten. Das nächste Mal kamen vielleicht die Nachtstühle an die Reihe. Da werden denn Eierschalen, Fischgräten und Hühnerknochen hergezählt. Endlich doch auch die Grabmäler, besonders über den Umstand, dass christliche Gräber mit heidnischen Emblemen gefunden werden. Raoul Rochette, ein hübscher Mann, mit klarem, deutlichem Vortrage. Endlich ein verzwickter Poet, dessen Namen ich vergessen, der deklamiert wie auf dem Theater und sich gegen diejenigen ereifert, die behaupten, Anakreon sei ein *ivrogne* und kein *honnête-homme* gewesen. Sein Gerede ward auch den Akademikern zu viel. Einer ging nach dem anderen, und der Vorleser erbot sich endlich selbst, die Vorlesung auf ein nächstes Mal zu verschieben; was mit Dank angenommen wurde.

Hierauf zu Rothschild zu Tische. Vortreffliches Diner. Man kann nicht gemeiner aussehen und zum Teil sich benehmen, als der Hausherr. Die Hausfrau gegen ihn eine Göttin, obschon sie mir weniger gefiel, als das erste Mal. Heine ist da, unwohl, leidend. Man fetiert ihn sehr, *ne noceat*, wie man sagt. Hambro aus Kopenhagen. Die Familie Neuwall, Rossini. Letzterer ist ganz Franzose geworden, spricht die Sprache, wie kein Italiener sie je gesprochen und ich es am wenigsten Rossini zugetraut. Meine Frage, ob er sich mit einer neuen Arbeit beschäftige, wies er beinahe mit Widerwillen zurück. Paris, meint er, sei eine *ville de plaisir*, das müsse man da suchen; das werde man finden, sonst aber auch nichts. Für die Musik besonders sei es die letzte Stadt der Welt. Selbst meine Falcon will er mir nicht gelten lassen. An Wien erinnert er sich noch mit Vergnügen. Als wir mitsammen fortgingen, führte er als seinen Grund gegen Italien an, dass alle Äußerungen dort verboten seien. Er ist äußerst munter, gesprächig und hat eine eigene Weise, die Leute auf eine gutmütige Art zum besten zu haben, welche Gabe er an einer der anwesenden Damen exerzierte. Heine war nicht sehr angenehm und ging bald. Da man sich erst gegen sieben Uhr zu Tische setzte, war es bald zehn Uhr. Ich machte eine kleine Tour über die Boulevards und legte mich gegen elf Uhr zu Bette.

Samstag, 7. Eine fürchterliche Nacht zugebracht. Anfangs ziemlich gut geschlafen, aber sehr früh aufgewacht. Alle Anzeichen eines starken Fiebers. Der Puls heftig, Kopf schwer. Jeder andere würde ärztliche Hilfe gesucht haben. Ich pflege derlei nicht. Ging früh aus, weil mir die Temperatur meines Zimmers unerträglich war und das heftige Feuer, das sie hier anmachen, mir nicht weniger widerlich ist. Dazu das Nachsehen und Anblasen, ohne welches es auslöscht. Ging also aus und befahl, das Feuer in meiner Abwesenheit zu machen. In den Tuileriengarten. Wollte mich in den spärlichen Sonnenstrahlen erwärmen. Aber die Luft war so kalt, der Boden feucht. Fast bis ans Ende der elysäischen Felder gegangen. War müde, ohne auch nur ein wenig Transpiration gewonnen zu haben.

Brant besucht. Der junge Neuwall war früher bei mir gewesen, zu melden, dass seine Eltern morgen nicht nach Versailles fahren, wie doch seit Langem ausgemacht war und mich in Verlegenheit setzte, da ich um deswillen keine andere Gesellschaft gesucht hatte. Brant will auch nicht gehen. Wir lesen Englisch. Befand mich in einer wahrhaft betrübten Stimmung. Paris fängt mir an, zur Last zu werden, und der Gedanke an meine Heimat ist mir unerträglich. Untergehen; versteht sich von Gottes Hand, aber nicht durch eine widerliche Krankheit in der Fremde.

Gehe mit Brant über die Boulevards: Die Sonne kommt etwas hervor. Ich fühle mich erheitert. Will für morgen einen Platz nach Versailles bestellen. Alle Plätze sind genommen.

Bei Tische finde ich meine Schweden, die gerne die Partie mit mir gemacht hätten, aber nun sind sie bereits versagt. Nach dem Essen kommt das Fieber wieder, mit einer Heftigkeit, dass es mir die Klarheit des Sehens benimmt. Setze mich ins *Théâtre des variétés*, wo ich, halb schlafend, vier Stücke ansehe und nur Vernet in der *Madelon Friquet* durch die Vortrefflichkeit seines Spieles mich manchmal aus meinem widerlichen Zustande reißt. Übrigens ist er doch ein klein wenig possenhaft, mehr als die übrigen hiesigen Komiker. Derlei abgerissene, übrigens höchst ergötzliche Faxen entstellen unter anderen auch seine Darstellung des Rausches im zweiten Akte der *Madelon*.

Sonntag, 8. Mai. Bessere Nacht, Kopf und Magen noch immer leidend ... aber ohne fieberhafte Zufälle. Gleich des Morgens kommt der eine meiner guten Schweden, Carlson, um mir zu sagen, er und Hagberg hätten ihre Gesellschaft nach Versailles aufgegeben, um mit mir hinauszufahren. Die Sonne scheint. Es verspricht ein hübscher Tag zu werden. Glücklich, dass *les grandes eaux* sich diesmal auf die Fontänen beschränken werden.

Wir gehen zu drei nach den *Champs Élysées* und nehmen Platz in einem Coucou, zu vier, sage vier Francs die Person. Bis zu dieser Unverschämtheit haben es die Wiener Zeiselkutscher noch nicht gebracht. Zwei solche Fahrten zahlen dem Kerl Pferd und Wagen.

Die ganze Straße mit Fuhrwerken aller Art bedeckt. Postchaisen, Gondoles, Parisiennes, Citadines, Kabrioletts, reich und arm, die ganze Strecke von vier Lieues eine Reihe von Gespannen. Unser Kutscher überhäuft die vornehmen Equipagen mit Grobheiten, die seinem Karren im sausenden Fluge zu nahe kommen. Die Gegend wirklich schön. Endlich Sevres erreicht, der halbe Weg. Wir halten an. Der Fuhrmann gibt seinem Pferde etwas Heu, so sparsam, als ob es Biskuit wäre. Indes fliegt die tolle Jagd unausgesetzt an uns vorüber. Die Gondoles mit fünf Pferden in gestrecktem Galopp. Die Restaurants machen gute Geschäfte. Man trinkt sich aus den Wagen und den Wirtshausfenstern wechselseitig zu. Endlich wird eingesessen. Wir hatten unser zweites Frühstück auf Versailles verspart. Rechts am Wege zeigt sich St. Cloud, links, wenn ich nicht irre, Meudon. Hübsche Lage. Endlich hält die Wagenreihe. An der Barriere von Versailles wird visitiert. Das ist noch dümmer als bei uns. Endlich la grille. Die Wagen stürmen von Neuem vorwärts. Das Schloss liegt vor uns, wir steigen aus.

Das Schloss präsentiert sich von der Stadtseite nicht gut. Ineinander geschachtelte Gebäude, widerlich bemalt, an die man vorn einige griechische Dinge angebaut hat. In den Garten. Dahinaus geht die Hauptfassade. Prächtig, ungeheuer. Doch verliert der Eindruck dadurch, dass das Mittelgebäude zu weit vorragt und dadurch die zurückweichenden Flügel dem Betrachter verkürzt. Das Schloss von Schönbrunn präsentiert sich, bei aller Albernheit seines Baustiles, besser. Ebenso die Hauptansicht des Gartens. Der von Schönbrunn durch den Hügel mit der Gloriette schön abgeschlossen, hier geht die Aussicht auf ewig lange Wasserstücke, die etwas Lachenartiges haben und sich wie Überschwemmungen eines ausgetretenen Flusses ausnehmen. Überhaupt zu viel Wasser im Garten. Der Fontänen kein Ende. Doch auf diese war es ja, zur Feier des königlichen Namenstages, heute abgesehen. Auch von unten, an der schönen Gruppe des Neptun im großen Teiche, nimmt sich das Schloss nicht zum besten aus. Die Treppe, die sich von der obersten Terrasse herabsenkt, sieht in der Ferne wie eine Mauer aus, und von Menschen besetzt, glaubt man eine belagerte Stadt zu sehen.

Die oberste Terrasse nach beiden Seiten großartig. Das Mittelstück des Gartens nicht so imposant als in Schönbrunn. Man muss sich diesen Garten erst zusammensuchen. Man hatte uns gesagt, die Wasser würden um ein Uhr springen. Hier erfahren wir, dass es erst um fünf Uhr geschehen werde, *Les grandes eaux* erst um sechs. Da wir nicht hoffen konnten, in Versailles ein Mittagessen zu bekommen, und nach Paris erst um neun Uhr zu kommen hofften, beschlossen wir, uns noch vorher ein wenig zu restaurieren. Mein Vorschlag, etwas Warmes zu nehmen, fand keinen rechten Anklang, wir nahmen daher in einer Art Kneipe nur etwas Wein, wozu man uns Zuckerwerk und erst nach mehrmaligem Verlangen Brot gab. Zeche: vier Francs, mehrere Sous. Das Ganze mochte die Sous wert sein. Hierauf in den Garten zurück. Er verliert im gegenwärtigen Augenblicke dadurch, dass viele der Bäume, die die Ferne bilden, noch nicht hinlänglich belaubt sind. Es war drei Uhr. Da wir noch zwei Stunden vor uns hatten, gingen wir, die beiden Trianon zu sehen. Das sind die Perlen des Parks. Im kleinen der beiden Schlösser oder vielmehr Pavillons war die Treppe so mit Menschen besetzt, dass wir das Innere aufgaben und nur den Park besuchten. Welcher Park! Im ganzen Leben habe ich nichts Schöneres gesehen. Soll man hier die Natur bewundern oder die Kunst? Dazu schien die Sonne warm, das getretene Gras duftete, die Luft offenbar blauer als bei uns. Ich schlug an meine Brust. Ich war wie ein Kind. Alles so schön, so schön.

Zum großen Trianon. Die Zimmer durchwandert. Die Zeit des Einlasses ging zu Ende. Wir wurden erinnert. Prächtiger, aber viel weniger reizend, als sein Nachbar. Aber wenn man auf die Terrasse gegen den Garten hinaustritt! Hyazinthen-, Tulpenbeete. Die schönsten Baumgruppen. Aussichten, zwar nur wieder auf Bäume und Laubpartien, aber weit, weich, verschlungen, paradiesisch. Es war fünf Uhr. Wenn die Wasser gesehen werden wollten, mussten wir gehen.

Als wir in den großen Garten zurückkamen, war denn das große Werk bereits angegangen. Da sah man erst die vorher zerstreute Menge beisammen. Genug, um zwei Städte damit zu bevölkern. Und alles fröhlich, geschwätzig, glücklich. Denn die Wasser spielten. Die Gruppe des

Neptun im untern Teiche nahm sich herrlich aus. Weniger die Latona mit den sie anspeienden Bauern und Bäuerinnen von Delos, die eben in der Verwandlung begriffen sind. Endlich zu einem großen, abseitig gelegenen Teiche gekommen, sahen wir den ganzen Umkreis mit Stühlen besetzt. Wir fragten. Es ist wegen der *grandes eaux*, sagte man uns. Wir bildeten uns ein, dass diese nur hier zu sehen seien, und standen wohl eine Viertelstunde in Erwartung, da dieses Hauptspektakel erst um sechs Uhr angehen sollte. Endlich erfuhren wir, dass das Spiel der großen Wasser sich auf alle Bassins erstrecke und dieser Teich, als Hauptfronte, nur den Schluss bilde. Wir gingen wieder in den Garten zurück, wo denn nun alle Springbrunnen in voller Tätigkeit waren. Früher müßig scheinende Figuren und Gegenstände zeigten jetzt erst, weshalb sie da waren. Von überall her stürmten Wasser gegen den Himmel. Jetzt erst nahm sich die früher etwas armselige Latona gut aus, und die von allen Seiten springenden Quellen bildeten ein bewegliches silbernes Throndach über die misshandelte Göttermutter.

Bin im Schreiben unterbrochen worden und kann jetzt erst, nach zwei Tagen, wieder fortfahren. Kurz, wir besahen uns den ganzen Wasserspaß, fuhren in einem elenden Coucou nach Paris zurück, stiegen, von der Elendigkeit des Fuhrwerks gelangweilt, an der Barriere ab, verirrten uns in den *Champs Élysées*, trennten uns auf der *Place de la Concorde*, und um halb zehn Uhr nachts nahm ich in einer elegant aussehenden, aber, wie es sich zeigte, elenden Restauration mein Mittagmahl ein, wo ich mich besonders von dem Wein eigentlich vergiftet fühlte.

Montag, den 9. war Börne bei mir und lud mich für den anderen Tag dringend zum Frühstück nach Auteuil ein. Konnte ihm's nicht versagen, obschon bei meiner edlen Gewohnheit, alles bis auf den letzten Augenblick zu verschieben, mir die Zeit schon kostbar zu werden anfängt. Ich will nämlich Samstag abreisen. Die Gesundheit nicht zum besten. Das Wetter streng kalt.

Muss Brant wieder in eine seiner wohlfeilen Restaurationen begleiten, wobei sich heute wenigstens meine angegriffene Verdauung nicht übel befindet. Abends in der großen Oper einer unsäglich schlechten Vorstellung, der Belagerung von Korinth, beigewohnt. Diesmal fehlt sogar das Orchester.

Darauf ein anfangs niedliches, später absurd-langweiliges Ballett, *L'île des Pirates*. Die Elßler. Sehr hübsch, aber immer das nämliche. Zwar das gilt von der ganzen neuern Tanzkunst.

Um Mitternacht nach Hause gekommen, finde ich ein Billett der Gräfin Kielmansegge. Bedauert, wünscht mich zu sehen; ist liebenswürdig. Soll sie morgen zwischen ein und drei Uhr besuchen. Geht nicht, wegen Börnes Dejeuner.

Dienstag, den 10. Schreibe der Gräfin einen der artigsten Briefe, die seit Erfindung der Schreibkunst je geschrieben worden sind. Würde im Laufe des Tages bei ihr vorsprechen, um eine andere Stunde für die projektierte diplomatische Entrevue entgegenzunehmen. Nach Auteuil zu Börne. Er steht schon erwartend auf dem Balkon, da ich um eine ganze Stunde zu spät gekommen bin. Macht mich mit seinen Hausgenossen bekannt. Eine liebenswürdige Frankfurterin mit ihrem wackeren Manne. Sind aus Anhänglichkeit für Börne zu ihm nach Paris gezogen. Nun begreife ich, dass der Mann hier aushalten kann. Börne herzlich, gutartig. Keine Erwähnung von Politik. Nur ganz einfache Verunglimpfungen beiderseitiger Regierungen, Systeme und Bürokraten. Man hätte selbst bei uns nicht viel damit riskiert. Sumptuöses Frühstück, einem ziemlichen Mittagsmahl nicht unähnlich. Die Frau erbietet sich, mir das *Bois de Boulogne* zu zeigen, an dessen Eingang Auteuil liegt. Börne bittet, zu bleiben. Sie aber weiß, dass er gern ein Viertelstündchen schläft, und besteht darauf. Ich nehme gern an, um die warme Luft zu genießen, und da ich das historische Wäldchen doch gesehen haben will.

Wir gehen in dem jungen Waldanflug spazieren. Sprechen über Börne. Er hat die Frau zu seinen Ansichten über Goethe bekehrt. Ich erkläre mich aufs Bestimmteste für die entgegengesetzte Ansicht. Sie meint, ich möchte bei unserer Zurückkunft Börne ein wenig damit aufziehen. Wenn das Gespräch es fügt, warum nicht? Ich hatte ihm schon neulich, als er, obschon sehr manierlich, einen Seitenblick auf unsern großen Dichter tat, warnend mit dem Finger gedroht. Ohnehin verzeihe ich ihm noch am ersten seine Ketzereien darin. Er trägt seinen politischen Hass gegen Goethe, den Aristokraten, nur auf Goethe, den Dichter, über. Jeder Mensch, der lebhaft Partei nimmt, ist ungerecht. Was soll man aber von den Menzeln und derlei Geschmeiß sagen?

Wir kommen zurück. Das Gespräch lebhaft und angenehm. Lenau hat ihm seinen Faust zugeschickt und gebeten, das Gedicht zu besprechen. Börne scheint damit nicht sehr zufrieden. Da ich den Schluss nicht kenne, konnte ich nur über die erste Hälfte mich lobend, warm aussprechen. Was auch an dieser Hälfte, wie bei allem Menschlichen fehlt, war freilich auch mir nicht entgangen. Auch Auersperg hat ihm seinen »Schutt« gesendet. Armer Tor, der ich war, als ich mir's mein ganzes

Leben zu einer Gewissenssache machte, auch nicht mit einem Worte Kritiker und Journalisten für mich zu stimmen.

Börne fordert mich auf, entweder den Abend da zu bleiben oder mit ihm zu einem großen Diner zu fahren, wo eine große Menge Literatoren, fremde Polen, Refugiés und dergleichen sich versammeln und wo eine Gesundheit *au plus grand poëte de l'Allemagne* mir nicht entgehen könne. Ich mochte beides nicht. Wir fahren zusammen in die Stadt. Am Tuileriengarten trennen wir uns. Er zu seinem radikalen Diner, ich *Place Vendôme* zur Gräfin Kielmansegge. Unter dem Haustor begegnet mir der Mann. Soll Samstags bei ihnen essen. Es ist der Tag, wo ich morgens abreise. Verspreche bis Mittwoch, sie zu besuchen.

London, 26. Mai. Ich nehme spät wieder mein Tagebuch zur Hand, und die Wahrheit zu sagen, habe ich so ziemlich die Lust dazu verloren. Wie und warum, wird die Folge zeigen.

Die letzten Tage meines Aufenthaltes in Paris waren höchst unruhig. Das Widerliche, aus einem einmal gewohnten Aufenthalt neuerdings in all die Widerwärtigkeiten eines Zigeunerlebens überzugehen und noch dazu alle Anstalten selbst besorgen zu müssen, ich, dem es zu Hause schon unerträglich war, nur einen Geschäftsgang über die Gasse machen zu müssen. Dazu in ein Land zu kommen, dessen Sprache ich wohl im Lesen recht sehr gut verstehe, aus dem Munde eines Sprechenden gehört, aber nicht dem zehnten Worte nach verstehe, viel weniger, dass ich sie irgend selbst sprechen könnte. Dazu einige Besorgnisse über die hohen Preise des Lebens daselbst und Zweifel, ob mein Ausgesetztes zureichen wird. Endlich meine schlechte Gesundheit, die durch die Seereise, nach früheren Proben, nur noch mehr gestört werden musste. Doch was war zu tun? Ich hatte mir die Reise einmal als eine Art Buße, als einen Versuch auferlegt, mich an Menschen und äußere Tätigkeit wieder zu gewöhnen. Je schwieriger, um so besser zum Zwecke. Auch begann mir Paris nach und nach schon widrig zu werden. Der gute Brant (für mich wenigstens) langweiliger als billig, die Güte der Familie Neuwall, gerade durch das allzugroße Maß, beinahe drückend. Immer auf dem Punkte, in literarische Bekanntschaften hineingezogen zu werden, welche zu vermeiden meine bestimmte Absicht war. Dazu schlechtes Wetter, schlechte Wohnung, üble Laune. Obwohl mir alles anlag, länger zu bleiben, und Koreff gar nicht sich darein finden konnte, bestellte ich doch meinen Platz auf der Post für Sonntag, 15. (für Samstag war kein guter mehr zu haben), verschwieg es aber sorgfältig, um die Bekanntschaftwerber mit einer längeren Aussicht hinzuhalten. Konnte doch nicht vermeiden, mit Koreff bei Alexandre Dumas zu frühstücken, der mit einer hübschen Schauspielerin lebt und ein junger gut aussehender Kerl ist. Er hatte Viktor Hugo geladen, der nicht kam. Tut mir leid. Gerade den hätte ich am liebsten gesehen. Das Gespräch war etwas kauderwelsch. Offenbar indoktriniert Koreff den jungen Mann in deutscher und spanischer Literatur. Ich ging um vier Uhr, weil ich der Chezy versprochen, die Herzogin von Abrantes zu besuchen, die denn doch eine interessante Person ist. Da sie jedoch krankheitshalber zu Bette liegt und ihre Dienerschaft von meiner Ankunft nicht unterrichtet war, so ward ich abgewiesen, ließ meine Karte da und ging. Um so besser. Zwei Tage vor meiner Abreise speiste ich noch mit Neuwalls im *Café de Paris*, vortrefflich. Den letzten Mittag mit Brant und Many bei den *Frères provençaux*. Die anderen Ereignisse habe ich vergessen. Besuchte noch Koreff, der mir eine Adresse nach London und ein Mittel gegen meine hartnäckigen Obstruktionen versprochen hatte. Fand ihn nicht zu Hause, was mir diesmal leidtat. Das Verhältnis mit Brant macht sich immer schlechter. Er begreift nicht, dass ein Fremder, der nur fünf Wochen in Paris lebt, anders leben muss als ein eigentlicher Einwohner, und bei seiner Sparsamkeit ärgert es ihn, so oft ich ins Theater gehe. Lieber sollte ich den Abend bei ihm an seinem Kaminfeuer zubringen, in das er verliebt ist, und an dem wir uns beim Tee ennuyieren. Kam diesmal beinahe zu einer harten Erklärung. Er verleidete mir und Many für den Abend das Theater. Wir gingen also nur noch nach dem Spielhause *Rue Richelieu*, dem ersten hier, das aber in kleinerem Stil ist, als ich dachte. Das in Neapel war viel grandioser. Huren und Silbergeldspieler. Many verlor vierzig Francs, ich gewann fünf, nachdem wir eine halbe Stunde mitgemacht hatten. Letzte Nacht in Paris.

Sonntag, den 15. Tag der großen Sonnenfinsternis und meiner Abreise. Ich war in dem unliebenswürdigsten Humor von der Welt. Die Chezy brachte einen jungen deutschen Dichter auf mein Zimmer, der mir die Visierung meines Passes auf den *Affaires étrangères* zusagte, endlich aber mit der Nachricht zurückkam, dass er niemand von den Beamten da gefunden, was meine üble Stimmung vermehrte, da ich Anstände befürchtete. Koreff, der mir einen Besuch zugesagt, kam nicht. In medizinischer Hinsicht unangenehm. Many Neuwall wollte mich ins *Diorama* führen, was ich ablehnte, teils weil ich nicht gestimmt war, teils um Koreff nicht zu versäumen, wenn er doch kommen sollte. Die Chezy hielt treulich bei mir aus, besserte mir ungeniert einen Schaden an meinen Beinkleidern aus, wozu sie, da die poetische Frau weder Zwirn noch Seide führte, den Faden aus einem ihrer Hüte herauszog. Frühstückte *à la fourchette*. Meine Freundin aß die Reste und nahm ein Glas Chablis an. Endlich die Stunde der Abreise. Brant kam, leidlich ausgesöhnt. Er ist ein vortrefflicher Mensch, und die Ursachen unserer minderen Harmonie lagen gewiss in mir. Wir machten noch einen Gang durch ein paar Straßen. Die Sonnenfinsternis war eben auf ihrem höchsten Punkte. Ich hatte keine Lust, hinzusehen. Es schlug halb vier Uhr, und wir gingen in den Packhof, *Rue St. Honoré*, Lafittes und Gagliards Etablissement. Der Wagen ist bereit. Im Coupé außer mir nur noch eine kranke Frau aus Boulogne. Brant, meine Schweden standen am Wagen. Abschiedszurufe. Die fünf Pferde setzen sich in Gang. Ich hätte nun viel über meinen Aufenthalt in Paris nachdenken können, aber ich dachte nichts und war verstimmt. Diese Plackereien und Beschwerlichkeiten, ganz allein, genötigt, für alles selbst zu sorgen, und dazu noch in den Ausgaben höchst beschränkt. Was sollte nun erst in London werden? Es ging weiter und weiter. Das Land recht hübsch. Muntere Bauersleute. Die Mädchen elegant, am Wege Ball schlagend, im Kreis tanzend. Es wird Nacht. Gegen alle Erwartung schlief ich recht gut, Folge der letzten Aufregungen und darauf notwendiger Abspannung. Der Morgen leidlich hübsch. Frühstücke in Abbéville, wenn ich nicht irre. Das Interieur des Wagens bloß mit Engländern besetzt, die von meinem Englisch so wenig verstehen, als ich von dem ihren. Das wird gut gehen. Endlich Boulogne. Schon eine Post vorher schrie ein Mann englisch in den Wagen, dass ein Paketboot noch diese Nacht unmittelbar nach London abgehen werde. Das änderte auf einmal alle meine Entschlüsse. Sollte ich nun einen halben Tag und Nacht in Boulogne bleiben, dann nach Dover übersetzen, dort wieder schlafen und, weiß Gott wie lange, mich nach London hinrädern lassen? Ich zog eine zwölfstündige Wasserreise vor. In Boulogne, im *Hôtel de l'Univers*, abgestiegen. Leidliches Mittagsmahl. Dann sogleich in den Hafen, Anstalten für die Überfahrt zu machen. Es lagen, statt einem, zwei Dampfschiffe da. Ich zog das teurere vor, da ich das andere mir überfüllt dachte. So war es auch. Da ich, der Seekrankheit wegen, doch in keine Kajüte gehen wollte, mietete ich mich im *second cabin* ein, d. h. da die Betten schon von Damen in Beschlag genommen waren, auf dem Verdecke. Ging ein wenig auf dem Hafendamm spazieren und sah die Sonne im Meere untergehen. War nicht mehr übellaunig, sondern traurig. Dass ich so von allen Banden des Lebens losgetrennt bin, ebenso unwillig, das Vergessensein zu ertragen, als die Lasten der Berühmtheit, wenn ich dies Wort brauchen darf.

Endlich zum Gasthaus zurück. Fand dort schon einen Franzosen mit einer Engländerin, die die Überfahrt auf demselben Dampfboote machen wollten. Wir vereinigten unser Gepäcke und gingen nach dem Hafen zurück, der unterdes dunkel geworden war und vom Verwirre der Einschiffung ertönte. Der Platzbediente besorgte das Gepäck, wir traten ins Schiff. Ich wählte mir einen Platz auf dem Verdeck, den ich für die Nacht nicht zu verlassen beschloss. Eine gute Bank in der Mitte des Schiffs, wo die Bewegung am geringsten sein musste. Wickelte mich in meinen Mantel und erwartete die Dinge, die da kommen sollten. Die Nacht wird immer dunkler. Große Sterne am Himmel. Die Schiffsglocke läutet, die Seile rasseln. Es ist Flutzeit, das Schiff wird beweglich. Immer dickerer Rauch qualmt aus dem Schornstein, wir sind im Gang. Der *Esmerald*, so hieß das Schiff, bewegt sich langsam an dem anderen Fünf-Schilling-Dampfschiffe *Sovereign* vorüber. Das Verdeck des letzteren ist mit Passagieren bedeckt, die uns den Abschiedsgruß zujubeln. Wir nahen uns dem Ausgang des Hafens, wir sind in See. Meine Eingeweide verhielten sich ganz leidlich, obgleich ein ziemlich starker Wind die Wellen erregte, der noch dazu sehr kalt war, so dass ich den Mantel hart an die Augen emporzog. Die Passagiere verloren sich in die Kajüten, wo sie gespien haben mögen oder nicht. Ich blieb zuletzt allein mit dem Steuermann, der ein Lied knarrte, und dem Kapitän, der auf und nieder ging die ganze Nacht. Selten überfiel mich der Anfang eines Schlummers, von dem ich jedoch bald wieder emporschreckte und jedes Mal ein Uebelbefinden fühlte, das sich aber glücklich wieder verlor. Endlich bleicht sich die dunkle See; im Osten rötet sich hinter Wolkenmassen der Himmel, der Wind aber nimmt zu. Es war gräulich kalt. Die englische Küste zeigt sich links. Eine Stadt, fern, fern. Es war Southampton, sagte man. Die Küste entschwindet wieder. Es wird Tag. Schon früher waren Schiffe aller Art, ununterscheidbar im Dunkeln, an uns vorübergezogen, jetzt wächst die Menge. Fischerboote, Handelsfahrzeuge, Dreimaster. Bald ist kein Punkt des Horizonts, in dem nicht irgendetwas die Anwesenheit eines Schiffes bezeichnete. Die Reisenden kamen wieder aufs Deck mit sonderbar überwachten Gesichtern. Die Bewegung des Schiffes wird milder, die Wasser der Themse machen sich fühlbar. Endlich geht es hinein in den Strom, die Ufer werden von beiden Seiten sichtbar. Ein paar Wachtschiffe, Handelsfahrzeuge vor Anker. Die Küste ziemlich kahl. Endlich zeigen sich naheliegende Häuser, von London durch keine Zwischenräume mehr getrennt. Im Flusse ein Wald von Kohlenschiffen vor Anker. Die Stadt beginnt. Zwischen unbedeutenden Häusern herrliche einzelne Gebäude; Schiffswerften, Docks. Wieder eine Handelsflottille vor Anker. Nun Türme und Säulen und Häuser rechts und links. Vor uns Brücken, rechts der Tower. Wir nähern uns dem Lande, es ist das Zollhaus, neben der Londoner Brücke.

Haufen von Menschen. Wir steigen aus. Die Gesellschaft des Paketboots zerstreut sich, scheinbar nach allen Seiten. Ein einziger Jude war noch in meinem Bereich. Ich fragte ihn, wohin es nun ginge: ins *custom house*. Und ich folgte seinen Schritten. Wir kommen an. Die Zöllner sind mit anderen Gepäcken beschäftigt; wir müssen warten. Man führt uns in ein Zimmer, wo an allen Wänden die Warnung angeschrieben steht, nicht Mäntel oder Hüte liegen zu lassen, wegen der Gefahr des Gestohlenwerdens. Ich als Fremder muss in die Alienabteilung, meinen Pass abzugeben und eine Aufenthaltskarte dafür zu erhalten. Ein deutscher Jude ist da, ein Platzbedienter, der mich in seine Klauen zu bekommen sucht. Die Beamten sind höflich, betrügen mich aber, wie ich später sah, mit einem veralteten Plan von London und einem schlechten *guide des voyageurs*. Endlich nach ein paar Stunden Wartens kommt die Reihe an das Gepäck unsres Schiffes. Einzeln werden die Eigentümer eingelassen. Ich warte drei, vier Stunden. Mein Name erscheint immer nicht. Endlich erinnere ich mich, dass der französische Platzbediente in Boulogne beim Einsteigen ins Schiff gesagt, er habe alles Gepäck auf den Namen des französischen Mitreisenden abgegeben. Ich ging damals als gleichgültig darüber hinaus, merkte aber nun, dass mein Name gar nicht auf der Liste der Passagiers stehen müsse. Mit Mühe machte ich endlich den Zollbeamten auf diesen Umstand aufmerksam, und mit noch größerer Mühe erhielt ich endlich, dass meine Sachen, die letzten, visitiert und gegen Vorzeigung des Passes und weiß Gott welchen Verklausulierungen mir ausgefolgt wurden. Es war nun nahe an fünf Uhr, und ich wusste noch nicht, wohin mich wenden in der ungeheuren Stadt. Ich war an einen Deutschen Namens Friedmann gewiesen, der ein b*oarding house* in *Percy Street* hielt, hörte aber im *alien office*, er sei ausgezogen, und man wisse nicht, wohin. Ein anderes *boarding house* in *Golden Square*, das mir Sengel empfohlen, wusste ich meistens mit Fremden überladen. Da fiel mir ein, dass Kapitän ... in Paris mir eine Mde. Williams in *Charlotte Street - Bloomsbury Square*, genannt, und ich beschloss, dahin zu gehen. Ein Fiaker wird geholt, die Effekten eingepackt, und es geht nun endlos durch die ungeheure Stadt, die im Vorüberfliegen eben nicht den besten Eindruck auf mich machte. Endlich komme ich an. Ich werde zur Hausfrau geführt, die mit einer recht artigen Tochter im Erdgeschoss sitzt. Ich merke bald, mein Englisch reicht nicht zu, nur die Tochter spricht etwas Französisch. Endlich verständigen wir uns. Man führt mich in den ersten Stock in ein Zimmer, das, dreieckig und klein, die Form und Größe eines gewöhnlichen Bügeleisens hat. Ein besseres bei erster Erledigung wird mir versprochen. Ich bin nur froh, unter Dach zu sein, und nehme an. Der Kutscher begehrt viereinhalb Schilling, d. h. etwa dritthalb Gulden Konventionsmünze! Ich nehme Besitz, wasche mich, kleide mich um. Es geht um sechs Uhr zu Tische. Der ist nun nicht glänzend bestellt, wie ich sehe. Ein Hammelbraten, eine *pie*, etwas Käse, dazu dünnes Bier oder Wasser – *voilà tout*. Man muss sich fügen. Ich bemerke bald, dass man allenfalls noch mich verstehe, ich aber nicht die anderen. Ich hatte eben in meinem ganzen Leben früher kaum zweimal englisch sprechen gehört; selbst mit Brant in Paris las ich nur; und so war denn die gesprochene Sprache eine Art Chaldäisch für mich. Zum Glück befanden sich einige Deutsche im Hause, die aber da waren, um Englisch zu lernen, und die also sich wohl hüteten, ihre Muttersprache über Tisch hören zu lassen. Sonst recht liebenswürdige gefällige Leute. Nach Tisch führte mich einer der Kostgänger, ein Däne, durch ein paar Straßen: *Great Russel Street*, *Oxford Street*, bis zum Eingang des *Hyde Park*. *Oxford Street* fand ich recht schön, aber die Boulevards von Paris wog es nicht auf. Als es dunkel wurde, kehrten wir zurück, tranken Tee. Die Leute charmant, aber für mich sehr langweilig, da ich kaum das dritte Wort von dem verstehe, was sie sagen. Um zehn Uhr war ich froh, ein Licht zu bekommen und schlafen zu gehen, denn ich war müde zum Niedersinken. Das Bette ziemlich schlecht. Dennoch gut geschlafen.

Des anderen Morgens ziemlich gestärkt aufgestanden. Das Leben in einem solchen *boarding house* will mir durchaus nicht gefallen. An eine bestimmte Essensstunde wollte ich mich noch allenfalls gewöhnen, meine Schäferstunde aber, die Zeit des Frühstücks, einzubüßen, das ich seit meiner Kindheit immer allein eingenommen und das als eine Vorbereitung auf den ganzen Tag, ein Moment der Sammlung, für mich so ungeheuren Wert hat, das war zu hart! Man musste jedoch vorderhand sich fügen. Um neun Uhr läutet's zum *breakfast*. Dieselbe Versammlung, dasselbe englische Gestammel, dieselbe Langeweile. Dazu die Wahl zwischen Tee, der mir nicht bekommt, und Kaffee, den man hier nicht zu bereiten versteht. Dazu Brot mit Butter, die mich krank macht. Kaltes

Fleisch, das ich nicht verdaue. Ich greife jedoch zu, bis auf das Fleisch, das mir vorderhand noch zu englisch war, was, wie ich wohl sah, die Hausfrau etwas beleidigte. Ein paar Engländer, die auch da wohnten und die, wie alle ihrer Nation, im Anfange einer Bekanntschaft höchst unangenehm sind, vermehrten mein Missbehagen. Ich wünschte mich auf tausend Meilen fort, wusste aber noch nicht, wohin. Nach dem Frühstück ging ich in mein Zimmer zurück, in das der kalte Wind in Strömen einzog, durch ein Fenster, das nicht schloss, wie ich erst später bemerkte. Ein Umstand, der mir bereits eine Art Augenentzündung zugezogen hatte, die ich notgedrungen vermehren musste, denn es galt, den Plan von London zu studieren mit seinen kleinen Buchstaben und verwischten Konturen. Ich weiß nicht mehr, wo ich des ersten Tages überall hingeriet. Nur suchte ich, anfangs fruchtlos, wieder die *Oxford Street* zu erreichen und wollte mich des Weges nach Drurylane versichern, wo man schon gestern Hamlet gegeben hatte und das ich heute nicht versäumen wollte. Ich irrte eben in den ungeheuren Straßen umher und musste fürchten, wenn auch den Weg ins Theater, doch den Rückweg nach Hause sicherlich nicht zu finden.

Unerträgliches Mittagsessen. Der unabhängigste Mensch unter der Sonne von einer lumpigen Sprache abhängig. Der unabhängigste Mensch? Ja, wenn's nur wahr wäre. Es gibt der Sprachen und der Abhängigkeiten noch viele. Abends ins Theater. Man gab drei Stücke, Lustspiele. Das erste weiß ich nicht mehr. Das zweite: *Etikette* oder so, wurde vortrefflich gegeben. Viel besser, als man es in Deutschland oder selbst in Paris aufführen könnte, an welchem letzteren Orte nur noch die Boulevardposse blüht, aber auch unerreichbar dasteht. Die englischen Schauspieler haben etwas Festes, auf sich selbst Beruhendes, Männliches, das außerordentlich wohltut. Wenn, wie man einmal von den Bourbons und der Herzogin von Angoulême sagte, unter den Wiener Schauspielern ein einziger Mann ist, Madame Schröder nämlich, so sind hier alle Männer, selbst die Weiber, versteht sich im besten Sinne. Unbekannt mit den hiesigen Sitten, hatte ich mir keinen Theaterzettel beigelegt und weiß daher nicht, wie die Schauspieler hießen, die mir so wohl gefielen. Da ich wenig von den Worten verstand, ermüdete ich doch auf die Länge und ging gegen elf Uhr, fand auch nach mancher Mühseligkeit den Weg nach Hause. Einer der Schauspieler, erinnere ich mich, war Mr. Farren, der im *Scapegoat*, oder wie das Ding hieß (unser Hofmeister in der Klemme), den alten Präzeptor unnachahmlich spielte.

Doch nein, eben finde ich den Theaterzettel und ersehe daraus, dass ich das erste Mal *Fidelio* mit der Malibran, *Scapegoat*! und die Oper *Masaniello* hörte. Jene drei Lustspiele waren am 19. in *Covent Garden*, wo ich im Drurylane keinen Platz mehr fand, um *Wild oats* und *Heart of Mid-Lothian* zu sehen.

Also die Malibran. Ich kam der späten Essensstunde wegen zu spät zum Anfange, hörte daher den ersten Akt nicht. Von vornherein fand ich jene berühmte Sängerin weit unter ihrem Rufe. Sie singt jedoch hier englisch, was, obgleich sie es sehr gut spricht, einen nicht vorteilhaften Einfluss auf ihre Gesangsweise haben mag. Die große Arie im zweiten Akt vortrefflich. Die Passagen scheinen nicht immer so gerundet, als bei den anderen großen italienischen Sängerinnen, manchmal sogar etwas gestoßen, auch haben offenbar die hohen Töne gelitten, heißt das die ganz höhere Oktave, denn die höchsten nimmt sie wieder mit Leichtigkeit. Die tiefe Lage noch immer vortrefflich. Sie hat offenbar die Manie des Spiels, wodurch sie sich so in Bewegung setzt, dass ihre Töne notwendig darunter leiden müssen. Keinen Augenblick ruhig, wird dieses immerwährende Hervordrängen geradezu lästig. Aber das gerade gefällt hier. Im dritten Akte, beim Grabmachen, gräbt sie wie ein Taglöhner, dass ihr der Schweiß an der Stirne steht, wo denn nun freilich an kein Singen zu denken ist. Das berühmte Kerkerduett habe ich nicht leicht schlechter singen gehört, ihre Mitteltöne waren unhörbar. Das hiesige Publikum aber, das von Musik rein nichts versteht, bewundert gerade dieses Auftragen, und während sie grub, und als sie die Pistole dem Gouverneur geradezu ins Maul steckte, ihn auch nicht mehr losließ, war des Beifalls kein Ende. Von den übrigen, Herr Templeton, Florestan, gute Stimme, scharfer, mitunter harter Vortrag, sonst lobenswert. Pizarro, Mr. Giubelei, schöne Stimme, wütender Vortrag. Rocco, Herr Seguin, so, so. Jacquino, Duruset, der unleidlichste Spaßmacher, hier aber sehr beliebt. Chor schwankt vom Mittelmäßigen zum Schlechten.

Den Eindruck von *Scapegoat* habe ich oben angegeben.

Donnerstag, den 19. Mai, musste ich meinen Bankier *Doxat and company* aufsuchen, da es mir an englischem Gelde zu fehlen anfing. Er sollte in der City, *Bishopgate Street*, wohnen, einer Kirche gegenüber, Nr. 24. Das war nun ungefähr vier Meilen (englische) von meiner Wohnung. Ich beschloss dennoch, zu Fuße zu gehen, weil man nur so eine große Stadt bald und genau kennenlernt. Es ward daher der Plan genommen und die Lage der Straßen, zum Glücke bloß große, auf ein Blatt Papier nachgezeichnet, da man doch nicht immer zur Belustigung der Vorübergehenden die große Karte zurate ziehen konnte. Um zwölf Uhr machte ich mich auf den Weg. Die größte Mühe hatte ich, um nur aus dem Gewirre kleiner Gassen in der Nahe meiner Wohnung herauszufinden. Als einmal *High Street*, Holborn und so weiter erreicht war, ging es schon besser. Ich weiß nicht, verdarb mir die Ängstlichkeit des Suchens den Genuss oder verglich ich, halb unbewusst, das Gewöhnliche des Hiesigen immer mit dem Besten von Paris: Auch dieser Gang brachte mich noch nicht zu jener Bewunderung Londons, die mich jetzt durchdringt. Ich ging nahe an zwei Stunden und fand endlich auch *Bishopgate Street*, auch Nr. 24, aber da war an keinen Bankier zu denken. Von der Kirche gegenüber lag ein Haus, aber ohne Inschrift, mit Gittern verschlossen. Ich fragte in dem Laden nebenan, aber die gebärdeten sich, als ob sie den Namen Doxat nie hätten aussprechen hören. Endlich ging ich in einen anderen Laden. Der gefällige Inhaber, der den Namen Doxat gleichfalls nicht kannte, schlug eine Art Adressenbuch auf und schrieb mir die Wohnung des gesuchten Unbekannten, eines der bedeutendsten Bankiers, auf ein Blatt Papier. Sie war Nr. 13 – gerade gegenüber und hart neben dem Laden, in dem ich zuerst nachgefragt hatte, in demselben verschlossenen Hause ohne Hausnummer. Und so war den nächsten Nachbarn, gleichfalls Kaufleuten, ihr nächster Nachbar, Kaufmann wie sie, völlig unbekannt. Derlei findet man oft in London. Niemand weiß, als was ihn zunächst angeht, und man rechnet den Leuten oft als Ungefälligkeit zu, was nichts als reines Nichtwissen ist. Ich erhielt ziemlich trocken mein Geld, worüber ich sehr froh war, denn jede Gefälligkeit wäre mir höchst unbequem gewesen. Den Weg zurück fand ich leicht, ermüdete mich aber bis zum Sterben. Von Fiakern war ich schon den ersten Tag so ziemlich geprellt worden, hatte auch kein Geld in der Tasche als meine Fünfpfundnoten und einen Sovereign in Gold nebst etwas Kupfergeld. Die Omnibus, für die das letztere hingereicht hätte, fuhren zwar von allen Seiten und geradezu in ununterbrochener Folge, da ich aber die Lage ihrer Richtungen nicht kannte, fürchtete ich, in ein entgegengesetztes Stadtviertel zu gelangen, und ging daher wacker meinen Weg. Nur dem vortrefflichen Pflaster verdanke ich es, dass ich lebend meine Wohnung, nicht ohne Verwicklung in den nächsten Straßen, erreichte.

Etwas besseres *dinner* mit Fisch, der nicht übel war. Nach Tisch in Drurylane, wo ich keinen Platz bekam und daher nach *Covent Garden* ging. Hier war es, wo ich die drei Lustspiele sah, deren Namen ich vergessen habe. Das Haus in *Covent Garden* weiß mit Gold, nicht im besten Geschmacke, höchstens dreißigmal schöner, als unser schönstes Theater in Wien; dagegen Drurylane, karmoisinrot mit erhabener Goldverzierung, das Herrlichste, was man sehen kann. Selbst die große Oper in Paris muss, denke ich, zurückstehen. Die Form ist dort gefälliger, der Eindruck hier majestätischer. Dazu die Gesellschaft in den *boxes* des ersten Ranges, wie ein versammeltes Oberhaus, imposant, erhaben. Das *pit* wird einem durch die gar zu große Ungezwungenheit des Publikums etwas verleidet (obschon es nahe an zwei Konventionsgulden kostet). Wem's einfällt, der behält den Hut auf dem Kopfe. Kommen nun gar die *half-price*-Leute, so setzt sich jeder, wo kein Platz ist, und gibt sich scheinbar alle Mühe, die Nebensitzenden nach Möglichkeit zu genieren.

Überhaupt zerstören die Halbpreise die hiesigen Theater. Um ihnen das Beste nicht preiszugeben, werden die guten Stücke zum Anfang gegeben, wo noch die gute Gesellschaft beim Mittagsmahl sitzt. Kommen die ordentlichen Leute ins Theater, so sehen sie höchstens den Schluss des Bessern und für den übrigen Abend das elende Zeug, das, eben des Halbpreishaufens wegen, die weitere Unterhaltung ausmacht. Auch ist die Verwaltung der Theater gewinnsüchtig, elend. Man teilt selbst für die Logen, wo doch nur eine bestimmte Anzahl Platz findet, Billetts ins Unendliche aus. Die später Kommenden stürmen nun die Logen, steigen hinter den Rücken auf die Bänke der Sitzenden, drängen sich ein. Die Logentüren bleiben offen, und ich musste eine Vorstellung des *Julius Cäsar*, wo Kemble spielte, im vierten Akte verlassen, bloß weil ich den Schluss nicht mit einer Verkältung erkaufen wollte.

Freitag, den 20. Nahm meinen Weg ins Westende, *Oxford Street, Regent's Street, Charing Cross, Parliament Street*. Wohnte einer Sitzung des Lordkanzlers bei, in einem kleinen Zimmer, der erhabenen Handlung kaum würdig. Der Lordkanzler selbst in großem Kostüme, sein Stab und ein großer Blumenstrauß vor ihm auf dem Tisch. Er in mächtiger Perücke, die Advokaten in mäßigeren. Die Westminsterabtei vorderhand von außen besehen. Leider erinnerte ich mich nicht, dass heute das Parlament prorogiert wird, und versäumte, der letzten Sitzung beizuwohnen, auch war es erst drei Uhr, und das Haus sollte sich erst gegen fünf Uhr versammeln. Besah *White Hall*, die *horse guards, Admirality* und hatte ohnehin den unerlässlichen Gang ins *alien office*, um meinen Aufenthaltsschein bestätigen zu lassen, bei Geld- oder Gefängnisstrafe. O freies England! Erhielt die Verlängerung bis 1. Juli mit großer Höflichkeit, war sehr müde. Ging in den *St. James Park* und setzte mich in die kühle Sonne. Darauf zurück, verlor den Weg; geriet ins *Pall Mall*, das mir mit seinen nicht so außerordentlichen Gebäuden und dem Gedräng von Wagen und Fußgängern in der Erschöpfung der Müdigkeit wie eine Feenwelt vorkam, orientierte mich endlich mit Mühe und kam erschöpft nach Hause.

Abends in Drurylane. Madame Malibran und Sonnambula. Was diese Frau als Sängerin vermag, zeigte sie heute, ungeachtet der schon neulich erwähnten Wut, zu spielen, die ihr von vornherein schon nicht erlaubte, auch nur einen Augenblick ruhig zu sein. Heute war ihre Stimme rein, hinlänglich, in den tiefen Tönen schön, zu jeder Verzierung geschmeidig, dem Ausdruck des Gefühles vom leisesten und noch immer vernehmlichen Tone bis zum Sturme des noch immer musikalischen Aufschrei folgsam. Sie ist eine wahrhaft große Sängerin. Die übrigen Leute sangen auch. Herr Templeton sogar manchmal gut, nur ist etwas Seemännisches in seiner Manier.

Samstag, den 21. Beschloss, ins Gesandtschaftshotel zu gehen, der Verlängerung meines Passes wegen. Eine für mich völlig unbekannte Gegend. *Chandos Street*, *Leicester Square*. Entwarf mir eine völlige Marschroute. Zugleich galt es, ein anderes Kosthaus zu suchen, da ich mit dem meinigen völlig unzufrieden war. Fand doch meinen Weg. Der Botschaftssekretär nicht anwesend. Ein Commis, ich glaube, ein junger Lebzeltern, recht höflich. Wusste meinen Nachfragen nach Herrn Westerholz aus Wien, auf dessen Beistand ich hier gehofft hatte, nicht zu genügen. Fragte in ein paar Boardinghäusern vor, wo es mir aber nirgends sonderlich gefiel. Überall kleine schlechte Schlafzimmer, für den Aufenthalt des Tags über an das meistens prächtige Gesellschaftszimmer angewiesen, was mit meinen Neigungen nicht übereinstimmt. Wollte noch ein wenig in meinem alten Hause abwarten, wo ich doch wenigstens einige gefällige Deutsche habe. Essen kann ich ja irgend sonst wo. Ging noch weiter. *Regent's Street*, *Pall Mall*, *Picadilly*, alles prächtig, herrlich, von Herr abgeleitet. Bunte Bediente, glänzende Equipagen. Strand. Besah ein paar Brücken, die seit der Asenwelt, wo der Regenbogen eine bildete, nicht mehr so wunderbar vorgekommen sind. *Temple Bar* mit dem Tor der City, das der *Lordmayor* vor dem Könige schließt. *Fleet Street*, mit all der wimmelnden Bewegung einer Handelsstadt. Durch Drurylane nach Hause.

Abends war Konzert im *Drurylane Theater*. Größtenteils Händelsche Musik. Ausgewählte Stücke aus fünf oder sechs Oratorien. Der Schauplatz vortrefflich hergerichtet. Vorn an einer Balustrade Sopran und Alt (letzterer von Männern gesungen), dahinter auf, in die Kulissen hinein emporlaufenden Stufen Tenor und Bass. Dahinter das Orchester in einem konzentrischen Kreise. Die wenigen Blasinstrumente hinter und in gleicher Richtung mit den männlichen Singstimmen. Es wird nämlich die Musik ohne oder mit höchst geringer Vermehrung der Blasinstrumente, ganz wie Händel sie schrieb, gegeben. Die Wirkung scheint mir viel besser. Die Chöre sehr gut, wahrscheinlich wegen vielmaliger Wiederholung. Anfangs auch die Solostimmen gut. Endlich machte man sich's aber leichter, und es ging so schlecht, dass man sich die Ohren hätte verhalten mögen. Das hinderte jedoch den unmäßigsten Applaus nicht. Madame Malibran sang ein paar wenig bedeutende Dinge, wobei sie sich, sehr gut, selbst auf dem Klavier accompagnierte. Sie ist eine hinreißende Frau.

Bald hätte ich vergessen. Der Hintergrund des Schauplatzes ist als gotische Halle behandelt, mit hineingemalten Musikern, so natürlich, dass es einen wunderbaren Eindruck von Unendlichkeit des Orchesters macht. Auch eine gemalte Orgel fehlt nicht.

Sonntag, 22. Machte mit fünf oder sechs der in meinem Hause wohnenden Deutschen, Norweger und Dänen eine Partie nach Richmond. Fuhren um elf Uhr im Dampfboot ab, durch die Häusermassen und Brücken durch ins Freie. Anfangs unbedeutende Gegend, immer angenehmer und schöner. Unzählige Landhäuser und Parks rechts und links. Die Fahrt dauerte wohl dritthalb Stunden. Endlich Richmond. Bestellten Essen in einem wenig scheinbaren Gasthofe und gingen spazieren. Die Lage wunderschön, die Aussicht so bezaubernd, als es in einer Gegend, der es an Bergen, aber nicht an Wasser fehlt, sein kann. Zu Fuß nach *Hampton Court*, einem königlichen Lustschlosse. Befinden sich Raffaelische Kartons da, die ich sehen wollte und die anderen gingen mit. Als wir ankamen, erwartete man den Prinzen von Oranien, und niemand wurde eingelassen. Verwünschte den Prinzen und gönnte ihm den Verlust von Belgien. Kann das müßige Volk nicht an den Arbeitstagen der Beschäftigten seine Unterhaltungen abtun? Besahen die Gärten. Wunderschön, und das alles in einer Zeit angelegt, wo das übrige Europa noch tief in der Haarbeutelperiode steckte. Nach Richmond zurück. Das vortrefflichste Mittagsmahl gehalten, dessen ich mich in meinem Leben erinnerte. Ein Kalbsbraten, wie aus einem Elefanten ausgeschnitten und weich und saftig wie ein junges Huhn. Vortreffliche *pies*. Käse, Salat, roh zu essen, was ich nicht versuchte. Porter, Ale, wie ich es nie getrunken. Eine halbe Krone per Kopf. Oder vielmehr der Gang nach *Hampton*

Court geschah nach Tische. Abends Tee und dann nach der Stadt zurück, zum ersten Mal auf der outside einer Landkutsche, d. h. auf dem Dache. Vortreffliche Pferde. Im Galopp zu gehen, hinderte ein Engländer, der aus der *inside* nach aller Macht schrie und endlich ausstieg aus Furcht. Bei dunkler Nacht angekommen.

Montag, 23. Halber Feiertag, als ehemaliger Pfingst-, hier *White Monday*. Ging in die *WestminsterAbbey*, die heute offen steht, heißt das, gegen Bezahlung. Herrliches Innere. Im Stil von *Notre Dame*, aber schöner, höchstens mit *St. Denis* zu vergleichen. Alle Kapellen, alle Monumente besehen, erstere vom Führer gejagt, letztere nach Herzenslust. Kaum ist eines dieser Denkmäler schön zu nennen, aber alle zusammen, was machen sie für einen Eindruck! Und das ist nicht tot, wie die Geschichte Deutschlands, sondern lebt im gegenwärtigen Leben, in noch bestehenden Institutionen. Wahrlich, dies Land hat eine Geschichte, wir haben nur Kuriositäten und Begebenheiten. Shakespeares Denkmal eins der schlechtesten.

Abends spielte Macready den *Macbeth*. Ich ging hin. Es war aber der Feiertagspöbel da, der einen solchen Lärm machte, dass ich nicht ein Wort verstehen konnte. Die Hexen von Männern dargestellt. Ihre Szenen gesungen, zu welchem Ende ganze Chöre von männlichen und weiblichen Hexen zu Hilfe genommen wurden. Der Unsinn, der daraus entstand, kümmerte die Leute wenig. Die Komposition übrigens gut. Die Szene mit Banquos Geist anders genommen als bei uns. Der König sitzt, abgesondert von den Gästen, auf einem Stuhl in der Mitte der Bühne. Wenn er aufsteht, kommt Banquo in seiner gewöhnlichen Kleidung aus der Kulisse und setzt sich. Das macht um so weniger Eindruck, als man seinen Tod nicht gesehen hat und der Mord hinter der Szene vorgeht. Wer steht dafür, dass es wirklich ein Verstorbener ist? Das zweite Mal kommt er von der entgegengesetzten Seite, und da ist sein Erscheinen völlig wirksam, da man aus dem früheren Benehmen Macbeths nun weiß, mit was für einem Gast man zu tun hat. Ich wäre unbedingt für die hiesige Darstellungsart, wenn Banquos Ermordung dem Zuschauer sichtbar vor sich ginge.

Dienstag, den 24. Kann mich durchaus auf die tagweise Folge der Begebenheiten nicht mehr erinnern, will daher nur einiges, wie es mir einfällt, kumulativ hinsetzen; nur für die Abende geben mir die aufbewahrten Theaterzettel einige Richtung. *Guildhall* besehen, ein sonderbar altertümliches Gebäude, in der großen Halle die beiden Kolosse, Gog und Magog genannt, eigentliche Kinderschreck. Die Bank, die *exchange*, *post office*, wo ich einen Brief abgab, aber keinen vorfand. *Mansion House. St. Pauls Kathedrale*: Gebäude in neuerem Geschmack, prächtig, ungeheuer, ohne sonderlichen Eindruck von außen und innen. Mit Denkmälern angefüllt, großenteils besser als die in *Westminster Abbey*.

Abends in Drurylane, *Richard III*. Ein neuer Debütant in der Titelrolle. Nicht schlecht, aber ohne alle Großartigkeit. Wütende Parteien im Publikum. Förmliche Gespräche zwischen Galerie und Parterre. Der dort im schwarzen Rocke hat gezischt, rief mein Nebenmann, *let him be gone!* Das Beste: der kleine Herzog von York, von einem kleinen Mädchen recht brav dargestellt. Die Kostümes ohne individuelle Wahrheit, die Komparserie ärmlich.

Desto mehr Pracht verschwendet auf die Jüdin, das zweite Stück, eine Paraphrase der gleichnamigen französischen Oper. Einzüge, Harnischmänner, zu welchem Ende man einen eigenen Gang ums Orchester herum gebaut hatte, der schon während Shakespeares Richard die Aussicht auf die Bühne störte. Mit aller Anstrengung doch nur ein schwaches Abbild des geschmackvollen Aufwands der Pariser *Großen Oper*. Hatte das Ding im zweiten Akte satt.

Mittwochs den 25. beschloss ich, den Tunnel zu sehen. Fuhr daher im Omnibus bis zur Bank und suchte von da meinen Weg, da ich nicht wusste, dass eigene Wagen dahin gehen. Hatte mir meinen, ungeheuren, Weg aufgezeichnet, am linken Ufer des Flusses. In die unbekannten Regionen des rechten wagte ich mich nicht. Fand mit vieler Mühe endlich die *Wapping Stairs* an der Themse und ließ mich hinüberrudern. Eingang. Eine ungeheure Dampfmaschine empfängt den Besucher. Dann auf hölzernen Treppen hinab. Da liegt nun das Riesenwerk, von Gaslampen taghell beleuchtet. Ein dumpfes Getöse, man weiß nicht, ob von den rauschenden Wassern des Flusses oder (was wahrscheinlich) von der arbeitenden Dampfmaschine, umfängt einen. Tonnengewölbe, unten vom Zirkel nach einwärts abweichend. Beträchtliche Strecke, und doch noch nicht bis zur Hälfte des Flusses fortgeführt. Man kann dem Werke allen Fortgang wünschen, und doch zweifeln am Gelingen. Meinen Namen ins Buch eingeschrieben, und wieder zurück über den Fluss. Aufs Höchste ermüdet, bei der Bank in einen Omnibus eingesetzt und nach Hause.

Abends ging ich in ein Theater, weiß aber nicht mehr in welches, und was man gab.

Donnerstag, 26., waren die Docks zu besehen, ein ungeheueres Unternehmen, da die ostindischen wohl zwei deutsche Meilen von meiner Wohnung entfernt liegen.

Erinnere mich erst, dass ich gestern die *London Docks* und nebenbei den Tower gesehen hatte. Die ersteren machten mir eben Lust, die übrigen Docks auch zu besuchen. Der Tower weit unter meiner Erwartung. Das Äußere imposant. Das Innere kostet sieben Schillinge und ist nicht sieben Pence wert. Rüstungen, Waffen; die Kronjuwelen über alle Beschreibung prächtig, besonders die Krone, die allein mehr wert sein dürfte, als das Königreich Dalmatien. Ich war allein. Der altertümlich gekleidete, mit einem Degen in der Hand vor mir herschreitende Aufseher suchte mir daher so viel möglich von den Sehenswürdigkeiten zu entziehen, und ich kümmerte mich wenig, noch mehr alten Wust zu sehen.

Heute also nach den indischen Docks. Bis zur Bank gefahren. In Oldgate fand ich einen neuen Omnibus, der bis zu den *East India Docks* geht. Bald verlor ich alle Richtung und fürchtete für den Rückweg, wenn ich den Omnibus verfehlen sollte. Ich redete daher einen mitfahrenden Commis an, der ein Kistchen mit sich führte, nach Madras überschrieben, sodass er notwendig meinen Weg nehmen musste. Er war auch gleich bereitwillig, mir, wenn ich mit ihm auf das Douanenzimmer gehen wollte, alles in den ostindischen Docks zu zeigen und mich dann auf den Weg zu den westindischen zu bringen. Wie gesagt, so getan. Ich begleitete ihn, dann er mich. Ich staunte die ungeheuren, kokett geschmückten Schiffe an. Groß wie Linienschiffe, scheinbar neu zur Abreise bereit und wie halb neu von der halbjährigen, stürmischen Reise zurückkommend. Letztere, fremde Tiere, Gazellen, Papageien, seltsame Schweine auf dem Verdecke. Ein Orignalinder in weißem Kaftan. Wir bestiegen zwei der Schiffe. Ein Steuermann war gleich bereit, uns überall herumzuführen. Mahagonimöbel, blendende Reinlichkeit. Der Schiffe kein Ende. Warenhäuser auf allen Seiten. Ein- und Ausladen. Nachen mit Handelsleuten, die sich zu den Schiffen hinrudern lassen. Endlich gingen wir. Bei den westindischen Docks angekommen, schüttelt mir mein neuer Freund die Hand und freut sich, mir behilflich gewesen zu sein. Die *Westindia Docks*. Wiederholung der vorigen, aber, wenn ich mich recht erinnere, noch ungeheurer, die Schiffe aber kleiner und minder prächtig. Es war schon spät, und ich musste zu Fuße fort. Auf dem Wege aber holte mich ein Omnibus ein, und ich benützte ihn. Wunderschönes Frauenzimmer unter den Mitfahrenden, scheinbar höchst sittsam. Als sie aber ausgestiegen war, versicherte mich ein Seemann, der neben mir saß und sich um den alten Begleiter derselben sehr zu tun gemacht, ihn auch mit Zigarren beschenkt hatte, es sei leichte Ware und der alte Herr ihr Hüter oder Mäkler. Es war zu spät, um nach Hause zu gehen. Suchte daher einen *dining room* und geriet zufällig in einen der schlechtesten. *Mutton chops*, eine Art gerösteter großer Nieren, guter Käse, keine Mehlspeise zu haben. Gutes Ale, recht guter Portwein.

Abends in *English Opera House. The middy ashore.* Mrs. Keely, der *Midshipman*, recht gut, ebenso Herr Salter als Bootsmann.

Hierauf *Yeoman's daughter*, ein weinerliches Drama, aber vortrefflich dargestellt. Dieselbe Mistress Keeley, die im ersten Stücke den Seekadetten, einen lustigen Burschen, gespielt, jetzt als sentimentale Yeoman's daughter, aber so vortrefflich, so weiblich, so sanft und englisch liebenswürdig, dass ich nicht so bald einen gleich vorteilhaften Eindruck empfangen habe. Gleich gut Herr Serle, als ihr Liebhaber. Der Yeoman, Herr Williams; der Konstabler, Herr Salter; der Rattenfänger, Mr. Romer; alle nach Wunsch.

Man about town durch das ausgezeichnete Spiel eines Mr. Wrench in der Titelrolle ungemein ergötzlich.

Freitag, 27. Ging in den *Zoological Garden, Regent's Park*. An der Kasse angekommen, verweigert man mir den Eintritt, weil die Erlaubnis eines Direktors dazu notwendig sei, was ich, da man einen Schilling bezahlt, nicht vorausgesetzt hatte. Während ich nicht weiß, was zu tun, tritt ein hübscher Mann, eine Dame am Arm, hinzu; unterschreibt eine Karte, gibt sie mir, schreibt eine zweite in der Voraussetzung, dass ich noch ein zweites Mal zu kommen wünschen möchte, und macht endlich von seinem Rechte Gebrauch, mich, als einer der Direktoren, gratis einzuführen, sodass ich mein Geld und noch dazu zwei Karten in der Tasche hatte. Er spricht französisch mit mir und macht mich anfangs auf alles aufmerksam, bald aber trennt uns die Menge, so tätige Gefälligkeit findet man nur in England. Ich durchstreife den wunderschönen Garten und besehe die Menagerie, die ihresgleichen in der Welt nicht hat. Und alles durch Subskription von Privaten. Auf einmal werde ich in meiner Muttersprache angeredet. Es ist ein Deutscher, ein Herr Bulwering aus Livland, den ich schon neulich auf dem Dampfboote nach Windsor getroffen. Wir tauschen unsere Namen aus. Er ist erfreut usw. Fordert mich auf, des nächsten Tages mit ihm und einem seiner in London bewanderten Freunde die Feierlichkeiten des königlichen Geburtstages mitanzusehen. Ich nehme mit Vergnügen an, und wir trennen uns, da seine Tour schon vollendet ist. Ich genieße noch nach Herzenslust den schönen Garten, die warme Sonne und den Anblick der merkwürdigen Tiere. Zwei Elefanten, wovon ein ostindischer der größten Art. Ein Nashorn. Vier, sage vier Giraffen. Was weiß ich noch alles.

Abends ins *Haymarket Theater*. *The Housekeeper*. Miss Taylor, ausgezeichnet. Ein Herr Vining, zugleich Herr Korn und ein Mann. Er gleich gut, sie etwas schwächer, ja ein wenig gemacht im zweiten Stücke *atonement*. Ein Bruder des Ersteren, J. Vining, höchst ergötzlich in der Rolle des Dandy, Captain Popinajy. Alles andere gut. Das Lustspiel ist auf einem hohen Grade der Vollkommenheit in England.

Samstag, den 28. Holte mich Herr Bulwering zur Ausfahrt nach St. James ab. Ich gehe mit ihm in seine Wohnung, wo noch zwei Deutsche und ein alter in London eingebürgerter Franzose sich uns anschließen. Durchstreifen den *St. James Park*, stellen uns am Palaste auf und sehen die Wagen vorbeipassieren. Die Anzahl der Wagen ungeheuer, die Pracht minder, als ich sie mir vorgestellt habe. In Wien ist sie, leider, bei ähnlichen Gelegenheiten größer. Prinzessin Viktoria ein gut aussehendes Mädchen. Die königliche Garde königlich, da kaiserlich zu wenig wäre; vorausgesetzt, dass hier von einem Regiment die Rede ist, und nicht von 60 galonierten Invaliden auf ausgeborgten Pferden, oder ebenso vielen adeligen Strohjunkern.

Um vier Uhr sollte erst der Einzug der *mail coaches* sein, wir beschlossen daher, noch vorher eine Dampfmaschinendruckerei zu besehen, die des Atlas nämlich, in der Nähe des Strand. Gefällig eingelassen, besehen wir das Ganze. Zauberartige Menschentätigkeit der Maschine.

Den Zug der *mail coaches* versäumen wir aus Unkenntnis ihres Weges, und ich gehe mit meinen neuen Freunden in ihr *boarding house* zu Tische. Man isst recht sehr gut da.

Abends mit ihnen ins *Haymarket Theater* zu halben Preisen. Sehen ein Ballett: *Zulema*. Nicht so übel. Besonders ein junger hübscher Tänzer, Mr. Massot, und die Favoritsultanin Mlle. Josephine Danse, die auch anderen Leuten als Favorite angestanden hätte.

Darauf ein Lustspiel in fünf Akten, *Married life* oder so. Das Stück gut, die Darstellung vortrefflich. Übersetzt würde es auch bei uns sehr gut gefallen. Gegen ein Uhr morgens nach Hause.

Sonntag, den 29., machte ich mit mehreren meiner Mitkostgänger einen Ausflug nach Highgate und Hamstead in der Nähe von London, berühmt wegen ihrer hübschen Lage. Alles zu Fuß, ermüdend und nicht ganz belohnend. Die Gegend, außer dem wunderschönen Grün, mit unsern nicht zu vergleichen. Ein Lunch, an dem ich aus Erschöpfung mit teilnahm, bloß aus Ale und Käse bestehend, setzte meinen Magen in eine etwas unbehagliche Verfassung. Wir kamen mittags nach Hause, was mir unlieb war, da bekanntlich der Sonntag das langweiligste Ding in London ist. Im Nachhausegehen auf offener Straße ein junger Methodistenprediger, der sich das Heil seiner Mitmenschen sehr zu Herzen nahm, recht gut sprach, aber nur wenig Zuhörer fand. Nach Tisch mochte ich mich mit der häuslichen Unterhaltung nicht begnügen, besonders da am Sonntag nicht einmal Kartenspiel oder Musik geduldet wird. Ging daher aus und durchstrich die Straßen, die ich nur wenig belebt fand zu meinem großen Erstaunen, da ich bei dem Geschlossensein aller öffentlichen Unterhaltungsplätze nicht begreife, was die ungeheure Volksmenge an diesem Jammertage beginnt. Ging aus Ermüdung in eine Weinstube und trank Sherrywein, der nicht übel schmeckte, aber, wie die Folge zeigte, doch verfälscht sein mochte.

Montag, den 30. Fühlte gleich beim Erwachen Kopf und Magen widerlich beschwert, wie denn überhaupt gestörte Verdauung und Hartleibigkeit die beiden Plagegeister meiner Reise sind.

Ging demungeachtet, ein paar Kunstanstalten zu besehen. Zuerst in die Nationalgalerie *Pall Mall*, die ich anfangs Mühe hatte zu finden, so unbekannt war sie allen, die ich fragte. Endlich, in einem Kupferstichladen, gab man mir richtige Anweisung. Im gegenwärtigen Lokale ist sie nur provisorisch aufgestellt, daher das Gebäude nicht sonderlich. Die Wahrheit zu gestehen, gefiel sie mir auch nicht besonders. Große Namen, wie mir schien, und mittelmäßige Bilder. An der Echtheit der Claude Lorrains wollte ich zweifeln; ein guter norwegischer Maler versicherte mich aber vom Gegenteile und ihrem hohen Werte. Er mag wohl recht haben und meine Unkenntnis oder kränkelnde Missstimmung die Schuld tragen. Ebenso kamen mir die Correggios sonderbar vor. Ich bin kein Kenner, obgleich sonst ein ziemlich richtiger Empfinder. Doch das glaubt jedermann zu sein. Die Wilkies jedermann einleuchtend und gewiss vortrefflich. Hogarths Heirat nach der Mode, im Original und, wie natürlich, die Kupferstiche im Ausdrucke weit hinter sich lassend. Für die Wests gebe ich nicht viel. Rembrandts Ehebrecherin vortrefflich angeordnet und beleuchtet, sonst wohl ein wenig gemein. Rubens, wie überall usw.

Hierauf in die British Institution; eine Ausstellung von Privaten, aus ihren Kunstschätzen zusammengestellt. Hier ging mir das Herz auf. Gleich der Galerie im Vatikan, braucht man sich nicht durch Schund und Mittelgut durchzuarbeiten. Nicht viel Bilder, aber alles von Wert. Murillos, die ihren Meister in die erste Reihe der Maler stellen. Velasquez voll strengem Ernst. Niederländer wie gestern gemalt. Die vier Menschenalter von Tizian ließen mich kaum von sich. Den sieben Sakramenten von Poussin konnte ich keinen Geschmack abgewinnen. Diese Claude Lorrains leuchteten mir ein. Zwei Landschaften von Ruysdael, wie man nichts Schöneres sehen kann. Ein Magdalenenkopf von Guido, der an weicher Schönheit nicht übertroffen werden kann, besonders der Mund. Eine heilige Familie von Raphael, entweder nicht von ihm, oder aus einer Zeit, wo er noch nicht Raphael war.

Ich hatte mich mit meinen neuen Freunden schon um halb fünf Uhr zum Essen in eine Taverne zusammenbestellt, da Charles Kemble im Julius Cäsar auftreten sollte und rätlich war, schon um sechs Uhr im Theater zu sein, eine Stunde, wo man in den Boardinghäusern erst zu Tisch geht. Ging daher nach dem Strand, fand die Gesellschaft, und wir aßen gemeinschaftlich, eine halbe Krone per Kopf. Dafür hatte man Suppe (*real turtle*), sehr guten Fisch, in Portionen, dass Christus mit sieben derselben allerdings hätte dreißigtausend Mann speisen können, *roast beef*, nach Belieben sich selbst von einem Riesenstücke herabzuschneiden, und Käse. Ich hütete mich sehr im Essen, obgleich die Anstrengung des Sehens mir gewaltigen Hunger gemacht hatte. Auf etwas Ale setzte ich guten Sherry, mit heißem Wasser und Zucker gemischt, ein Magenmittel nach hiesigem Gebrauch.

Darauf ins Theater. Dr. Bulwering bestand darauf, ins *pit* zu gehen, wir fanden aber schon die ungeheuerste Menschenmasse, die sich auf englische Art, d. h. wie die wilden Tiere drängte. Ein paar Mal in Gefahr, die Brust zerdrückt zu haben, machte ich mich von meinem Begleiter los und nahm einen Platz in den *boxes*, wo ich anfangs ziemlich gut daran war.

Die Vorstellung gut. Sheridan Knowles, als Brutus, nicht besonders, Cassius, Macready, lobenswert. Kemble, der den Antonius gab, vorzüglich in der Szene nach Cäsars Tode und in der Leichenrede ausgezeichnet. Die Volksszenen viel besser, als Ähnliches bei uns. Ich hätte gern das Ganze mit angesehen. Aber als um neun Uhr die Halbpreise eintraten, wurde das Theater im eigentlichen Verstande gestürmt. Die Türen der Logen aufgerissen. Die kalte Luft drang schneidend in den erhitzten

Raum, Keine Möglichkeit, die Eingedrungenen wieder zu vertreiben. Hinter den Rücken der Sitzenden stiegen sie auf die Bänke. Huren drängten sich in jede Öffnung. Unausgesetzter Wortwechsel, selbst Handgemenge. Da sagte ich Shakespearen im vierten Akte *valet*, riss mich durch die Menge und erreichte wie ein gehetzter Hirsch meine Wohnung.

Dienstag, den 31. Mai. Die Tochter des Hauses, wo ich wohne, wurde heute vermählt. Großes Frühstück, auf das wir armen Kostgänger aber bis elf Uhr mit leerem Magen warten mussten. Es ging dabei auf eine Art steif her, wie man selbst in Deutschland keinen Begriff hat. Nebst dem Bräutigam hielten noch drei bis vier Personen kleine Reden, und eine Anzahl Gesundheiten wurden vorschriftmäßig ausgebracht. Hierauf mit ein paar der hier wohnenden Deutschen nach Greenwich, vorher aber eine der größten hiesigen Brauereien besehen. Manche Einzelheiten kaum so groß, als ich sie mir gedacht, das ganze Etablissement aber so riesenhaft, dass es einen schaudert. Beinahe alles durch eine Dampfmaschine verrichtet, die ziemlich unscheinbar, aber unermüdlich ihren Weg geht und das Verschiedenartigste durch denselben Mechanismus verrichtet. Gerstenvorräte, um eine belagerte Stadt zu proviantieren; Kühlapparate, um darauf Schiffbruch leiden zu können; eine Reihe von vielleicht mehr als 100 Fässern, deren kleinstes 1000, das größte 3500 Barrels hält. 160 Arbeitspferde im Stalle. Hierauf auf dem *railway* nach Deptford, Der ganze Weg in der Luft auf Bogenbrücken fortgeführt. Dreißig oder vierzig Kutschen, aneinandergehängt, erwarten den Dampfwagen, der sie in Bewegung setzen soll. Man steigt ein. Endlich verkündet ein Schnauben das rückkehrende Ungeheuer. Es wird vorgespannt. Nun stampft es und tobt es, die Bewegung erfolgt. Anfangs langsam, dann rascher und rascher, bis das Ganze ungefähr mit der Geschwindigkeit des Vogelfluges dahinstürmt. Die Schnelligkeit bemerkt man übrigens mehr an dem Vorüberfliegen der Gegenstände, als dass man im Wagen sitzend davon irgend affiziert würde. In sechs Minuten kommt man in Deptford an, was doch eine halbe deutsche Meile entfernt sein mag. Von hier nach Greenwich. Herrlicher Park. Schöne Aussicht. Das Invalidenhaus schöner als ein Königsschloss. Die Kapelle mit den Porträts berühmter Admirale und den Schilderungen großer Seegefechte herrlich, herzerhebend. Die Gesellschaft trennt und verfehlt sich durch unrichtige Zusammenbestellung. Ich und einer der Deutschen, Schulze, finden uns allein. Das Dampfboot nach London geht erst nach fünf Uhr. Gehen daher zur Eisenbahn zurück. Warten auch dort und kommen erst um halb sieben Uhr zum Mittagsessen nach Hause.

Abends in die italienische Oper, *Gazza ladra*. Rubini wie immer, nicht mein Mann. Tamburini vortrefflich. Lablache hat etwas verloren, nebstdem, dass der Podesta wohl nie seine Rolle war. Die Grisi, vortreffliche Stimme, große Geläufigkeit, mitunter missbraucht. Singt gern zu hoch, was auf mich einen grässlichen Eindruck macht. Einen großen Moment in Spiel und Gesang habe ich bei ihr nicht bemerkt. Das Haus schön, ungeheuer, die vornehmste Gesellschaft, voller Putz. Da sitzend und wartend, höre ich auf einmal neben mir – Wienerisch sprechen. Ich frage: Es sind wirklich zwei Wienerinnen, die eine hier an einen Buchdrucker vermählt, die andere eine Mde. Reichmann aus Wien. Ich hatte in der ersten Freude meinen Namen genannt und war recht vergnügt, als die Buchdruckerin nach meiner Wohnung fragte und mir wiederholt anbot, mich mit einem Professor der deutschen Sprache am *King's College* bekannt zu machen, der mir usw. Das war gegen meine Absicht, und ich benutzte die *applaudissements* am Ende der Oper, um mich unbemerkt aus dem Staube zu machen. Ich hatte mich den ganzen Tag sehr übel befunden. Jetzt war ich von Durst ausgetrocknet. Da ich keines der hiesigen geistigen Getränke vertragen kann und Wasser am Brunnen auch nicht zu schöpfen wusste, so trank ich ein Glas *Ginger-Beer*, was mich erquickte und mir sehr wohl bekam. Will dieses Zeug zu meinem Getränke machen.

Mittwoch, den 1. Juni. Der letzte Monat meines Urlaubs beginnt. Ging ins Britische Museum, das die ganze Zeit meiner bisherigen Anwesenheit geschlossen war. Nahm mir vor, bloß die Antiken zu besehen und den naturgeschichtlichen Teil dem Zufalle zu überlassen. Vortreffliche Sachen, die man durchlaufen muss, statt bei jeder stundenlang stehen zu bleiben. O, ewige Griechen! Daneben ägyptische Bruttogewicht-Dinge nebst indischen Scheußlichkeiten, die darstellen wollen, was man höchstens denken könnte. Endlich die Elginschen Marmore. London ist eine nicht üble Stadt, der Parthenon mag aber denn doch mehr wert gewesen sein. Alles zerstört, aber überall Spuren einer Schönheit, die man mit keinem Dampfapparat herstellen und mit ihren höchsten Erzeugnissen nicht aufwiegen kann. Die Gruppe der drei Schicksalsgöttinnen, die Theseus-Bildsäule, die Metopen, die Friesen. Nicht Riesen-, Götterwerke. Was mag das gewesen sein. Die Einbildungskraft erlahmt, nur nachzukonstruieren. Es erlahmten aber auch meine Füße. Ich konnte mich, als es vier Uhr war, kaum mehr regen. Doch wollte ich noch zum Gesandten gehen, um mir Eintritt ins Parlament zu verschaffen, das heute nach unglücklicher, zehntägiger Prorogation wieder beginnt. Unglücklicherweise aber regnet es, und ich muss nach Hause, denn bei meinem Gesundheitszustande durchnässt werden, wäre nicht rätlich.

Abends Konzert des norwegischen Violinspielers Ole Bull in *Kings Theatre*. Einige sagen: ein Schüler Paganinis, die meisten: sein gefährlichster Nebenbuhler. Ouvertüre von Mozart aus g-Moll. So schlecht aufgeführt, dass man in den Wiener *concerts spirituels* zu sein glaubt, mitunter schlechter. Die Gesangsstücke von den ersten italienischen Sängern so unbedeutend, dass man merkt, sie wissen, vor was für einem Publikum sie singen. Ole Bull selbst vortrefflich, was die mechanische Fertigkeit betrifft. Der Körper Paganinis ohne seine Seele. Selbst die Schwierigkeiten weiß er mit dem eigentlich musikalischen Teil nicht so zu verbinden, dass sie zusammen ein Ganzes ausmachten, sie blieben meistens ein Getrenntes. Kunststück zum Bewundern. Moscheles spielte eine Fantasie, d. h. fantasierte zu Hause und spielte dann im Theater. Im Anfang sogar ohne Bestimmtheit und Sicherheit, dann rollte es glatt weg. Thalberg hat mich für die anderen Klavierspieler verdorben. Seinen Ton muss man bei Moscheles nicht suchen, selbst in Geläufigkeit, namentlich in den Oktavenpassagen steht er ihm nach. Fand einen Herrn Präger aus Leipzig im Theater, einen liebenswürdigen Mann, der sich nach meinem Namen erkundigte und mich erkannt haben wollte. Schon während des Mittagsessens war ein junger Figdor aus Wien da gewesen, der mich engagierte, mir des anderen Tags mehrere merkantilische Merkwürdigkeiten zu zeigen, was ich mit Vergnügen annahm.

Donnerstag, den 2. Ging zu Figdor, wo ich auf dem Comptoir seinen Vater antraf. Gingen zusammen. Besahen erst die Börse, die Winter und Sommer in einem von Säulengängen umgebenen freien Räume abgehalten wird. Dann ins *East India House*. Viele indische Merkwürdigkeiten. Waffen Tippo Sahebs. Ein Lieblingsspielzeug desselben, vorstellend einen Tiger, der einen Menschen zerreißt, wo denn eine angebrachte Drehorgel das Gebrüll des Tigers und das Geschrei des Menschen nachahmt. Eine konservative Unterhaltung. Meine Begleiter drängten, hätte gern alles genauer besehen. In die *Goldsmith Hall*. Von einer Pracht, die alle Vorstellung übersteigt. Riesenspiegel aus einem Stücke. Mahagonimöbel, wie aus Eisen gegossen und zugleich wie aus Papier geschnitten. Das Etablissement eines Herrn Morison, mit allen Arten Waren, vom Seidenband bis zum Shawl und feinsten Vigogne-Tuch. Ein Möbelmagazin, durch sechs oder acht Etagen in Schneckengewinde hinauflaufend. Der Eigentümer stieg mit uns selbst hinauf, obschon wir gleich erklärten, dass wir nur zum Besehen da wären. Musste mit den beiden in ihre Wohnung nach Islington zum Essen. Fängt an zu regnen. Finde die Tochter. Scheinbar ein höchst liebenswürdiges Frauenzimmer. Mittagmahl nach englischer Weise, zwei Gerichte, aber vortrefflich. Guter Portwein. Angenehme Unterhaltung. War höchst liebenswürdig.

Nach Tisch ins Parlament. Mussten zwei Stunden warten, um für unsere halbe Krone in die Fremdengalerie zu kommen. Eine Äußerung von mir, ich könnte allenfalls den Dichter Bulwer herausrufen lassen, um Einlass zu erhalten, veranlasste den Vater Figdor, in diesem Sinne mit dem Konstabel zu sprechen; und siehe da, auf einmal kommt Herr Bulwer auf mich zu, was mir natürlich sehr unangenehm war, da meine Äußerung nur im Spaß gemeint war. Trug dem gutaussehenden jungen Manne mein Anliegen vor, da nun einmal gesprochen werden musste. Er schien, wie natürlich, nicht sehr *au fait* der Namen und Sachen, benahm sich etwas *cavalièrement*, versicherte, heute sei das Gedränge zu groß, wenn ich aber des anderen Tags um fünf Uhr kommen wollte. Redensart. Ich war froh, ihn wieder los zu werden. Das Haus, nur ein provisorisches, macht anfangs einen höchst unbedeutenden Eindruck, der aber bald zum großartigen wird. Ein langer schmaler Saal, mit Stufensitzen zu beiden Seiten. Der Sprecher im Fond. Alles ohne Schmuck, Galerien rings herumlaufend, die zu beiden Seiten für die Mitglieder zum Ausruhen, was sie denn liegend, lümmelnd, mit den Füßen auf der Balustrade höchst unanständig tun. Gegenüber dem Sprecher die Fremdengalerie, so weit entfernt, dass man nur mit Mühe hören und, der Kronleuchter wegen, immer nur eine Seite des Hauses sehen kann. Wir saßen rechts, also im vollen Anblick der ministeriellen Seite. O'Connel ganz schwarz gekleidet, mit kleiner vorstehender Hemdkrause. Ein starker Mann, schwarzes Haar, eine Papierrolle in der Hand, die er während der Rede der Gegenpartei wie eine Klarinette an den Mund hielt. Seine Züge konnte ich nicht ausnehmen. Er saß auf der zweiten Bank. Beinahe vor ihm auf der ersten Shiel. Hager, blond, lebhaft. Wie wir eintraten, hielt eben der Sekretär für Irland, Lord Morpeth, eine Rede. Stark und kräftig, von *hear, hear* seiner Partei und *oh, oh*, und *ey, ey*, der Gegenpartei unterbrochen. Darauf Sir James Graham. Anfangs abgebrochen, ohne Fluss, darauf fortlaufend, mehr im Sprech- als Rednerton, nur bei den häufigen Unglücksprophezeiungen mit erhobener Stimme. Da waren denn die *groons* und *ens* viel häufiger, manchmal fünf Minuten lang, als ob sich beide Parteien überbieten wollten. Dauerte wohl zwei Stunden. Endlich stand Shiel auf. Seine Stimme ist wie ein zweischneidiges Schwert, von vornherein unangenehm, er selbst eine Feuerflamme. Die Lebhaftigkeit seiner Bewegungen, die Abwechslungen der Stimme, die Bitterkeit seines Hohns, das Donnern seiner Verwünschungen unbeschreiblich. Dass es meistenteils Variationen oft da gewesener Themata waren, ist wohl natürlich. Auch konnte ich der Entfernung wegen, der Schnelligkeit, besonders von Shiels Redeweise, und meiner geringen Fähigkeit, englisch Gesprochenes zu verstehen, sehr vieles nicht auffassen. Doch machte es großen Eindruck. Mir schien der Strom seiner Rede heute mitunter mehr gemacht als natürlich. Das hinderte doch nicht den Eindruck des Ganzen. Die Engländer mögen nur ruhig sein. Sie kennen die anderen Nationen vielleicht nicht genug, um ganz zu wissen, wie allmächtig sie sind. Wenn sie einmal ernsthaft wollen, wird alles vor ihnen zerstäuben, wie selbst Napoleon zerstäubte. Die Welt ist gesichert. Als Shiel ausgeredet hatte, brauchte es keine Auflösung der Sitzung, alles ging auseinander. Ich kam um halb zwei Uhr nach Hause.

Freitag, 3. Juni. Hatte versprochen, um zwölf Uhr zu Figdor zu kommen, einige Dinge in der City zu besehen. Aber es regnete. Ging daher, da gerade ein Einlasstag war, ins Museum. Durchlief den naturhistorischen Teil, der, außer der Mineralogie mit merkwürdigen Versteinerungen, nichts Besonderes zu sein scheint, und wendete mich wieder zu den Altertümern, d. h., zu den Elgin-Marmoren. Sog mich voll von den Eindrücken des Minerven-Tempels. Diese Metopen, mehr als halb zerstört, und doch die Denkmäler der höchsten Schönheit. Was für Arme und Beine. Diese Priesterinnen, in halbsoldatischem Ausschritt, und doch so weiblich gelehrig vor dem sie belehrenden Priester. Diese Pferdebändiger, dasselbe hundertfach abgestuft. Endlich die Figuren der beiden Frontispize. Das östliche kann man sich beinahe vollkommen in Gedanken zusammensetzen. Die drei Schicksalsgöttinnen möchten wohl, wenn unverstümmelt, das Schönste sein, was im Fach der Gruppe auf uns gekommen. Laokoon ist nur im Einzelnen schön, die Knaben haben mir nie gefallen können. Und das alles an einem Tempel. Die erhaltenen Säulenschäfte zeigen das Riesenhafte des Baues. O neue Pfeffer- und Tee-Welt, wie kommst du da zur Vergleichung!

Abends wieder ins Unterhaus. Nach einer Stunde Wartens eingelassen. Es sprach eben Mr. Ward, einer der Minister, wie ich glaube. Ziemlich langweilig. Dann stand ein Konservativer auf, How-Vane oder wie er hieß. Drosch das oft gedroschene Stroh. Ward unterbrochen, verspottet, nahm's übel, berief sich auf das Recht, seine Meinung zu sagen. Plötzliche Bewegung, alles drängt sich, die Zuseher stehen auf. O'Connell fängt an, zu sprechen. Wenn je ein Mensch alle äußern Eigenschaften eines Redners vereinigte, so ist er's. Tüchtige Gestalt, tiefes klingendes Organ, leichte, treffende Bewegungen; im Spott wie im Donner des Ernstes gleich wirksam. Was er sagte, schien nicht viel Neues, wenigstens was ich davon verstand. Auch war der Fluss seiner Rede nicht immer ununterbrochen, nicht so ununterbrochen als bei der Feuerflamme Shiel. Des Lärmens und Beifalls war kein Ende. Er spie Invektiven und Persönlichkeiten, sodass ihn der Sprecher zurechtweisen musste. Jeden Augenblick unterbrach ihn seine Partei mit Geschrei und Jubel, sodass er fast keinen Satz aussprechen konnte. Die Irländer scheinen vortreffliche Deklamatoren, die Engländer gute Redner, Sprecher möchte ich eher sagen. Aus der Vereinigung beider würde der gute Redner hervorgehen. Am Ende seiner Rede eine ungeheure Bewegung unter den Mitgliedern, deren Ursache ich nicht abnehmen konnte. Vielleicht wollte man schon abstimmen. Da ertönt plötzlich eine klare, ruhige Stimme, es war Sir Robert Peel. Meine Kraft aber war erschöpft. Ich konnte nicht mehr sitzen. Von sieben Uhr bis ein Uhr gedrängt, bestürmt, ohne Haltpunkt, von der Aufmerksamkeit auf die mir nur halb verständliche Sprache aufgerieben. Dazu drängte mein Begleiter, ein Deutscher aus demselben Kosthause, der trotz seiner athletischen Konstitution nicht mehr aushalten konnte und der den notwendigen Hausschlüssel mit sich führte (die vorige Nacht hatte ich eine halbe Stunde mit Klingeln zubringen müssen). Es war gegen ein Uhr. Ich konnte nicht mehr hören, verstehen schon gar nicht. Dazu peinigte mich ein kaum mehr auszuhaltender Durst. Die Zeitungen mussten ja doch den weitern Verfolg erzählen. Ich ging und schlief wie ein Toter bis neun Uhr in den Tag hinein.

Samstag, den 4. Juni. Gar zu gewöhnlicher Tag. Musste einige Einkäufe machen; wollte Figdor besuchen. Zuerst zur Gesandtschaft. Fand den unfindbaren Legationssekretär wieder nicht. Sprach mit einem der Beamten und trug ihm mein Anliegen wegen des Eintritts in die *Pairs*kammer vor. Hierauf mit Dankel in die City. Kaufte Rasiermesser, die schlecht waren. Zu Figdor, den ich nicht zu Hause antraf. Holte bereits gekaufte *East-India*-Schnupftücher, die ziemlich hässlich sind, ab, und so war der Vormittag vertrödelt.

Schon während des Mittagsessens fing es zu gießen an. Ich wollte in die italienische Oper, was denn nun nicht möglich war. Hatte vormittags die beiden Nummern des *Morning Chronicle* gekauft, die die Reden enthielten, die ich mit angehört hatte. Las jetzt bis zum Erblinden das Gehörte nach und fand die Reden, mit Ausnahme der von Lord Morpeth, unbedeutender, als ich mir vorgestellt hatte. Spielte, da es zu regnen nicht aufhörte, ein kasuelles Whist und zu Bette.

Sonntag, 5. Juni. Wer weiß, was für ein schreckliches Ding ein Sonntag in London ist, wird meine Lage begreifen, wenn ich sage, dass es schon am frühen Morgen zu regnen anfing und mit kurzen Unterbrechungen erst am Abende aufhörte. Wollte eine Partie in die Umgegend machen, allenfalls nach Windsor. Das ward alles durch das Wetter zerstört. Wendete den Vormittag an, teils meine Zeitungen zu lesen und mich so in der Sprache zu üben, größtenteils aber die ausgelassenen Tage in meinem Reise-Journal nachzutragen und dieses so gewissermaßen zu vervollständigen. Freilich sind die ersten Eindrücke unter dem Schwall neuer Dinge vergessen; doch ist es besser so, und in der Folge wird, hoffe ich, die Erinnerung an manches Übergangene mithilfe des wenigen Niedergeschriebenen wieder erwachen und mir die Möglichkeit geben, das Bild dieser ungeheuren Stadt für alle kommenden Tage bei mir festzuhalten. Was mich gleich anfangs daran hinderte, Tag für Tag das Erlebte aufzuzeichnen, war das völlig Unbehagliche meiner Lage. Schlecht bewohnt, unzufrieden, kaum imstande, mir Tinte zu verschaffen, durch das abgeschmackte Boarding-Leben, wo das gemeinschaftliche Frühstück den halben Morgen wegnimmt und die Notwendigkeit, den Plan der Stadt zu studieren, um sich auf seine Exkursionen vorzubereiten, die andere Hälfte. Kurz, es war rein unmöglich, und gesteh' ich's nur, meine wenige Bekanntschaft mit der Sprache, die mir allenfalls erlaubte, mich selbst zur Not auszudrücken, mir aber, was die anderen sagten, beinahe unverständlich machte, setzte mich so ziemlich in die Lage eines Schiffbrüchigen, der im löchrigen Kahn allein in der Unermesslichkeit des Weltmeers herumtreibt. Doch hoffe ich, dem Zweck meiner Reise, Wiedergewinnung der eigenen Selbsttätigkeit und der Möglichkeit, mit Menschen beisammen zu sein, durch alle diese Drangsale hier näher gerückt zu sein, als in Paris, wo mir alles entgegen kam und gerade durch die Unzweckmäßigkeit der Berührung mich störte und verwirrte.

Heute also, nachdem ich bis gegen drei Uhr geschrieben, benützte ich vor Tisch eine regenlose halbe Stunde, um ein paar Straßen zu durchlaufen und mir einige körperliche Bewegung zu verschaffen. Mittagsmahl um fünf Uhr, wie hier des Sonntags gewöhnlich, um den Dienstleuten einen längeren Nachmittag zu verschaffen. Nach Tisch ein wenig mit einem der hier wohnenden Engländer gelesen, dann wieder ins Freie durch die sonntäglich wenig belebten Straßen. Bei geschlossenen Buden gibt die Stadt mit ihren schwarzen gleichförmigen Häusern einen traurigen Anblick, Durch *Oxford Street*, *Regent's Street*, *Piccadilly* in den *Hyde Park*. Achillesstatue zum Andenken Wellingtons und seiner Armee. Die einbrechende Dunkelheit verbot, weiter in den Park einzudringen, der hübsch genug aussieht. Zurück, vom Wege abgewichen, mich in den Straßen von *Grosvenor Square* verirrt, durch einen artigen jungen Mann wieder in die *Oxford Street* zurückgebracht. Nach Hause. Sah den jungen Leuten zu, die der Langweile des Sonntags durch Kinderspiele Herr zu werden versuchten, weshalb die Frau und Tochter vom Hause in echt englischer Sonntagsabgötterei sich entfernt hatten. Die Teezeit war längst vorüber. Etwas Käse mit Brot tat die nämlichen Dienste. Zu Bette.

Montag, 6. Juni. Wollte zu Figdor gehen, vorher aber meines Passes wegen ins *alien office*. Erhielt meinen Pass ohne Bezahlung einer Taxe, eine Folge der neuen Einrichtungen, zufolge deren das ganze *alien office* mit 1. Juli aufzuhören hat. Sehr würdig dieses freien Landes, nicht mehr die Fremden allein als Knechte zu behandeln. Besah die Westminsterhalle, die mir früher entgangen war. Groß, wüst, aber von ausgezeichneter Arbeit in den Skulpturen der ungeheuren Bogen und Tragsteine. Letztere Jagdgegenstände. Aus der Halle die Eingänge in die verschiedenen Gerichtshöfe. *Vice Chancellors Court*, *Court of Common Pleas*, *King's Bench*. Ging in jeden derselben und wohnte den Verhandlungen bei. Bewunderungswürdige Überlegenheit der Richter in Auseinandersetzung der Fälle und augenblicklicher Zurechtführung der Advokaten. Hierauf nach dem Strand. Die Adelaiden-Galerie besehen. Vor dem Eingange ein hübsches Mädchen von kaum fünfzehn Jahren, gut gekleidet, so betrunken, dass sie sich kaum auf den Beinen halten konnte. Teilte demungeachtet Ohrfeigen und Riesenpüffe an die Vorübergehenden aus, die sie zum Gegenstande ihrer Neugier machten. Die Galerie höchst merkwürdig. Eine Masse mechanischer Erfindungen und physikalischer Experimente. Auffallende Beweise von der Einerleiheit der magnetischen und elektrischen Kraft. Dampfkanone, die mit Sekunden übereilender Schnelligkeit einzelne Kugeln und mit fürchterlichem Geprassel ganze Hagel auf einmal fortschleudert. Verlor einige Stunden im Warten auf die mikroskopischen Darstellungen, da mehr Leute da waren, als das geräumige Zimmer auf einmal fassen konnte.

Es war fünf Uhr, als ich herauskam, und ein schnell einfallender Platzregen nötigte mich, mit höchster Eile meine Wohnung zu suchen.

Nach Tisch ins *Drurylane Theater*. *Das Mädchen von Artois*, original englische Oper von Balfé. Einzelne hübsche Sachen. Das Ganze langweilig und bunt. Mde. Malibran vortrefflicher als jemals. Eine ihrer Arien, ein schönes Duett. Vor allem aber eine Art Walzer, der das Ganze höchst unschicklich schließt, den sie aber mit einer Virtuosität sang, die alles hinter sich lässt. Dieser leichte Wechsel von hohen und tiefen Tönen in dem schnellsten Zeitmaße, diese völlig ausgebildeten Pralltriller, dieser vollendete Geschmack im Übergehen zu der wiederkehrenden Anfangsmelodie, dieses Aufjubeln, diese tiefe Empfindung. Die Pasta geht ihr gewiss an Tiefe und Großartigkeit vor, sie aber ist unendlich mannigfaltiger, frei genialer. In den Passagen nach aufwärts ist manchmal ein Anklang von Stoßweisen, überhaupt nicht die vollendete Nettigkeit der Fodor, manchmal ein stumpfer Ton in Verbindung der Höhe mit der Tiefe, der fortgesetzte Triller nicht so bestimmt, so tonreich als bei mancher ihrer großen Nebenbuhlerinnen, aber als Ganzes steht sie gewiss den Besten nicht nach und übertrifft sie alle als Theatersängerin in ausgedehntestem Bereich.

Als ich gegen Mitternacht nach Hause kam, fand ich einen Brief vom Legationsrat, der mir eine Karte zur *Pairs*-Sitzung für diesen Abend übersendete. Natürlich nicht zu benützen. Sonderbare Gefälligkeit, mehr um eine Bitte abzutun, als wirklich förderlich zu sein.

Dienstag, 7. Juni. Wollte die Familie Figdor vor ihrer Abreise sehen, ward durch einen Besuch Prägers weit über meine Absicht lange zu Hause gehalten. Nach *Wallbrook Street*. Fand die Figdors nicht. Trieb mich in der City herum, wo ich Rasiermesser und sonst einiges kaufte, von dem immer wieder losbrechenden Regen aber fortwährend in der Nähe der Börse gehalten wurde, wo doch der bedeckte Gang einigen Schutz darbot. Endlich, um nicht ganz durchnässt zu werden, zeitlich nach Hause.

Abends trotz Regen ins italienische Theater; *L'assedio di Corinto*. Ich habe der Grisi bisher unrecht getan. Das ist eine so vortreffliche Sängerin, als je eine war. Weniger stark leidenschaftlich, aber dafür immer wohltönend. Anfangs dieselbe Neigung zum Zuhochsingen, als da ich sie das erste Mal hörte. Später setzte sich alles zurecht. Ich habe diese Oper oft aufführen gesehen, aber erst heute gehört. Sie hat eine Leichtigkeit und Annehmlichkeit der Stimme wie selten eine Primadonna, die meistens schon halb ausgesungen sind, wenn sie zu den letzten Stufen gelangen. Der Chor schlecht. Von den übrigen liebe ich weder Tamburini besonders, noch Rubini überhaupt. Lablache taugt nicht mehr für den Priester, der ihm immer zu tief lag, besonders aber jetzt, wo seine Stimme sehr in Verfall ist. Aber ihr Zusammenwirken, wie natürlich, vortrefflich. Die Ausstattung viel kleinlicher als in Paris.

Mittwoch, 8. Juni. Frühmorgens kam der junge Figdor zu mir, dessen Angehörige eben abgereist waren und der mich nach dem Kolosseum abholte. Sahen das Panorama von London, das an Großartigkeit und Treue nichts zu wünschen übrig lässt, aber doch etwas gar zu bleich und verwaschen in der Farbe geraten ist. Wie ungeheuer! Aber der Eindruck Wiens vom Kahlenberge ist auch nicht kleiner. In den Straßen selbst merkt man, wie groß London ist. Drauf die Schweizer Hütte, eine Spielerei mit einigen artigen Einzelheiten. Darauf Straßen auf und ab. *Corn Exchange*, ein ungeheures Gebäude zum Behuf des Getreidehandels. Verabredeten für nächsten Samstag eine Partie nach Windsor. Morgen ist großes Dankfest der Pfarrschulen in St. Paul. Mittags zu Hause.

Abends ging ich in *Astley's Theater*, um es doch auch gesehen zu haben. Schlechte Spektakelstücke. Reiterkünste besser, als man sie irgend sieht. Eine Miss als Pferdeabrichterin, mit einem herrlichen Pferde voll Gelehrigkeit. Machte darauf im einfachen eleganten Reithabit die Reitschule zum wahren Genusse. Gruppierungen, Menschenpyramiden, von wirklichen oder vorgeblichen Beduinen dargestellt, bis zum Unglaublichen. Besondere Meister in den unmöglichsten Gliederverrenkungen, Seiltänzer ziemlich schlecht. Der eine fiel derb aufs Maul, dass er forthinkte. Ein königlicher Prachteinzug, nur in Paris überboten. Ein Wettrennen von Knaben auf kleinen Ponys, den großen aufs Täuschendste nachgeahmt. Ging endlich, übersatt.

Donnerstag, 9. Früh morgens mit Figdor und einem anderen deutschen Kaufmanne in die St. Paulskirche, die mit endlosen Stufen zum Kinderfest hergerichtet war. Rings unter der ungeheuren Kuppel um das, was man bei uns Presbyterium nennt, die emporsteigenden Sitze, deren ich sechzehn übereinander zählte. Raum für achttausend Kinder. In der Mitte ein Predigtstuhl, im Fond die Orgel. Die Versammlung im ganzen bis vierzehntausend Menschen. Die Zuseher waren bald versammelt, unabsehbar, außer der Peterskirche in Rom nichts damit vergleichbar. Nach und nach stellten sich die Kinder ein. Nach den Pfarren in verschiedenen Farben gekleidet. Die Knaben höchst barock, die Mädchen, obwohl im Kostüme alter Weiber, doch durch die außerordentliche Reinlichkeit ihrer Hauben, Schürzen und Halskrägen nach Pilgerschnitt, sämtlich glänzend weiß, ein wohltuender Anblick. Blau, grün, rot in allen Schattierungen, schwarz, braun, grau, die Mädchen von unten hinansteigend, die Knaben von oben herab. Als alle achttausend beisammen waren, gab es einen Anblick, dessen gleichen in der Welt nicht ist. Gegen die Orgel zu ein Fächer von lauter Mädchen, schneeweiß, von dunkeln Knaben eingesäumt, wahrhaftig wie eine Engelsglorie. Die anderen saßen horizontal geteilt. Die weißen Mädchen bildeten die Schneeregion des Menschengebirges, nur fiel sie umgekehrt nach unten. Hie und da war die gleiche Linie durch einen Hauben- und Schürzenzwickel nach oben malerisch unterbrochen. Langweilige Gebete, von Chören unterbrochen, die die achttausend Kinder sangen, wie ein Donnerwetter, im Sopranschlüssel gesetzt. Die ziemlich schweren Sachen gingen besser, als ich gedacht hatte. Der protestantische Erzbischof über ganz Irland (*all Ireland*, Gott verdamm ihn!) hielt eine Predigt, die er selbst verstanden haben mag. Der hundertdreizehnte Psalm recht gut komponiert. Ein Alleluja von Händel, das den Kindern denn doch zu bunt war. Endlich nach dritthalb Stunden ein nicht unwillkommenes Ende. Wir, die wir schon um zehn Uhr da waren, hatten eigentlich fünf Stunden ausgehalten.

Ging mit Figdor ins London-Kaffeehaus, wo er mich traktierte. Vortreffliche englische Küche. Salm, für einen Kaiser zu gut. Roastbeef über alle Vorstellung. Johannisbeertorte für einen großbritannischen Gaumen. Grüne Erbsen, in Wasser abgekocht. Grüner Salat, roh zu essen, was wir bleiben ließen. Stilskäse, dem nichts gleichkommt. Das Couvert vier Schillinge. Dazu Ale, Hochheimer und zum Schluss etwas Sherry. Hernach in den Zigarrendiwan, wo für einen Schilling die Person eine Zigarre und eine Tasse schlechten Kaffee erhält. Zeitungen in Überfluss. Sah und las seit beinahe drei Monaten zum ersten Male wieder die *Allgemeine Zeitung*. Unter anderm, der Kaiser von Österreich habe den Erzherzog Ludwig zum Mitglied des Staatsministeriums ernannt, ihn, der so lange die obersten Geschäfte halb selbstständig leitete. Ist das eine Erhöhung oder Erniedrigung?

Ging darauf in die italienische Oper. *Marino Falieri* von Donizetti. Hübsche Sachen. Die Grisi gefiel mir nicht. Tamburini hat offenbar seine Stimme verloren. Lablache der Beste, ohne sonderlich zu sein. Die Chöre ein Skandal. Mit mir in derselben Loge ein recht artiger Engländer,

der recht leidlich Französisch sprach und die Musik zu goutieren schien. Zwei seltene Eigenschaften in diesem Lande.

Ich komme um Mitternacht nach Hause und finde, dass die jungen Leute sich eine kleine Abend- oder Morgenunterhaltung machen, wobei sie einen Höllenlärm verbringen. Ich will noch ein wenig schreiben, vielleicht kriegen sie's mittlerweile satt.

Die Ordnung war bewundernswürdig in der Paulskirche, nur störte, was aber nicht anders sein konnte, das Kommandomäßige gewisser Handlungen. So bedeckten bei manchen Stellen der Gebete die Kinder auf ein Tempo sich die Augen mit Händen und Schürzen, was ein wenig heuchlerisch aussah, *high-church*-mäßig. Die Prinzessin Viktoria war da mit ihrer Mutter und dem Herzog von Oranien. Sie saß anfangs zu unterst, mitten unter den Kindern. Da nun aber die Leute auf die Bänke stiegen, um sie zu sehen, trotz der Stewards, die unermüdlich die Obenstehenden mit ihren Stäben berührten und zur Anständigkeit aufforderten, verließ sie ihren Platz und setzte sich in den Chor. Da kehrten sich denn die dort sitzenden Mädchen mit dem Gesichte nach ihr und machten in einem Tempo ihr unablässige Verneigungen, sodass das Ganze aussah wie ein wallendes Meer. Mitten unter den Gebeten fiel es auf einmal ein paar Schulbuben ein, ihr ein lautes Hurra (Hurräh) zu bringen, in das das ganze Kinderheer einstimmte, zum offenbaren Missvergnügen des Erzbischofs von Armagh (eines hochtoristischen Lords Beresford); auch scheinen die Kleinen einen Wink zur Unterlassung bekommen zu haben, denn es blieb bei diesem einmaligen Ruf, was sonst nicht in der hiesigen Sitte ist.

Die jungen Leute lärmen noch immer fort. Mein Licht ist zu Ende, ich will mich daher zu Bette legen, vielleicht nimmt es doch bald ein Ende.

Freitag, den 10. Es war ein förmlicher Ball im Hause, was ich nicht wusste, da ich des Mittags auswärts gegessen hatte. Man tobte bis zum hellen Morgen, sodass ich kein Auge zutun konnte.

Beim Frühstück erfahre ich, dass der Legationssekretär gestern noch einmal da gewesen ist. Das scheint denn doch mehr als leere Höflichkeit. Will versuchen, ihn heute zu sprechen.

Mir tut leid, dass ich Raumers Werk über England vor meiner Abreise nicht lesen konnte oder vielmehr nur in den letzten beschäftigten zwei Tagen durchblättern. Will es zu Hause nachholen. Hier gefällt er den Radikalen sehr, die Tories schimpfen über ihn. Auch in der Allgemeinen Zeitung, die ich gestern las, wird er heftig angegriffen. Auf deutsche Weise, d. h. ungeschickt. Der Mensch hat viele gute Eigenschaften, und nur eine üble, die aber bei einem historischen Schriftsteller alle anderen zerstört. Er ist kein Mann. Wer aber das nicht schon bei der Geschichte der Hohenstaufen sah, dem ist nicht zu helfen. Manchmal erinnert er sich des Johannes Müller, dann dringt er auf Tugend, Religiosität, und was weiß ich. Dann fällt ihm wieder ein, dass er ein Freund Tiecks ist, und nun gerät er in einen Tieckischen moralischen Indifferentismus, den Tieck Goethe nachgeahmt hat und er Tieck. Manchmal tut er liberal, um nicht hinter Rotteck an Popularität zu stehen, dann will er's doch mit der preußischen Regierung nicht verderben und modifiziert seine Ansichten, dass nichts übrig bleibt, als was allenfalls im märkischen Sande auch aufkeimen könnte. In Deutschland merkt man aber derlei spät, weil die gesunde Stimme des Publikums für nichts gilt, sondern Lob und Tadel von einigen miserablen Tagblattschreibern ausgeht. Mir ist der Mann immer widerlich gewesen. Eine Art Hormayr, mit mehr Fleiß und weniger Persönlichkeit, übrigens von leidlicherem Charakter.

Beschloss, einen Versuch zu machen, mit meiner Karte vom verflossenen Montag heute in die *Pairs*-Kammer zu gehen. Vorher zum Gesandtschaftssekretär Humelauer, den ich auch diesmal zu Hause fand. Offenbar ein gescheiter Mensch, doch vielleicht davon zu sehr überzeugt. Seine Augen sind es, durch die das österreichische Kabinett die hiesigen Dinge ansieht. Ich las den österreichischen Beobachter in seinen Worten. In Bezug auf die Lügenhaftigkeit der Whigs und Tories ist er meiner Meinung. Keine der beiden Parteien getraut sich, zu sagen, was sie will. Daher sind ihre Reden so leer, und sie machen sich wechselseitig so leicht lächerlich, weil nämlich ihre vernünftige Absicht nie ausgesprochen wird. Die Radikalen hält er für die einzigen Vernünftigen und Talentvollen. Eine Revolution im demokratischen Sinne, mit Staatsbankrott usw., scheint ihm unvermeidlich. Was ich nicht glaube und nur dann möglich würde, wenn die gemäßigten Tories noch länger sich von den Whigs entfernt halten und diese dadurch zwingen, ihre Majorität bei den Radikalen zu suchen. Aber auch dann wird's nicht geschehen. Eher kommen die Tories wieder ans Ruder. Der Geist der Masse ist offenbar monarchisch.

Ich kam um halb drei Uhr ins Oberhaus und suchte als ein Fremder, der London demnächst verlassen muss und der durch Unwohlsein gehindert wurde, von seiner Karte zu gehöriger Zeit Gebrauch zu machen, Einlass. Ward auf halb fünf Uhr beschieden, da der *door keeper* nicht zugegen war. Ging unterdes in den *Court of Common Pleas*, wo eben eine schlüpfrige Materie verhandelt wurde. Eine verheiratete Frau, die sich bei Gelegenheit einer Landpartie auf einem Seitenfußsteige brauchen ließ. Es war merkwürdig, mit welcher Ernsthaftigkeit die Richter die unanständigsten Zeugenaussagen herablasen und niemand lachte oder zischelte. Der Advokat sprach ausgezeichnet. Ging, eh es zu einem Abschluss kam. Ward in die Pairskammer glücklich eingelassen. Der Saal klein, hochrot ausgeschlagen. Im Fond der Thron, ein zwölf Schritt davor der Wollsack des Lordkanzlers. Die Bischöfe, obwohl in der Opposition, doch auf der rechten ministeriellen Seite sitzend. Es waren kaum ein halb Dutzend Mitglieder da, die unterdessen sich in kurzen Wechselreden übten. Nach und nach füllte sich das Haus. Einer der ersten Lord Wellington. Er sieht entschlossen und doch geistlos aus, was er auch ist. Die Rede war von Bestechungen bei den Wahlen, mit offenbarer Hinsicht auf einen bestimmten Fall. Wellington sprach, kurz und stockend. Ein paar Ministerielle, der eine fließend, der andere nicht übel. Alle Reden kurz. Ein Oppositionslord sehr gut. Bittschriften wurden eingebracht. Ein ministerieller Graf Shrewsburn scheint ein ausgezeichneter junger Mann. Ein Bischof sprach gegen die Minister. Lord Melbourne, der nicht gut aussieht und fast schmutzig gekleidet war, weißen Hut auf dem Kopfe, einen Knittel in der Hand, antwortete kräftig, im Gefühl der Überlegenheit. Lyndhurst stand auf; allgemeine Aufmerksamkeit. Ihm antwortete Melbourne heftig, drohend, beleidigend. Lyndhurst wies die Vorwürfe nicht auf die höflichste Art von sich. Es entstand eine Pause. Ich ging, da es nahe an sieben Uhr war und ich noch nicht gegessen hatte. Speiste im Strand, recht gut. Ich hatte mich mit Figdor zusammenbestellt, bei einer deutschen Familie Tee zu nehmen. Als ich nach Hause kam, war er da gewesen, aber schon wieder fortgegangen. Fand einen Zettel von ihm, wodurch die Partie nach Windsor auf morgen vier Uhr nachmittags festgesetzt ward.

Blieb zu Hause und brachte den Abend zu, wie es eben gehen wollte.

Samstag, 11. Hatte verschiedenes vor, beschloss aber zu Figdor zu gehen, um das Nähere wegen der Partie nach Windsor zu erfahren. Fand ihn dort mit ein paar preußischen Windbeuteln, die ihn um Geld prellen wollten, die er aber herzhaft ablaufen ließ. Endlich kam auch Götvös, ein armer Teufel von Ungar, der nach Nordamerika auswandern will. Gingen endlich zu unserm dritten Reisegefährten, der aber drohenden Wetters halber nicht mit wollte. Uns fing auch an die Lust zu vergehen, da der Himmel jeden Augenblick Regen drohte und ein kalter Westwind jede Annehmlichkeit hinwegnahm. Ich wäre gern in die Gerichtshöfe gegangen, der Sprache wegen; wollte aber Figdor nicht beleidigen, der sich meinetwegen von allen Geschäften freigemacht hatte, und so gingen wir in der Stadt herum, besahen eine *Society of Arts*, in dem schlechte Maschinenmodelle standen und nicht viel bessere Bilder hingen. Hunger-ford-Market, einiges Beiläufige. Gingen ins *Hôtel de la Sablonière* essen. Abends nach Haymarket ins Theater, wo man *School for Scandal* gab. Das Spiel teilweise sehr gut. Miss Tree als Lady Teazle ausgezeichnet. Miss E. Philipps fiel mir wegen ihres echt englischen Wesens in Sprache und Benehmen nicht unangenehm auf. Vandehoff als Joseph Surface gut, manchmal etwas gesucht. Gut Vining als Charles, nur gibt er die Weigerung, des Onkels Bild zu verkaufen, gleich von vornherein zu ernsthaft. Mrs. Glover als Klatscherin sehr brav. Mr. Webster, Sir Peter Teazle, hat die üble Gewohnheit, aus Streben nach Mimik fortwährend die hässlichsten Gesichter zu schneiden, was einen unerträglichen Eindruck macht und die Mimik doch nicht ersetzt. Sonst viel Gutes. Im ganzen war die Darstellung doch nicht *à la hauteur* des Stückes. Man merkte das Theater vom zweiten Rang.

In Verys Kaffeehaus, *Regent's Street*, noch ein Glas Eis genommen und die Abendzeitungen gelesen. Große Aufregung unter den Leuten. Man glaubt, es müsse zu einem Bruche mit dem Oberhause kommen. Die Tories sind vorige Nacht in einer Minorität von 86 geblieben, und doch scheint nicht, dass sie nachgeben wollen. Schein trügt oft.

Sonntag, den 12. Fuhr mit Figdor um zehn Uhr nach Windsor. War, des Sonntags wegen, nicht imstande, eine Tasse Tee in London zu bekommen, und musste daher nüchtern die 27 englischen Meilen machen. Die Gegend dahin weniger schön, als nach der übertriebenen Beschreibung eins glauben sollte. Wir saßen *outside*, und es fing an zu regnen, hörte aber zum Glück bald auf. Doch schien der Tag gefährlich bleiben zu wollen. *Windsor Castle* macht bei Vormittagsbeleuchtung keinen besonderen Eindruck. Die gotische Bauart, verbunden mit dem abgeputzten, neuen Ansehen, hat etwas Disharmonierendes, Spielwerkartiges. Auch da die Gegend ohne Berge, ja (den Hügel, auf dem das Schloss liegt, abgerechnet), selbst ohne Anhöhen ist, macht die gerade Beleuchtung von oben einen kahlen Eindruck. Nahmen in der Eile ein unentbehrliches Frühstück und gingen in den Park, nachdem wir für sechs Uhr Platz zur Rückkehr bestellt hatten und das Schloss, als den nächsten Gegenstand, für die letzte Stunde vor der Abfahrt aufsparten. Der Park ist schön, doch wüsste ich nicht, worin das Besondere läge, vornehmlich für einen, der aus Österreichs schönen Gegenden kommt und nicht aus dem Berliner Tiergarten. Die kolossale Statue Georgs des Dritten. Hatten so viel von den *Virginia Waters* reden gehört, dass wir sehr lüstern nach ihnen waren. Der Park war ganz menschenleer. Gingen kreuz und quer durch zwei Stunden, bis wir endlich das Wunderwerk erreichten, das so unbedeutend ist, als etwas in der Welt. Ein artiges Stück Wasser, leidlich von Baumgruppen umgeben. Ein paar Segelschiffe darauf. Soll ein chinesischer Tempel da sein, in den man aber nicht hinein darf, wenigstens nicht am bigotten Sonntage. Hatten uns in unserer (nicht meiner) Hartnäckigkeit so übergangen, dass wir erst gegen halb sechs Uhr nach Windsor zurückkamen. Wollten das Schloss nachholen. Der eingeschlagene Weg ward uns, als nur für die königliche Familie bestimmt, verwehrt. Mussten einen anderen einschlagen, verloren den letzten Rest der Zeit und konnten, da ohnedies das Innere des Schlosses am Sonntag nicht zu sehen war, kaum einen schnellen Überblick des Gebäudes und der Aussicht von der Terrasse gewinnen. Letzterer ist bei Abendbeleuchtung wirklich bezaubernd. Die längeren Schatten geben Mannigfaltigkeit, das rote Licht mischt den schönen Rasen mit Gold. Ohnehin ist die Umsicht weit, durch nichts als die natürliche Entfernung beschränkt. Die Massen des Schlosses lösen sich voneinander ab. Es verliert das Kartenhausmäßige und zeigt sich schön. Die Terrasse selbst wunderhübsch mit Blumen und Statuen. Heute war Musik da, viel Spaziergänger. Die Luft so weich, rein und angenehm, als irgendwo in der Welt. Ein bezaubernder Ort.

Mussten einsitzen und zur Stadt zurück, da nach sechs Uhr keine *stage coach* mehr fährt. Im Wagen zwei Wiener. Schnelle Bekanntschaft. Aßen mit ihnen um zehn Uhr nachts zu Mittag im *Hôtel de la Sablonière*, wo sie wohnen. Figdor macht sich unliebenswürdig. Die Fremden gefallen ihm nicht, und er weder ihnen noch mir. Der Verlust eines Schnupftuches ihn ärgerlicher gemacht, als billig. Vor elf Uhr trennen wir uns. Der Spaß hat einen Sovereign gekostet, was er wahrlich nicht wert ist.

Montag, 13. Juni. Ging zu Figdor, der in seiner Gutmütigkeit sich für verpflichtet hält, mir die letzten Tage meines hiesigen Aufenthaltes noch die Honneurs der Stadt zu machen. Und ich gehe fleißig zu ihm, obschon mir's wahrhaftig lieber wäre, meine Zeit allein zu benützen. Geradeso war's in Paris mit Brant.

Nu also, heute war mein Pass bei der österreichischen Gesandtschaft zu visieren. Wir gingen zusammen hin. An der Krontaverne, im Strand, drängten sich die Leute. Unten im Eingange lag eine Petition zur Unterschrift, oben war ein Meeting. Wir gingen hinauf. Im Saale, von Menschen umringt, waren Hustings, auf denen ein ziemlich übel aussehender Mann schwadronierte. Der Anteil der Zuhörer schien nicht sehr groß, als auf einmal Lärm entsteht. Zudrängen, Geheul, Schreien: *throw him out! throw her out!* Ich glaubte, ein Taschendieb sei ertappt worden. Es war aber Mistress Courtenay mit ihrem dreizehn- oder vierzehnjährigen Burschen, den sie für O'Connells Sohn ausgibt. Sie hatte diese Gelegenheit benützen wollen, um ihre Ansprüche geltend zu machen, hatte sprechen wollen und wurde eben jetzt im strengsten Wortverstande hinausgeworfen. Anfangs tat sie etwas weinerlich, auf der Straße aber gesellte sie sich ziemlich ruhig zu einigen, die sie da erwarteten, und ging mit ihnen fort, als ob nichts geschehen wäre. Sie und der Bube sehen ziemlich ärmlich aus, letzterer hat rotes Haar, was der gerühmten Ähnlichkeit mit dem schwarzhaarigen O'Connell nicht sehr entspricht.

Darauf besahen wir die *Kensington Gardens* mit dem Palast der Prinzessin Viktoria. Die Gärten wunderschön, eine schöne Natur mit sorgfältig versteckter Kunst. Der Palast ein wunderliches Gemäuer, ziegelrot, im Geschmack des *St. James Palace*. Der freie, grüne, von Baumgruppen begrenzte Platz vor dem Schlosse das reizendst Großartige, was man irgend sehen kann. Es war nahe an sieben Uhr, daher zu spät, zum Essen nach Hause zu gehn. Fuhren im Omnibus. Eine ordentlich aussehende Dame, die behauptet, ihren Geldbeutel verloren zu haben, und der ich daher einen Schilling borge, den Wagen bezahlen zu können. In *Covent Garden* gespeist, in einem vortrefflichen, aber unsinnig teuren Hotel. Roastbeef, von einer Zartheit wie Lammsfleisch, Moselwein, recht gut, aber für eine halbe Million. Abends ins *Covent Garden Theater*. Eine neue Oper oder, wie es heißt: *operatic romance, The Sexton of Cologne*. Die Sänger nicht übel, die Musik leidlich, Dekorationen verschwenderisch. Darauf *The Hunchback*, in dem der Verfasser Sheridan Knowles selbst spielte. Er nahm die Rolle lustiger, als bei uns geschieht und überhaupt, wie es scheint, geschehen sollte. Miss Faucits eine vortreffliche Schauspielerin. Manchmal mit etwas Übertreibung. Aber was für natürliche Vollkommenheit! Ich weiß nichts so Imposantes in Deutschland. Das ist der Ausdruck. Imposant sind die hiesigen besseren Schauspieler. Ich weiß außer der Schröder keinen imposanten Schauspieler in Deutschland. Schöne Figur, schönes Haar, prächtiges Auge, herrliches Organ. Nichts hingeworfen, vernachlässigt, alles gehalten. Die Deutschen streben bis zur Unbedeutendheit, natürlich zu sein; hier wissen sie wenigstens, dass sie eine Kunst ausüben.

Frechheit der Weiber in den Korridors. Übrigens alle hübsch und prächtig gekleidet. Gegen Mitternacht nach Hause. Dienstag 14. Juni. Ging mit Figdor, einen Platz im Dampfboot zu nehmen, das übermorgen nach Antwerpen abgeht. Nur noch die letzte Kajüte erhalten. Pässe besorgt. Den Entlassschein in *alien office*. Darauf ins warme Schwimmbad. Recht hübsch, aber halb unreinlich, halb unanständig. Man muss nackt ins Wasser gehn, das, wie natürlich, nicht ohne Spuren der Badenden ist. Darauf nach dem Strand zu Tisch.

Abends in die italienische Oper. *Othello*. Die Grisi vortrefflich, ihre beste Rolle. Rubini den Othello, lächerlich! Er lässt eben alles fallen, was den Charakter zum Charakter macht. Tamburini, Jago. Winter, Rodrigo. Chöre und Orchester besser als gewöhnlich.

Vormittags sah ich im Vorübergehen bei einem Wirtsgarten zwei Boxer. Es war von vornherein nicht im Ernst gemeint, und doch gaben sie sich Schläge auf Kopf und Brust, dass es weithin tönte. Scheußlich, ich musste gehen.

Mittwoch, den 15. Ging noch einiges besorgen, dann eingepackt, eingepackt, eingepackt. Der Tag heiß, wie im August, der Schweiß lief mir stromweise vom Leibe. Um sechs Uhr holte mich Figdor ins *Hôtel de la Sablonière* ab, um mit vier Landsleuten zu speisen. Herr Miesbach, sein Neffe und zwei Ungarn. Artige Leute. Miesbach traktiert mit Champagner.

Nach Tisch ins Strandtheater, das ich noch nicht gesehn. Sehr klein, aber artig. Sehr gute Schauspielerin, deren Namen ich vergessen. Früh mit Figdor nach Hause. Vorher aber noch jeder bei Very drei Gläser Eis gegessen, so unerträglich heiß war es.

Donnerstag, 16. Juni. Tag der Abreise. Wieder gepackt, die Rechnung bezahlt, die die gute Frau Williams doch höher angesetzt, als anfangs ausgemacht war. Übrigens doch billig. Frühstück. Ein junger Deutscher, der im Hause wohnt, Schultze aus Mecklenburg, will die Reise bis Mainz mitmachen. Ist ein artiger Mensch. Figdor kommt. Ein Wagen wird geholt. Abschied. Mistress Williams hat Tränen in den Augen. Auch die kleine Bella scheint betrübt. Händedruck, *goodbye!* und in den Wagen. Das *custom house* ist erreicht, die Effekten in ein Boot gebracht, wir rudern zum Dampfschiffe. Figdor begleitet uns an Bord. Das Schiff ist keins der hübschesten, auch keins der schnellsten, wie man sagt. Erst vor 14 Tagen musste es drei Tage bei Vließingen liegen bleiben, weil die Maschine brach. Es heißt *Der Tourist*. Besehe mir die Kajüte, ein Hundestall, obgleich innen von Mahagoni und Bronze. Das Verdeck voll Reisender, fast ausschließlich Engländer.

Ich fürchtete ein wenig das Meer, denn ich war schon beim Einsteigen ins Schiff so gut als seekrank, wahrscheinlich vom gestrigen Champagner. Ich wusste mir in der Eile nicht besser zu helfen, als ein großes Glas Grog zu trinken, was wirklich half.

Um halb elf Uhr fahren wir ab, bei regnichtem, aber windstillem Wetter. Machen noch einmal, zum letzten Mal, die Wasserstraße von London durch. Schon sind die ostindischen Docks erreicht. Die Häuser werden spärlicher, verlieren sich. Die Themse schwillt zum See an, die Ufer weichen immer weiter zurück, werden unscheinbarer; verschwinden. Wir sind in offener See. Man deckt zum Mittagmahle auf dem Verdeck, in den Kajüten. Ich nehme teil und trinke zur Magenstärkung eine Pint Sherry. Der Tag haspelt sich ab. Kurze Konversationen. Ein artiger Schwede, der deutsch spricht. Ein andrer, nur des Französischen mächtig. Eine englische Familie, die mir wohlgefällt. Der Vater ein Lebemann, zwei erwachsene Sohne wie junge Jagdhunde und die Mutter noch jetzt schön. Ein paar andere nicht üble Frauenzimmer; Abendtee. Es hat geregnet und wird nun immer kälter und kälter. Ich nehme meinen Mantel, und da außer Regen und Kälte auch schon die Nacht anfängt, die Gegenstände unkenntlich zu machen, gehe in die Kajüte, die mit Matratzen und Schläfern besät ist. Krieche in mein Loch. Fange zwei- bis dreimal an, einzuschlafen, werde aber immer wieder durch Lärm aufgeweckt. Wache zum letzten Mal auf und kann nun nicht mehr einschlafen. Die Ausdünstung so vieler Schlafenden war unerträglich. Endlich werden die Kajütenfenster licht. Ich gehe aufs Verdeck, es ist halb vier Uhr, Schultze ist schon da. Die hübschesten Weiber und Mädchen liegen in Betten und Mäntel eingehüllt, kreuz und quer auf dem Deck. Die Zimperlichsten lümmeln herum, wie die Lastträger. Die Temperatur erträglich. Feiner Regen rieselt noch immer. Bald zeigt sich rechts ein Streifen Land. Es ist die belgische Küste, links Walcheren, wir laufen in die Schelde ein. Unzahl von Seehunden, die auf einer Sandbank spielen und sich ins Meer stürzen. Vließingen. Holländische Fregatte. Ein neuer Lotse an Bord gebracht, Frühstück, Erwartung. Endlich ein senkrechter Nebelstreif, der Turm der Kathedrale von Antwerpen. Die Schelde verengt sich zum Fluss. Wir sind in der Stadt. Artiges Benehmen der Zollbeamten. Keine Frage nach einem Passe. Wir beschließen, samt den beiden Schweden, ins Gasthaus *St. Antoine* zu gehen, von welchem aus ein Aufwärter zum Menschenfang aufs Schiff gesendet worden ist. Wandelte durch die altertümliche Stadt. Nur halb altdeutsch, halb vielleicht spanisch. Gute Zimmer im Gasthof. Sogleich in den Dom. Wunderschön. Der Turm scheint aus der Ferne größer, ist aber von herrlicher Arbeit. Das Äußere schwunghafter als *Notre Dame*, das Innere mit fünf fast gleichbreiten Schiffen (und darin *Notre Dame* nachstehend, wo das Hauptschiff breiter ist), durch Anweißen verdorben. Sonst herrlich. Und was für Gemälde: Rubens' Kreuzabnahme, gewiss das edelste Bild dieses Malers, an die besten Italiener erinnernd. Die Himmelfahrt Mariä, an der die Jungfrau selbst der schwächste Teil. Noch mehrere gute, ja vortreffliche Sachen. Die Kirche selbst durch eine Kuppel merkwürdig, was sonst bei altdeutschen Kirchen nicht der Fall ist. Nach Tisch ins Museum. Ein vortrefflicher Quentin Metsys. Mehrere vortreffliche Sachen. Der bekannte Christus, auf Marias Schoße liegend, von Van Dyk. Ausgezeichnetes von de Voß. Die einbrechende Dunkelheit verbot längere Besichtigung. Ein wenig durch die Stadt. Das schöne Rathaus, durch Abbildungen bekannt. Die Stadt scheint sehr herabgekommen, oder ist es der Abstich von dem lauten, riesenhaften London, was diesen Eindruck macht? In drei Stunden nicht eine Kutsche gesehen. Nach Hause. Tee getrunken, um zehn Uhr zu Bette.

Samstag, 18. Juni. Gut, aber kurz geschlafen. Um halb vier Uhr wach und um halb sechs aufgestanden. Nach langer Zeit wieder einmal zum Frühstück Kaffee genommen, der mir nicht behagt. Freilich ist auch der hiesige Tee nicht der englische.

Hierauf fort in die St. Jakobskirche. Zu sagen, was da für Schätze von Gemälden sich vorfinden, scheint unmöglich: ein toter Christus von Van Dyk. Rubens: als heiliger Georg mit seinen drei Weibern. Christus und die Ehebrecherin, von Rubens' Lehrmeister, wo, wie mir dünkt, Christus' Charakter besser getroffen ist, als in irgendeiner anderen Darstellung dieser Art. Eine Innigkeit in Blick und Stellung, die, bei all seiner Größe, Rubens ihm nicht abgelernt hat. Eine Versuchung des heiligen Antonius mit der Chiffre Albrecht Dürers. Vortrefflich, aber, wie mir scheint, nicht in der Manier dieses Malers. Gemalte Fenster, die ihresgleichen in der Welt nicht haben. Die Geschichte von Rudolf von Habsburg und dem Priester, von Albrecht und seiner Gattin Isabella gestiftet. Es ist ein Reichtum zum Erdrücken. Maler, größer als ihr Name, und solche, deren Name größer ist als sie. Antwerpen ist, außer den italienischen Städten, die merkwürdigste in Kunstrücksicht, weil all das weder gekauft, noch gestohlen ist, sondern hier gewachsen.

Darauf in die Zitadelle. Die Belagerungsgeschichte im Detail angehört. Wenn Chassé seine Drohung erfüllt und diese Kunstsachen zerstört hätte, man müsste ihn mit den türkischen Helden in Athen in eine Reihe stellen. Darauf in die Franziskanerkirche. Die berühmte Geißelung von Rubens. Eine Kreuztragung von Van Dyk, nicht vollendet, verderbt. Der Kopf des Erlösers unübertrefflich. Am Hochaltar drei Marmorgruppen, darunter eine Jungfrau Maria, die, nicht im Stil, aber in der Lebendigkeit des Ausdrucks, nicht ihresgleichen hat. Nach Tisch auf der Eisenbahn nach Brüssel. Das Land ein Garten. Niemand fragte nach unseren Pässen.

Zu Brüssel im *Hôtel de Suède* abgestiegen, unsern schwedischen Reisebegleitern zuliebe. Abends noch mit Schultze die Stadt durchstreift. Einige schöne Straßen. Der Park sehr angenehm. Schöner botanischer Garten, einer Privatgesellschaft angehörig. Das Gebäude zweckmäßig und schön. Früh zu Bette.

Sonntag, 19. Juni. Gut geschlafen. Vielleicht eine Folge des vortrefflichen Bettes, das, weiß wie Schnee, das Darinliegen zu einem wirklichen Genuss machte. Um zehn Uhr zu vieren ausgegangen. Zuerst ins Museum. Ein Reichtum von vortrefflichen Sachen. Die Bekanntschaft eines Malers, wie mir wenigstens scheint, vom ersten Range gemacht. Kaspar de Crayer, von dem eine Masse ausgezeichneter Bilder hier sind. Rubens nicht besser als überall. Van Dyk sich selbst beinahe unähnlich. Sehr gute Jordaens. Ein merkwürdiger Ruysdael usw., an vierhundert Stück, sehr gut erhalten. Meine Begleiter hatten weniger Geduld als ich, musste daher die älteren Sachen ziemlich schnell abfertigen. Von ganz neuen ein nach meinem Urteil vortreffliches Stück, die Revolution von 1830 darstellend. Ich weiß kein Bild, neue Ereignisse darstellend, dass ich diesem vorziehen, ja nur gleichstellen möchte, höchstens die Farbe gegen den Vordergrund zu etwas bleich, aber komponiert, gedacht, gefühlt, wie wenig. Der Meister ist wahrscheinlich in der Kunstwelt allbekannt, ich weiß ihn nicht.

Darauf in den Palast des Prinzen von Oranien. Mussten bei einer Stunde warten, bis man uns einführte, uns Pantoffel anziehen ließ und durch einige Prachtzimmer hetzte, sodass man einen Raphael, Paul Veronese, Perugino nur im Fluge sehen konnte. Der Führer vertröstete auf einen künftigen Tag, da heute der Zudrang zu groß war. Für mich gibt's hier leider keinen künftigen Tag, besonders da, wenn man auch noch einen zugeben wollte, der Montag ebenso tumultuarisch sein soll. Dann zerstreuten sich meine Begleiter, und ich besah allein das *Hôtel de ville*, ein imposantes Gebäude, und die Kirche *St. Gudule* mit den vortrefflichsten Fenstergemälden, besonders, wie mir schien, auf der rechten Seite des Presbyteriums. Meisterhaftes Schnitzwerk unter der Kanzel: Adam und Eva mit dem Apfel, Engel und Tod dabei, das schönste Laubwerk mit Vögeln und Tieren, Suchte auch eine Kirche der *Notre Dame*, die in Büchern gerühmt wird, konnte sie aber nicht finden, weil es drei Kirchen dieses Namens mit verschiedenen Beinamen in Brüssel gibt. Fragte mich sterbensmüde in den Gasthof zurück.

Die Stadt recht hübsch, nur unbequem wegen der Ungleichheit des Bodens. Ganz nach Pariser Sitte alle Buden am Sonntag offen.

Nach Tisch ein wenig die Stadt durchstrichen. Nahmen Abschied von unsern schwedischen Freunden, die ins Theater gingen. (Einer ist ein Graf Rosen, der andere ein Baron. Seinen Namen habe ich nicht behalten, obschon er der Liebenswürdigere war. Beide Offiziere.). Nahmen Tee. Um acht Uhr auf die Post und fort nach Lüttich. Fanden einen recht angenehmen Deutschen mit seiner Frau. Noch einen Deutschen, der besoffen war, von einem auf den anderen fiel und stets zu speien drohte. Die kalte Nacht schlaflos vorübergegangen. Gegen acht Uhr Ankunft in Lüttich. Hübsche Stadt. Wenn Hoffnung gewesen wäre, jenes berühmte große Fabriksetablissement zu sehen, wären wir geblieben. Man sprach uns aber alle Hoffnung ab. Wir wollten die Sehenswürdigkeiten der Stadt betrachten, es regnete in Strömen. Da beschlossen wir, nach zwei Stunden wieder fortzufahren. Da wir nicht wussten, wo der Ort des Einsteigens war und im Tore des Posthauses stehen blieben, fuhr mit eine Mal der Wagen an uns vorüber, und kaum konnten wir ihn laufend einholen. Die Spitzbuben hatten, statt uns, eine ganze belgische Familie mit zwei ungerechneten Kindern aufgenommen, die nun im Wagen standen, saßen, wie es gehen wollte. Ein Engländer mit dem deutschen Namen Meyer und seine artige Frau fuhren mit. Ein Frankfurter Goldarbeiter, aufgeweckt und gescheit. Die Unterhaltung war ganz angenehm. Preußische Grenze; Passabgabe. Endlich Aachen. Höfliche, nachahmenswürdige Behandlung auf dem Zollhause. Wir kehren im Gasthofe zur Kaiserkrone ein. Notmittagsmahl, durch eine große Flasche Rheinwein verbessert. Darauf ausgegangen. Das Rathaus besehen mit dem Krönungssaale, wo der König von Preußen in knapper Leutnantsuniform an der ehrwürdigen Stelle hängt. Haben denn diese Diebe gar kein Schicklichkeitsgefühl. Es war zu spät, den Dom anders als von außen zu besehen. Gingen auf einen artig bepflanzten Hügel am

Rande der Stadt, besahen im Abendgrauen die wunderschöne Gegend, nahmen Tee und gingen zu Bette.

Dienstag, 21. Um fünf Uhr aufgestanden, da die Post nach Köln um halb sieben Uhr abgeht. Finden auf dem Posthause unsern Engländer mit seiner Frau wieder, auch das deutsche Ehepaar, mit dem wir die Fahrt nach Lüttich gemacht. Ein nicht übles Frauenzimmer aus Köln, wozu endlich ein zierlich in eine Blouse mit Perlenschnüren und Puffärmeln gekleideter junger Mensch kam, der eine erbärmliche Geschichte erzählte, wie er, längere Zeit in Russland abwesend, als Konskriptionsflüchtiger zitiert, eingesperrt, bedroht, und was weiß ich alles, worden sei. Er gehe jetzt nach Köln, in ein Regiment eingereiht zu werden. Das Mitleid mit ihm ward durch seine unverkennbare Geckerei geschwächt. Die Engländerin ist offenbar ungehalten, dass Schultze, der ein hübscher Bursche ist, mit der Kölnerin spricht, statt mit ihr. Eine Meile vor Köln wird noch zu Mittag gegessen, obgleich es erst zwölf Uhr ist.

Köln. Wir kommen mit Regen an, und es regnet noch jetzt in Strömen, wo ich, den alten Rhein mit der Schiffbrücke unter mir, auf der Stube sitze und dieses niederschreibe. Beim Rheinberg eingekehrt. Hübsche Stuben, herrliche Aussicht. Gleich nach der Ankunft gehe ich mit dem Engländer und seiner Frau, den Dom zu besehen. Herrlich. Ich weiß nicht, ist ein Teil der Vorhalle nicht ausgebaut oder zerstört. Das Schiff von einer erstaunlichen Höhe. Die Säulen schön. Die Fenstergemälde des Presbyteriums vortrefflich, doch meiner Meinung nach unter denen in den niederländischen Kirchen. Leider überall durch Baugerüste der Eindruck gestört oder genommen. Von Bildern ein einziges altes merkwürdiges, dessen Meister mir entfallen ist. Besehen für zwei Taler die Schätze. Unendlich reich, sehenswert, damit man sie gesehen habe. War wegen der Regengüsse und der einbrechenden Dunkelheit unmöglich, jenes berühmte Rubenssche Bild in einer der hiesigen Kirchen zu besehen. Habe ihrer genug gesehen.

Mittwoch, 22. Morgens um halb sieben Uhr besteigen wir das Dampfschiff *Concordia* bei drohendem Wetter. Die Einrichtung des Schiffes hübsch, die Kajüte offenbar zu klein für so viele Passagiere. Der behagliche Engländer mit seiner ganzen Familie und seinem Bedienten, in dem ich bald einen Österreicher erkenne, ist da, meine neue englische Bekanntschaft. Ein junger Inder, der – etwas deutsch spricht. Ein Berliner Kaufmann und ein Mecklenburger Arzt, letzterer ein liebenswürdiger Mensch, mit welch beiden ich bald in nähere Berührung komme. Die Ufer von Köln aus unbedeutend, das Wetter immer schlechter, endlich in einen Platzregen übergehend, der der Schirme und Mäntel spottet und uns in die Kajüte zurückjagt. Unterhalte mich mit meinem Lütticher Engländer und seiner Frau. Er ist, wie ich erfahre, ein Musiker, Harfenspieler, den ein Armbruch zwingt, sich zurückzuziehen. Man ist froh, die Langeweile durch das Mittagmahl unterbrochen zu sehen. Endlich Bonn erreicht. Wunderschöne Lage. Der Engländer mit seiner Frau verlässt uns. Oder war das vor dem Mittagsessen. Von Bonn an verschönern sich die Ufer. Das Wetter wird etwas leidlicher, man kann mit dem Regenschirm auf dem Verdecke aufhalten. Doch ist an der Gegend eben nicht so viel Besonderes. Rolandseck. Das große Schloss Rheineck, das ein Prinz von Preußen herstellen ließ und bewohnt. Schöne Lage von Anderenach. Endlich Koblenz mit der Festung Ehrenbreitstein. Schlechte Zimmer im Gasthause. Das Wetter hatte sich aufgeklärt. Wir bestiegen den Ehrenbreitstein, ohne aber ins Innerste der Festung zu gelangen, da nach sieben Uhr keine Erlaubnis mehr gegeben wird. Abendessen. Schlechte Nacht, durch die dumpfe Feuchtigkeit des Zimmers veranlasst.

Donnerstag, 23. Früh morgens auf das Dampfschiff gestiegen. Der herrlichste Tag. Schultze nimmt Abschied, er geht von Koblenz nach Ems. Mein erster Blick trifft auf jenen wunderlichen Schnurrbart, den ich in Antwerpen an der Wirtstafel für einen Österreicher erkannt hatte. Er nähert sich uns. Nach den ersten Späßen zeigte sich gar bald, dass das ein völlig gescheiter Mensch ist, voll guter Einfälle und nichts weniger als kenntnislos. Er machte uns die ganze Fahrt zu einer eigentlichen Lustpartie, fast mehr, als mir lieb war. Der Eindruck des Tages wird mir nie verlöschen. In orientalischer Behaglichkeit etabliert, die wunderschöne Gegend an sich vorübergleiten zu lassen. Endlich auf dem Verdeck getafelt, ohne durch die Rheinweingläser an irgendeiner Aussicht gehindert zu sein. Das Außerordentliche der Lage ist auch die Hauptwürze, denn die Gegenden, so schön sie sind, haben doch ihresgleichen gar viel in der Welt, mit Ausnahme der Ruinen, die nirgends so schön und so häufig anzutreffen sind. Die Brüder, Katze und Maus, Rheinfels, St. Goar, vornehmlich Bacharach. Bei Bingen verliert sich die Schönheit, und man ist, vom Sehen müde, endlich froh, Mainz zu erreichen, das wunderschön daliegt. In Mainz noch herumgeschlendert. Die Rheinbrücke besehen. Zu Tische. Vortrefflichen Hochheimer getrunken. Unser Wiener, ein Sohn des vormaligen Stabsarztes Zang, erheitert fortwährend die Gesellschaft und söhnt unsern Berliner Kaufmann mit den Österreichern aus.

Freitag, 24. Juni. Morgens die Domkirche besehen. Wunderliches Gebäude, schon durch seinen Turm von allen ähnlichen verschieden. Von innen nur ein Teil alt, der übrige unbedeutend. Grabmal Frauenlobs. Nach den sogenannten Anlagen, gegenüber dem Einflusse des Mains in den Rhein. Schöne Aussicht. Um elf Uhr in den Wagen und nach Wiesbaden. Große Hitze. Wiesbaden schöner Badeort. Hazardspiele im herrlichen Kursaale. Nach Tische fort nach Frankfurt, drohende Gewitter. Die Gesellschaft ist höchst aufgeräumt. In Frankfurt beim Schwan eingekehrt.

Samstag, den 25. Frankfurt besehen. Den Römer mit seiner ehrwürdigen Halle und abgeschmackten Sälen. Die Erinnerung ausgenommen. Danneckers *Ariadne*. Schönes Werk. Der Kopf ohne Ausdruck. Der Leib höchst lobenswert, nur, wie mir scheint, ohne jene feinen Nuancen des Lebendigen, das die Antiken so sehr auszeichnet. Die Bildergalerie verschlossen. In Goethes Haus Eintritt zu erhalten, war nicht möglich, begnügte mich, das Äußere anzustarren. Mittagsessen. Die Gesellschaft trennt sich. Ich nehme einen Platz nach Stuttgart. Zang und der Arzt nach Würzburg. Rosenberg, der Berliner, bleibt, geht aber Geschäften nach. Herzlicher Abschied. Ich durchstreife allein die Stadt, immer mit Bezug auf Goethe. Von wo der Mensch ausgeht, dahin kommt er endlich zurück. Goethe fing mit den Ritterburgen und Naturschönheiten seines Jugendgesichtskreises an, kam bald in das bereits Förmliche der Nachahmung der Antike und hörte mit den Schnörkeln und der Steifheit seines Geburtsortes auf. Ehre und Bewunderung ihm, wo er das Rechte im Mittel traf, wo er abirrte und selbst, wo er's irgendwo verfehlte. Um acht Uhr nach Stuttgart.

Sonntag, 26. Die Nacht hindurch erlaubte der Mond, die Schönheit der Bergstraße zu genießen. Merkwürdige Gleichförmigkeit der links fortlaufenden Berge. Gegen Morgen etwas Schlaf. Um vier Uhr in Heidelberg angekommen. Ging sogleich, das Schloss zu besehen. Es zu besteigen, verbot die Zeit. Schöne Lage, doch weniger grandios, als die Abbildungen versprechen. Um fünf Uhr fort mit einem dicken Irländer und einem recht angenehmen Belgier. Lästiger Reisetag, obgleich die Gegend schön genug. Mittagmahl zu Heilbronn, ohne Käthchen. Um sechs Uhr in Stuttgart angekommen, wo einer meiner Reisegefährten mich verleitet, im Schwan einzukehren, das ein ziemlich schlechter Gasthof scheint. Allein die Stadt durchstrichen. Altes königliches Schloss, merkwürdig nur seine Altertümlichkeit. Das neue schön genug. Die Anlagen unendlich lieblich. Blühende Orangenbäume, alles nach

Wunsch. Um neun Uhr zu Tische. Nicht ganz gut gestimmt, wegen der Besuche, die es morgen zu machen gibt.

Montag, 27. Juni. War um zehn Uhr morgens bei Uhland, den ich der Kammersitzung wegen nicht zu Hause antraf. Ging in die Sitzung. Der Anblick des Saales würdig. Auch Uhland sprach, nicht ganz geläufig. Man sah, dass er es selbst fühlte und nicht mit sich zufrieden war Überhaupt die ganz kurzen Reden nicht bündig. Die Partei der Regierung und die Beamten sprachen am besten. Nach Tische wieder zu Uhland. Fand ihn mit seiner liebenswürdigen Frau. Er so einfach und gutmütig, als man sich ihn vorstellt. Anfangs etwas gepresst, dann immer gemütlicher und freier. Gingen beide mitsammen in den Museumsgarten und blieben bei einer Flasche Wein bis viertel auf zehn Uhr. Vorher besuchten wir Schwab, der aber nicht zu Hause war. Unsere Gespräche drehten sich um Literatur, besonders alte deutsche und die neueste lyrische, die ihm nicht ganz so abschmeckend zu sein scheint, als mir, sodass ich geradezu Uhland für den einzigen echt lyrischen Dichter unserer Epoche halte. Abends nach Hause, von Uhland begleitet. Fand eine Karte von Schwab, der den Besuch bereits erwidert hatte, mich aber nicht zu Hause fand.

In München angekommen, fand ich Briefe mit der Nachricht, dass mein Bruder Karl Weib, Kinder und Amt verlassen, und die Amtskasse sich leer befunden habe. In Wien angekommen, klagte er sich eines Mordes an und gab alle Zeichen des Wahnsinnes. Es schließt sich somit mein Tagebuch.

Tagebuch auf der Reise nach Griechenland

(1843)

27. August 1843. Abreise mit dem Dampfschiffe um vier Uhr nachmittags. Die Fröhlichs kamen ans Ufer hinaus. K. weinte sehr und war ganz außer sich über die gefahrvolle Reise. Ich suchte ihr zu beweisen, wie widersinnig diese Furcht sei, indes ich mir heimlich gestand, dass meine Reise noch viel widersinniger sei als diese Furcht. Mein vorausgesetzter Reisegefährte hat mich nämlich ohne Zweifel angesetzt. Indes er mir schrieb, mich bis 10. September in Konstantinopel zu erwarten, erhalte ich nun keine Nachricht von ihm, indes einige sagen, er werde erst bis Ende November von Trapezunt in den Bosporus zurückkehren, andere, er sei bestimmt, in Semlin an der Seite des Kommandierenden zu amtieren, beim Einschiffen endlich sagte mir der gute jüngere Schlechta, man erwarte ihn alle Tage in Wien zurück. Klar also ist, ich muss auf seine Begleitung Verzicht leisten, und die lange beschwerliche Reise in meinem vorgerückten Alter mit meiner gebrechlichen Gesundheit, so ganz allein, so als Student zu machen, grenzt wirklich an den Unsinn. Indes hatte ich sie beschlossen, und da meine hypochondrische Unentschlossenheit eben eines der Hauptübel ist, zu deren Heilung ich das Gewaltmittel anzuwenden beschloss, so konnte ich doch mir selbst gegenüber den gefassten und durch alle Vorbereitungen durchgeführten Plan unmöglich aufgeben, und die Abreise erfolgte.

Meine Laune ist schwer zu beschreiben. Mir war zumute wie einem, der zuerst, nicht aufs Wasser, sondern ins Wasser geht. Aber gerade darum sollte ausgehalten werden. Der gute Schlechta, der entfernteste meiner Bekannten, war eigens an den Abfahrtsplatz gekommen, um mich dem Kapitän, den er kennt, zu empfehlen. Sonst von Freunden oder Teilnehmenden keine Spur. Die Fröhlichs, versteht sich, ausgenommen. Die Wasserfahrt langweilig. Erst zwischen Petronell und Hamburg wird die Gegend angenehm. Letzteres liegt wunderschön. Ebenso Pressburg, wo mir um halb sieben Uhr anlangten. Des Landtages wegen in den Wirtshäusern nirgends Platz. Muss mich endlich entschließen, im roten Ochsen mit einer Art Gaststube vorlieb zu nehmen, in der man in aller Eile eine Art Bette, nicht länger als einer meiner Arme, aufschlägt. Unendlich verstimmt. Konnte mich durchaus nicht besinnen, was denn eigentlich mein Zweck bei dieser Reise sei. Ging ein wenig durch die Stadt, traf den Kapitän des Dampfschiffes, mit dem ich auf dem öffentlichen Spaziergange herumschlenderte. Endlich müde nach Hause. Traf an der

Wirtstafel ein paar Offiziere, die mich kannten, aber ich sie nicht. Schwatzten ganz angenehm. Frühzeitig zu Bette in meiner Gaststube. Als ich erwachte, schlug die Uhr zwei Viertel. Eine Weile darauf rief der Nachtwächter die Stunde aus. Es war zwei Uhr nach Mitternacht. Das Bett war zu kurz, und die Decke so schwer, dass ich wie ein Verdammter schwitzte. Gegen Morgen schlief ich doch noch auf ein Stündchen ein und war um fünf Uhr schon auf den Beinen. Bekomme endlich doch das Zimmer eines um sechs Uhr Abgereisten, und sitze nun hier etwas getröstet und der Dinge harrend, die da kommen werden.

Ich will heute einer Landtagssitzung beiwohnen, was der eigentliche Grund ist, warum ich in diesem Neste nur eine Minute über die Notwendigkeit auszuhalten mich veranlasst finde. *Deus providebit.*

28. War in der Sitzung: Der Saal ist bloß geweißt, die Draperien, mit Ausnahme der Damengalerie, ärmlich. Das Präsidium sitzt statt im Fond des Saales auf der linken Seite desselben, durch eine Schranke gesondert. Die Mitte ist, durchaus eben, mit Bänken angefüllt, wo die Deputierten in zwei Hälften geteilt, sich mit den Gesichtern zugekehrt, einander gegenübersitzen. Dagegen sehen die Abgeordneten selbst gescheit und distinguiert aus. Man sprach ohne Stottern, wobei die meisten jedoch einen geschriebenen Entwurf in der Hand hielten. Der Ton war gesteigert, aber anständig. Längere Reden kamen nicht vor. Es galt die allein selig machende Kraft der ungarischen Sprache. Später sollte der Kriminalkodex, an die Reihe kommen. Ich ging jedoch um elf Uhr, wegen Unkunde der Sprache und daher des Gesprochenen ermüdet. Im Jahr 1886 hatte ich in Stuttgart einer Württembergischen Kammer beigewohnt; sie stand, was die Form betrifft, sehr im Nachteil gegen diese ungarische. Hier sprach jedermann besser, als dort unser mit Recht gepriesener Dichter Uhland. Darauf durch die Stadt geschlendert. Sie ist doch hübscher und städtischer, als es im ersten Augenblicke scheint. Unter den Frauenzimmern mitunter auffallend hübsche. In die St. Martins-Domkirche eingetreten, die von außen recht gut aussieht, inwendig aber nicht viel bedeuten will. Das Abbild des Heiligen auf dem Hochaltar, er scheint aus Erz gegossen und kam meinem schlechten Auge aus der Ferne nicht übel vor. Irre ich nicht, so ist er in ungarischer, halb moderner Kleidung, was sonderbar genug wäre.

Für Nachmittag hatte ich mit einem Beamten der ungarischen Hofkanzlei, den ich in der Ständesitzung fand, Verabredung zu einem Spaziergang genommen. Wir verfehlten uns übrigens, und so stieg ich denn allein eine Anhöhe hinauf, die, wie es sich fand, der Schlossberg war.

Die Aussicht von der Ruine herab ist wunderschön. Es war übrigens unleidlich heiß, und so legte ich mich im Schatten der Mauern nieder und dachte – nicht viel. Von da auf einem für die Ziegen gebahnten Wege über den berüchtigten Zuckmantel zur Schiffbrücke. An einladenden Gestalten und Mienen fehlt es da nicht. Im Allgemeinen ist der Weiberschlag, das Blut in Wien vielleicht hübscher; auffallend schöne Züge aber, deucht mich, gibt es hier mehr. Über die Schiffbrücke in die sogenannte Aue. Ein entzückend schöner Spazierort, Ich erinnere mich kaum, in der Nähe irgendeiner Stadt dergleichen gesehen zu haben. Auffallend die allgemeine Eleganz. Vielleicht nur während des Landtages. Abends aus Müdigkeit in die Arena, um sitzen zu können. Das Theater war, als ob es Tieck angegeben hätte. Die immer sich gleich bleibende Dekoration, der Wald nämlich; dass bei Tage gespielt wurde, wenn die Schauspieler auch, wegen supponierten Dunkels, sich wechselseitig nicht erkannten. Leider nur wurden die Frauenzimmerrollen nicht von Männern gespielt, sonst hätte man sich in Shakespeares Zeiten versetzt geglaubt. Ich kann aber nicht sagen, dass die Vorstellung durch diese romantisch-klassische Einrichtung gewonnen hatte. Gespielt wurde übrigens ganz gut. Besonders war der Komiker vorzüglich zu nennen. Der männliche Teil des Publikums rauchte beinahe durchgehends. Übrigens gefällt mir Pressburg. Selbst in Wien wird die Gefälligkeit gegen wegunkundige Fremde nicht weiter getrieben.

29. Der heutige Tag so ziemlich verloren. Warum, mag ich nicht herschreiben, da Gutmütigkeit und Gefälligkeit immer dankenswert ist, wenn sie sich auch in der Ausführung vergreifen. Noch einmal in der Landtagssitzung gewesen, die noch weniger Interesse darbot als das erste Mal. Was die Ungarn wollen, wäre kaum zu tadeln, wenn sie ein Volk von dreißig Millionen ausmachten, unter den wirklichen Verhältnissen ist der größte Teil ihrer Anstrebungen lächerlich. Haydns Schöpfung als Quartett arrangiert. Nachmittags in der Aue und abends in der Arena. Randhartinger aus Wien angetroffen.

30. Abreise von Pressburg um acht Uhr morgens. Eine schöne Ungarin, die mit mir zugleich von Wien gekommen, wieder an Bord, diesmal aber gut gekleidet und sehr zurückgezogen. Zwei Komtessen, von denen die jüngere bildhübsch, aber mit hässlich plumpen Füßen. Anfangs taten sie höchst zimperlich und vornehm, nach Tische aber lümmelten sie auf allen Bänken herum. Ein Engländer, der in Fiume etabliert ist und gut deutsch spricht, sonst auch ein angenehmer und ge-

scheiter Mensch. Ein einäugiger Berliner, wohl gar Jude, ohne jedoch die doppelte Berechtigung, unangenehm zu sein, zu benützen.

Die Ufer außer Pressburg zwischen den beiden Inseln Schutt höchst einförmig und langweilig. Die Festung Komorn ist wohl fester, als sie aussieht. Hier hört die Insel Schütt auf. Das Dorf Neumühl liegt schon recht hübsch. Nun wird's immer besser. Gran mit seinem im Bau begriffenen Riesendom, dessen Lage ich mir übrigens imposanter gedacht habe. Der Hügel, auf dem er liegt, ist nicht hoch, und das Ganze wird etwas Gartenterrassiges bekommen. Dass der ursprüngliche Plan durch neue Zutaten, in den Säulen nämlich, verpfuscht worden ist, habe ich schon an dem Modell in Pressburg gesehen. Bald darauf scheint die Donau das Ziel ihres Laufes erreicht zu haben, aber mit einer gewaltsamen Wendung nach links bricht sie sich Weg durch die Berge. Die Gegend bezaubernd, Vissegrad, Waitzen. Man begreift die hochstrebenden Ideen der Ungarn, wenn man ihr Land sieht. Ich habe mich ein wenig mit ihren Superlativen ausgesöhnt. Die Sonne geht unter und entzündet Wasser und Luft. Der junge Mond macht sich geltend. Der Berliner fand den Eindruck poetisch, und er hatte recht. Es lag ein unbeschreiblicher Zauber über der Gegend. Nach und nach wird es düster, endlich dunkel. Man muss zu den Mänteln seine Zuflucht nehmen. Es ist schon Nacht, als Reihen von Lichtern zu beiden Seiten des Flusses die Schwesterstädte Pest und Ofen ankündigen. In der Nacht, wo alle Kühe schwarz sind, hat der Eindruck etwas Ähnliches mit der Reede von Neapel, Böllerschüsse, Ankunft. Der jüngere Stankovics erwartet mich am Landungsplatze und führt mich ins Gasthaus zur Königin von England, wo meine zwei Reisegefährten schon Platz gefunden hatten. NB. Der Kapitän, ein prächtiger Venezianer, der aussah wie ein Lämmergeier mit einem Kinnbarte, hatte sich auf der Reise zu mir gesetzt und mich mit vieler Achtung als einen musikalischen Kompositeur angeredet. Auch die schöne Gräfin schien einige Ahnung von meinen durch das Gesicht nicht wahrnehmbaren Eigenschaften zu haben.

31. Gut geschlafen, aber mit einer unangenehmen Empfindung im Magen aufgewacht ... Ich habe die letzten Tage sehr mäßig gelebt, aber die ungeheure Hitze und der ungewohnte ungarische Wein mögen schuld tragen. Mit Stankovics Pest besehen. Eine plattierte Stadt. Gegen die Donau zu in die Augen fallende Häuserfronten, die den alten Winkelraum maskieren. Herrlich dagegen der Anblick von Ofen. Man muss übrigens beide noch näher betrachten. Die ganze Gentry muss übrigens während des Landtages in Pressburg sein, denn in den Straßen trieb

sich nur Gesindel herum. Keine Equipagen, wenig Fiaker. Die Unpässlichkeit nimmt zu ... Setze mich ins Theater, um zu sitzen. Das Haus sehr groß und die Bühne ungeheuer. Der Schauplatz höhlen- und laubenartig zerklüftet, auch mit einer trüben Farbe bepinselt, was einen fatalen Eindruck macht und den Raum scheinbar verkleinert. Gespielt wie in Hietzing oder Baden. Der Direktor Frank ist abgetreten. Wer nicht hören will, muss fühlen. Mich dauert er.

1. September. Finde mich gar nicht wohl. Schlecht geschlafen ... Will heute das kalte Bad versuchen, das mir in ähnlichen Fällen schon gute Dienste geleistet. Wenn es nicht viel schlimmer wird, reise ich übermorgen doch weiter. Bis Semlin kann ich überall im Notfall zurückbleiben und krank sein nach Herzenslust. Weiter hinaus wäre es freilich nicht mehr tunlich.

War in der Schwimmschule ... War im Ofner Museum; einen Literator Frankenstein kennengelernt. Akzeptabler Mann. Mit ihm bei Stankovics gegessen, oder ich vielmehr gefastet. Trank doch ein paar Glaser starken Wein für den Fall, dass das bekannt schlechte Wasser von Pest etwa an meinem Übel teilhatte. Die Frau vom Hause charmantes Weib, hübsch, verständig, eine Wienerin, die schon recht artig ungarisch plappert. Auch der Mann gewinnt bei näherer Bekanntschaft. Nach Tisch der Probe einer ungarischen Dilettantengesellschaft beigewohnt. Alle gut gespielt. Die Sprache im Munde der Weiber hässlich. Bei Männern klingt sie besser, aber grimmig. Die hübsche Auguste Takatsch in ihrer Familie besucht. Noch immer hübsch wie sonst, ihre minder schöne Schwester dürfte ihr aber beinahe vorzuziehen sein. Abends nach Pest zurück. Im Theater die *Zauberflöte*. Ziemlich schlechte Vorstellung. Die Podhorsky als Pamina kalt, sonst gut, die schlechteste die erste der drei Damen. Alle Tempi zu schnell. Auch dieses Werk kann durch die Aufführung langweilig werden. Neben dem Engländer zu sitzen gekommen, der die Fahrt von Pressburg mit mir gemacht. Scheint ein guter und ist ein gescheiter Mensch. Hat die beste Meinung von Ungarn; ich kaum.

2. Sept. Wenig geschlafen ... Muss heute bei Takatsch essen, was mir unangenehm ist. Schon gestern setzte ich die Hausfrau durch meine Diät in Verzweiflung.

Ein paar Dinge besehen, Museum, Akademie, was weiß ich? Fühle mich recht krank. Mittags bei Takatsch. Die Mädchen recht angenehm. Der Vater jovial. Wenig gegessen, aber im Missmut ein paar Glaser starken

Wein hinabgegossen. Abschied, ans Gerührte streifend. Nach Hause, gepackt, geärgert. Im Wirtshause die schlechteste Bedienung, die mir je vorgekommen. Mein englischer Reisegefährte Mr. Smith sucht mich auf, um mir die Arbeiten an der neuen Donaubrücke zu zeigen. Erstaunenswürdig, kolossal. Verstehe nichts davon. Gegen acht Uhr ins ungarische Theater, das ich noch nicht gesehen. Gaben den *Barbier von Sevilla*. Der erste Akt war eben zu Ende. Die Vorstellung schlecht zu nennen wäre niedrige Schmeichelei. Sie war unter aller Vorstellung. Pantaleoni sang den Almaviva italienisch und ließ alle Rezitative, hingesprochene Prosa, aus. Eine Mamsell Eder, vielleicht die von Wien, Rosina. Bei ihr allein kann man den Positiv »schlecht« brauchen. Die anderen, Pantaleoni eingerechnet, gehören schon in die Vergleichungsstaffel. Abends noch im Wirtshause geärgert. Früh zu Bette.

3. September. Um halb zwei Uhr nach Mitternacht aufgemacht. Schweiß. Heftiger Puls ... recht üble Empfindung. Denke schon an die Möglichkeit, auf dieser Reise zu sterben. *Non curat Hippoclides*. Um halb fünf Uhr zum Dampfschiffe, noch vorher von dem ganzen Hause angebettelt und geplündert. Sitze jetzt am Bord und schreibe. Kälte, starker Wind ...

Die Gegend um nichts schöner als zwischen Pressburg und Pest. Ein paar Holländer und ebenso viel Engländer, die die Reise bis Konstantinopel machen wollen, zeigen sich als recht artige Leute. Földvár, Tolna, Baja, Anhaltungsstationen, präsentieren sich recht gut. Meine Gesundheit scheint besser zu werden. Mittagsessen in der Kajüte, wegen des stürmischen Windes. Überhaupt wenig Genuss. Gegen Abend Mohacs, wo man sonst zu übernachten pflegt, heute aber, des Mondscheins wegen, vorüberfährt. Überall die ganze Population am Landungsplatze. Abends bietet mir der wackere Kapitän Ferro eine leer gewordene Kabine an, und ich schlafe die erste Nacht gut seit Beginn meiner Reise. Da die Kabine gerade der Maschine gegenüberliegt, glaubte ich anfangs über dem Gepolter nicht einschlafen zu können, es ging aber dennoch, und gegen Morgen wachte ich vielmehr gerade darum auf, weil es ruhig wurde, da nach Untergang des Mondes das Schiff anhielt.

4. September. Gegen fünf Uhr neues Gebrause. Das Schiff setzt sich in Bewegung. Ehe ich noch aufs Verdeck kam, war Erdöd bereits passiert. (Über Nacht waren wir bei Apatin stille gelegen.) Ein Graf Seczen mit seiner liebenswürdigen Gemahlin. Beide sprechen recht gut. Die Gesellschaft wird immer kleiner. Der Kapitän und der ältere Holländer sowie der jüngere der beiden Engländer vortreffliche Leute. Ich selbst kann

über dem Gestrampfe und Gebrause nicht viel Vernünftiges denken. Um so besser vielleicht. Diät ist nicht bloß dem Körper vorteilhaft. Die Gegend wird wieder unbedeutend. Nicht übel bei Illok usw. Schön gelegen Peterwardein, besonders von ferne nimmt sich die Festung gut aus. Karlowitz schön. Von da an aber bis Semlin beide Ufer niederträchtig.

Die Gegend steckt die Gesellschaft an, man langweilt sich. Eine hübsche Frau aus Neusatz war noch das Letzte gewesen, auch sie hat sich entfernt. Zwei Minister des abgesetzten Michael Milosch sind zu Peterwardein an Bord gekommen. Der eine, ganz europäisch gekleidet, saß bei Tische neben mir. Er gefiel mir ausnehmend, so verständig und mild waren seine Äußerungen. NB. Ich wusste damals noch nicht, wer er war. Das Wetter, das vormittags leidlich gewesen war, wird gegen Abend stürmisch und kalt.

Endlich zeigen sich Berge im Hintergrunde, Belgrad wird sichtbar auf einem sanft verlaufenden Hügel. Macht ganz den Eindruck einer Festung. Semlin scheint ein armseliges Nest. Konnte es nicht besehen, da ich den kommandierenden General Ungerhoffer aufsuchen musste, um Nachrichten von meinem Reisegefährten einzuziehen. Auch hier weiß man nichts Bestimmtes von ihm. Was man weiß, reicht hin, meine Hoffnung auf seine Begleitung zu zerstören. Der Kapitän beschließt, die Nacht durchzufahren. Kann daher Belgrad nicht besehen, wie meine Absicht war. Eine Kajüte wird mir auch heute eingeräumt.

5. September. Morgens waren wir schon über Semendria hinaus, und die schöne Gegend, die dort sein soll, ging verloren, Baron Forgatsch, der bekannte Regulierer der Donau, war abends auf unser Schiff gekommen. Er gibt sich heute zu erkennen und zeigt seine Pläne, von denen ich nichts verstehe. Ich bin überhaupt ganz dumm von dem ewigen Gestampf und Gepolter. Schon bei der Nacht hatte es heftig geregnet. Es setzt jetzt mit Unterbrechungen fort, und ist überhaupt kalt und unfreundlich. Wenigstens gibt es jetzt Berge an den Ufern, und man ist der langweiligen Aussicht los.

Ungefähr um elf Uhr vormittags kamen wir nach Trenkowa und nahmen dort Abschied von Samson. Mit kalter Küche und Wein versehen. Da die Fahrt über die ersten Wirbel der Donau sieben Stunden dauern sollte, begaben wir uns auf ein Ruderschiff, mit Walachen bemannt. Ich war übel gelaunt, besonders weil ich das Benehmen des älteren der beiden Engländer für Hochmut genommen hatte, da es doch, wie ich später mich überzeugte, nur Dummheit und Unbehilflichkeit ist. Die Wirbel der Donau sind bei hohem Wasser, wie jetzt, völlig unbedeutend. Dafür war das Wetter elend. Regen, Wind, Kälte. Die äußerst schöne Gegend konnte für so viele Unbequemlichkeiten nicht entschädigen. Abends in Alt-Orsova. Besseres Wirtshaus als zu erwarten war. Meine Missstimmung dauert fort. (Veteranische Höhle)

6. September. Da die Abfahrt erst um drei Uhr nachmittags stattfindet, beschlossen wir, Mehadia zu besehen. Um sieben Uhr morgens abgefahren. Die Gegend schön, übrigens nicht schöner, als man vieles schon gesehen, Mehadia hübsch, ja elegant. Räuberhöhle. Die Gegend scheint weiter ins Tal immer schöner zu werden, mir mussten aber zurück. Mittagsessen. Um drei Uhr Abfahrt auf einem Ruderboote durch das eiserne Tor. Die Wirbel kaum stärker als auf der ersten Strecke. Ankunft in Klado Solova[2]. Besteigen die Argo. Sogleich Abfahrt.

7. September. Morgens um fünf Uhr Ankunft in Widdin. Wir steigen aus. Ein paar recht gebildete mazedonische Griechen, die in Orsova zu uns gestoßen, führen den älteren Holländer und mich in die Stadt. Ein elenderes Nest kennt die Erde nicht. Bazar, sozusagen. Straße der Fleischer. Furchtbares Pflaster. Steigen in den äußern Gang der Moschee empor. Der Tempel ganz leer. Eine Art Hühnertreppe führt zu einer Art Kanzel hinan. Die Fenster mit farbigen Gläsern. Ungeheure Lampen und Kronleuchter. In einem Winkel am Boden lauert der Priester und singt in klagendem Tone Gebete herab. Die Griechen führen uns beim griechischen Erzbischof ein. Einer der schönsten Männer, die ich je gesehen, bei oder über sechzig Jahre, weiße Haare und Bart, die Hände noch weißer, wenn möglich. Wir sagen uns Komplimente, die die Mazedonier verdolmetschen. Man bringt Pfeifen, eingemachte Früchte und Kaffee. Die Abfahrt des Schiffes nötigt zum Abschied. Das Dampfboot hat sich indes mit Türken, Bulgaren, Juden und Jüdinnen samt Familie gefüllt, sodass wir einer türkischen Kolonie gleichen. Die Kinder amüsieren sich auf kleinen Nürnberger Trompeten. Die ganze Gesellschaft frühstückt mit Weintrauben, Melonen, stinkendem, mit Ochsenschmalz, vulgo Unschlitt, bereitetem Brot, wozu sie Wasser trinken, sodass sich einem vom Ansehen der Magen umwendet. Ein reicher Kaufmann, der einen Bedienten zur Begleitung hat, ausgerüstet wie ein Zeughaus. Kaffee um acht Uhr, Gabelfrühstück um neun Uhr, sodass wir eigentlich viel ekelhafter uns gehalten als die Türken. Doch die Not zwingt zu

---

[2] Skela Cládowa?

essen auch ohne Hunger, denn das Mittagmahl soll erst um vier Uhr stattfinden. Angenehmer Reisetag, das Wetter, den Wind abgerechnet, besser als an den vorigen Tagen. Die ab und zu kommenden Türken, halb Pracht und halb Lumpen, bringen Abwechslung in die Szene. Der bosnische Kaufmann, ein goldgesticktes Schnupftuch vor sich und Löcher in den Strümpfen. Die Donauufer so abgeschmackt wie immer, mit kurzen Unterbrechungen durch leidliche Gegenden. Meine Homer-Lektüre kommt ins Stocken, da ich in der Betäubung manche Stelle nicht ganz verstehe. Nikopolis. Nachts liegen wir in Sistow still. Hatte Tee getrunken, konnte nicht einschlafen. Verdächtiges Gekrabbel über den Körper. Der alte Engländer, begleitet von dem altern Holländer, schnarcht. Der junge Engländer kramt bis Mitternacht herum. Die walachischen Schildwachen von Sistow her rufen sich unaufhörlich an. Das Kalb, das unser morgendes Mittagmahl bilden soll, blökt auf dem Verdecke. Jeden Augenblick Störung durch einen Aufstehenden, der über die Lagerstätten hinwegsteigt. Endlich doch mit Unterbrechung geschlafen. Gegen vier Uhr das letzte Mal erwacht. Die beiden mazedonischen Griechen nehmen Abschied. Das Schiff setzt sich in Bewegung.

8. September. In Rustschuk findet sich endlich mein Reisegefährte ein. Besehe mit ihm die Stadt. Dieses Reich ist verloren. Der Untergang steht nicht bevor, er ist schon da. Ich wollte, unsere Staatsmänner reisten nur bis hierher, um die Nichtigkeit ihrer Hoffnungen der Wiederherstellung einzusehen. 800 Kanonen in der Festung mit verfaulten Lafetten ohne Bewachung, ohne Bedienung. Die Straßenbuben spielen mit den Kanonenkugeln und Bomben. Die Häuser Trümmer von Ruinen. Es ist aus, da hilft kein Gott. Silistria, die einst so starke Festung, in noch schlechtem Zustand. Nachts in Czernawoda angekommen. Der furchtbare Lärm auf dem Schiffe hört darum nicht auf. Der Kapitän besitzt die Kunst, immer etwas Störendes zu erfinden, die Wanzen kommen ihm zu Hilfe. Gegen halb zwei Uhr hört das Gelärm auf und fängt vor Tage wieder an.

9. September. Liegen in der abgeschmacktesten Gegend, Anfang des römischen Kanals nach Küstendsche. Müssen hier den ganzen Tag aushalten, bis die Wagen zur Landfahrt anlangen. Also noch eine Nacht in dieser Wanzenhöhle. Die jungen Leute wollen auf die Jagd gehen, und ich werde sie begleiten, um die Zeit hinzubringen, denn Gewehre sind nur zwei vorhanden. Das Wetter beginnt sich zu trüben. Die Jagd so unglücklich als möglich. Schoß nur einmal, auf einen Pelikan, der zu hoch war, und den ich daher fehlte. Die Hunde schlecht, die Rebhühner

halten nicht aus. Verlieren uns endlich, und kehre mit dem älteren Holländer allein nach dem Schiffe zurück. Überall Wüste, nichts als Wüste. Schlafe in der Kajüte des Majors, wo wenigstens die Wanzen minder häufig sind, und die ungeheuren Mücken, die stechen wie Moskitos, ausgeschlossen werden.

10. September. Morgens um sieben Uhr zu Wagen weiter. Nirgends ein Dorf, höchstens Kirchhofe als Überbleibsel von früheren. So fort durch zwanzig deutsche Meilen. Die Pferde, wo es möglich, in Galopp, ja in Carriere. Eine Reihe von Seen rechts am Wege, mit Wassergeflügel übersät. Nie in meinem Leben sah ich mehr Rebhühner. Geier, Habichte, auf alten Grabhügeln sitzend. Mitte Weges beim sogenannten Kaffeehause Streit mit einem Türken, dem sein Wagen erster Klasse zu schlecht ist, obschon er nur für sich die dritte Klasse bezahlt. In der Nähe von Küstendsche Anblick auf das Schwarze Meer. Sieht aus wie ein dunkelblauer Hügel, Ostwind. Droht eine schlechte Überfahrt. Ankunft in Küstendsche. Zerstört wie alles Türkische. Kollation mit Seefischen, die wohltut, da wir seit fünf Uhr nichts genossen, und da nur eine Schale Kaffee. Wollen das weitere erwarten.

Wir waren mit dem Kommissär der Dampfschiffgesellschaft vorausgefahren. Die übrige Gesellschaft kommt nach einer Stunde nach. Gehen an das Meer hinaus. Erfrischender Seegeruch. Ziehen uns aus, zu baden. Der junge Engländer schwimmt zum Dampfschiff auf die Reede hinaus. Ich begnüge mich, meine Übungen näher dem Ufer anzustellen. Unangenehmer Geschmack des Seewassers. Das Wasser ist kälter, als ich vorausgesetzt. Die warme Suppe und der Tenedoswein eines guten Mittagmahles machen erst die Wohltat des Seebades fühlbar. Machen einen Spaziergang, von einem Minoritenmissionär, einem Deutschen aus Koblenz, der von Czernawoda mit uns gekommen, begleitet. Um acht Uhr zum Dampfschiff, das klein, aber zur Nachtruhe gut ausgerüstet ist. Spielen bis elf Uhr Whist. Um Mitternacht setzt sich das Schiff in Bewegung. Schlafe glücklicherweise ein.

11. September. Morgens um vier Uhr erwacht. Die gefürchtete Nacht ist vorüber. Das schönste Wetter. Die See ist ruhig, trotz der entgegengesetzten Vorhersagungen. Ringsherum nirgends Land sichtbar. Springende Delfine umgeben das Schiff,

Der Tag ging in Glanz und Annehmlichkeit vorüber. Als wir aber vom Mittagsessen, das, fettig und halb orientalisch zubereitet, meinem Magen nicht behagen wollte, aufstanden und aufs Verdeck hinausgingen, hatte schon der dem Lauf des Schiffes entgegengesetzte Wind sich verstärkt und die Bewegungen wurden unangenehm. Je mehr wir uns den Strömungen des Bosporus näherten, um so mehr vermehrte sich dies, und als mir abends mit einer Partie Whist die Zeit töten wollten, wurde mir wenigstens das Schwanken schon so unangenehm, dass ich, um der heißen Kajüte zu entgehen und in freier Luft jedem Übel besser gewachsen zu sein, aufs Verdeck hinausging und mich dort niedersetzte, das Weitere erwartend. Der Wind blies scharf. Das Schiff wankte, rollte und kollerte, von meinem Magen peristaltisch beantwortet ... Da dachte ich, es sei Zeit, den Schlaf in der Kajüte zu versuchen. Ich taumelte hinab und legte mich zu Bette. Das Rollen war hier minder, aber meine Übelkeit dieselbe. Endlich schlief ich doch ein und schlief fort, wohl nur, weil, wie ich später hörte, der Kapitän sich am Eingang des Bosporus vor Anker legte, weil man vor Tagesanbruch in denselben nicht einfahren darf. Während der Zeit mochte wohl die Bewegung des Schiffes geringer sein. Lange vor Tag erwachte ich, leidend, krank. Man rief uns nämlich in die Kajüte hinab, die Leuchttürme seien im Gesicht. Stieg aufs Verdeck, wo man kaum noch die Gegenstände unterscheiden konnte. Endlich wurde es lichter und lichter, die Sonne ging auf und beleuchtete die europäische Küste.

12. September. Was man von der Schönheit des Bosporus gesagt hat, ist, mit Einschluss der Übertreibung, buchstäblich wahr, denn die Übertreibung ist der Erhebung natürlich. Anfangs trat mein Uebelbefinden störend entgegen, bald aber wurde der Eindruck zu mächtig, und ich gab mich völlig hin. Man hat die Lage von Konstantinopel der von Neapel vorgezogen, vielleicht mit Unrecht, was die Schönheit betrifft; sie ist aber ausgedehnter, kolossaler und dadurch mächtiger. Beinahe durch vier Stunden Weges folgen sich, anfangs bloß auf der europäischen, dann aber auch an der asiatischen Küste Befestigungen, Schlösser, Dörfer, Paläste in ununterbrochen reizender Fortsetzung. Die Welt hat vielleicht nichts, was sich damit als Ganzes vergleichen lässt. Einzeln betrachtet dürften bloß die Festungen die Probe aushalten. Die Paläste der Türken sind nur aneinander geschobene Lusthäuser. Ihre Lebensart zeigt auch im Luxus, dass sie aus der Genügsamkeit hervorgegangen ist. Dazu noch alle diese Gebäude – von Holz. Ich gestehe, dass die Aufklärung über diesen letzten Punkt mir die Hälfte des Genusses genommen hat. In der Ferne jedoch, und ehe man derlei weiß, nimmt sich alles herrlich aus. So geht es denn fort. Ununterbrochen Festungen und Batterien zu beiden Seiten. Das reizende Bujukdere, Therapia, das euro-

päische und asiatische Schloss. Leanders Turm, jetzt, denk' ich, ein Spital. Darüber hinaus die Spitze des Serails mit seinen Mauern, die spanischen Wänden gleichen. Von hinten hervorblickend die Kuppel der *Sancta Sophia*. Rechts Galata mit der Einfahrt in den Hafen. Links Skutari an der Küste von Asien. Das Schiff hält und ist bald von Kaïken und Lohnbedienten umgeben. Wir wählen einen der letzteren und vertrauen uns einer der ersteren und stoßen vom Schiffe ab, sehen uns aber bald von einer Barke des Zollamts angehalten mit Beamten, die durchaus auf Visitation dringen. Marinowitsch, der mit uns ist, wirft aber den Beamten ein kleines türkisches Goldstück und ein paar desto größere Grobheiten zu, und man lässt uns passieren. Wir steigen an der Stiege von Pera aus, wo Lastträger, die sich durch eine Art Sättel zu Kamelen umgeformt haben, unser Gepäck, jeder eine Last mehrerer Männer, aufnehmen, und jetzt geht die Wanderung durch die Hotels an, die sich alle besetzt finden. Endlich im *Hotel de Bellevue* notdürftiger Platz. Gewaschen, gebügelt, rasiert. Collazione, an der zwei widerliche Franzosen teilnehmen. Beschließen darauf, unsere englischen und holländischen Reisegefährten aufzusuchen, von denen wir etwas abrupt abgekommen waren. Finden sie in drei Hotels zerstreut. Machen mit ihnen einen Gang durch die Stadt. Zuerst, als in der Nähe liegend, die tanzenden Derwische. Jedermann weiß, was da geschieht. Wie ein übelklingender Gesang mit allerlei Gurgeleien von einer Art Tribüne herab von einer einzelnen Stimme den Anfang macht, dann der Umzug der Mönche, wobei sie ihren sitzenden Vorsteher kadenzmäßig durch Verbeugungen grüßen. Hierauf Instrumentalmusik, wenn eine Rohrflöte, ein Dudelsack und eine Trommel für Instrumente und die ärgsten Misstöne für Musik gelten können. Endlich erschallt von derselben Tribüne herab ein heftiges Geschrei, wohl als Gesang gemeint, und nun beginnt, dreimal unterbrochen, anfangs langsam, dann aber immer schneller, ohne je wild zu werden, der Drehtanz der Derwische. Sie werfen dazu ihre verschiedenfarbigen Mäntel von sich und sind darunter weiß, in Jacken und Unterröcken gekleidet. Die Füße nackt, das Haupt mit weißen kegelförmigen Filzmützen bedeckt. Der Tanz bewegt sich in zwei oder drei Kreisen, zwischen welchen ein blau gekleideter, nicht tanzender Derwisch gemessen auf- und niedergeht. Auch der Vorsteher tanzt nicht, sondern sitzt außer den Kreisen. Man hat die Bewegungen als heftig und wild beschrieben, ich habe sie eigentlich graziös gefunden. Ein paar hübsche junge Bursche von höchstens achtzehn Jahren, der eine in den Farben der Gesundheit, der andere bleich und hager, die

Augen geschlossen, das Haupt gegen den emporgestreckten rechten Arm und dieser dem Haupte entgegen geneigt, wobei sie den linken mit herabhängender Hand gerade vor sich strecken, die Verzückung einer süßen Begeisterung auf den Lippen – sahen so reizend aus, als ein Mann nur immer einen Mann finden kann. Die Älteren nahmen die Sache etwas berufsmäßiger. Auch die Begrüßung des Vorstehers im Vorüberwandeln hätte manchem Ballettkorps zum Muster dienen können.

Hierauf in den Bazar. Unabsehbare Hallen mit Kaufmannsbuden oder vielmehr Kramläden, denn die meisten scheinen mit 50 Dukaten auszukaufen zu sein. In eine Bude eingetreten. Werden mit Kaffee bewirtet. Pfeifen. Kaufen einige Kleinigkeiten. Ein Damaszener Säbel um 3000 Piaster geboten. Zu Tische nach Hause. Wenigstens nicht die schmierige orientalische Fettküche. Französischer Wein. Abends die Reisegefährten besucht, um Baron Comeburg einen Besuch zurückzugeben, der in demselben Hause wohnt. Früh zu Bette. Lange vor Tag aufgewacht, vielleicht durch die Kälte, die unter einfacher Bettdecke grimmig war. Im September in Konstantinopel!

13. September. Frühmorgens zum Bankier, um Geld zu holen. Später zum Gesandten. Scheint kein unebener Mann. Lädt uns für denselben Tag zu Tisch. *Diem perdidi.* Das Mittagsmahl und der damit zusammenhängende Abend war angenehmer, als ich mir vorgestellt hatte. Die Gräfin, obwohl geborene Französin, spricht sehr gut deutsch und hatte den richtigen Takt, in dieser Sprache zu reden, um die anderen ungehindert sprechen zu machen. Sie ist ein gescheites, wie es scheint, völlig gebildetes Weib. Das Gesandtschaftspersonal besteht aus angenehmen, größtenteils jungen Leuten. Darunter der junge Schwarzhuber mit dem redlichen Gesichte seines Vaters. Kam mir beinahe sonderbar vor, von Poesie, von meinen Arbeiten zu reden, was ich seit Jahren nicht getan. So ward aus Morgen und Abend der zweite Tag unsers hiesigen Aufenthaltes.

14. September. Mayerhofer hatte Geschäfte in Therapia, und ich beschloss, ihn zu begleiten, teils weil ich den Bosporus bei der Durchfahrt doch nicht genau genug besehen zu haben glaubte, teils weil unser Lohnbedienter notwendig mit ihm fahren musste. Fuhren um sieben Uhr morgens auf einer vierrudrigen Barke ab. Stiegen in Jeniköi aus, weil M. den Fürsten der Walachei zu besuchen hatte, der aber eben im Begriff war, nach Konstantinopel zu fahren. Weiter fort an den herrlichen Ufern und an den leider hölzernen und nur im ganzen imposanten, im Einzelnen kleinlichen Häusern. In Therapia Herrn Autrant be-

sucht, an den ich Briefe hatte. Die Maschinenwerkstätte der Donau-Schifffahrtskompanie besehen. Langweilig. Endlich nach Bujukdere, wo wir Essen bestellten und indes spazieren gingen. Aus den Fenstern des Landhauses des spanischen Gesandten tönte Musik. Es waren altitalienische Duette, beinahe schien es Solfeggien für Sopran und Alt mit Begleitung des Fortepiano. Die Stimmen waren nicht gerade schön, sie sangen aber die ungemein schwierige Musik sehr richtig, und es machte mir unendliches Vergnügen, da ich strenge Singsachen liebe und jetzt solange keine Musik gehört habe. Darauf besahen wir den Spaziergang hinter dem Orte, wo die Gegend jener von Weidling gleicht und den Vorzug vor ihr nur durch eine Baumgruppe von sieben Bäumen, *i setti fratelli*, behauptet, dergleichen man bei uns wirklich nicht sieht. Im Rückfahren nahmen wir zu Therapia Herrn Autrant ins Schiff und ließen uns ans asiatische Ufer überfahren, wo wir in dem famos gewordenen Chunkiar Skelessi ans Land stiegen. Zum ersten Mal Asien betreten. Wenn ich die Gegend von Bujukdere mit der von Weidling verglichen habe, so brauche ich mich nicht im Verdacht der Exaltation zu haben, ich kann daher sagen, dass ich etwas diesen asiatischen Baumgruppen Ähnliches nie gesehen habe. Es ist etwas Weiches, Partien- und Gruppenartiges in ihnen, das den unseren fehlt. Besonders zeichnen sich die Eschen aus, dunkler als bei uns, massenhafter und doch unendlich zarter. Ich war eigentlich hingerissen. Der Abend nahte, und wir mussten nach Hause. Die Wasser des Bosporus himmlisch in der untergehenden Sonne. Durch die bereits dunkeln Straßen von Topchana und Pera nach Hause. Ein wunderschöner Knabe zu Pferde. Wahrscheinlich – ein Glas Wein getrunken und zu Bette.

15. September. Unsere englischen und holländischen Freunde holen uns verabredetermaßen ab, um den Zug des Sultans in die Moschee zu sehen. Unglücklicherweise hatte er, da er eben den Palast Beglerbeg auf der asiatischen Seite bewohnt, für die heutige Freitagsandacht eine kleine Moschee bei Skutari gewählt, wo er denn zu Schiffe ankommen und der größte Teil des militärischen Pompes wegfallen musste. Wir fuhren in einer vierrudrigen Barke hinüber und postierten uns, wahrscheinlich allen Verordnungen entgegen, auf der Terrassentreppe eines leerstehenden Hauses, wo der Sultan vorüberfahren musste und niemand stand als wir. Lumpige Truppen machten Spalier. Offiziere von allen Sorten und Graden. Bald verkündigten Kanonenschüsse die Ankunft des Herrschers. Ein paar Barken mit Adjutanten als *Avantcoureurs*. Endlich die von Gold strahlenden Staatsbarken, mit prächtig gekleideten

Ruderern besetzt, es waren drei; in der mittleren, wenn ich mich recht erinnere, saß der Sultan unter einer Art Thronhimmel. Er sieht nicht übel aus, und hart an uns vorüberfahrend, blickte er uns scharf an. Die See ging hoch, und ein halb Schiffbruch leidendes Kaïk mit einem General am Bord vertrieb unsere Schiffleute von ihrem Standplatz, sodass wir halb mit Lebensgefahr über Hals und Kopf in unser Schiff springen und sogleich abstoßen mussten. Wir beschlossen, nach den süßen Wassern Asiens zu fahren. Der starke Wind und die gewaltige Strömung machten die Fahrt schwierig. Schon früher war ein kurzer, aber heftiger Regen eingetreten, der uns zwang, in einem Kaffeehause von Skutari Zuflucht zu nehmen, wo man uns mit Kaffee und Pfeifen bediente. Während der Regen noch dauerte, fuhr der Sultan zurück. Diesmal ohne Thronhimmel, einen roten seidenen Regenschirm (parapluie) über den Kopf gehalten.

Die süßen Wasser entsprechen als Gegend ihrem Rufe nicht, einige schöne Bäume, unbedeutende Hügel, nicht mit Chunkiar Skelessi zu vergleichen. Das Gras fand sich nass, die Wege kotig, weshalb auch wenig Gesellschaft, größtenteils aus Weibern und Kindern bestehend, da war. Sämtlich in bunten, vergoldeten, kugelförmigen Wagen, teils von Pferden, teils von Ochsen gezogen, wovon mir die letzten mit hohen, quastengezierten Halbbogen an dem Kopfzeuge geziert und nebstdem wunderschöne weiße Tiere, am besten gefielen.

Ein Gaukler mit einer Baskentrommel und ein sich überschlagender und umkollernder Knabe unterhielten die Weibergesellschaft, von denen die vornehmeren, wahrscheinlich des durchnässten Grases wegen, ihre Wagen nicht verließen. Sogar komödienartige Reden schienen manchmal eingemischt. Näher konnten wir die Sache nicht untersuchen, denn die Polizeisoldaten wiesen uns, obgleich höflich, von dem Weiberkreise zurück. Nach Hause gekehrt. Gegen Abend Mr. Kathlik besucht und Herrn Craigher, der mir ein paar Besuche gemacht, ohne mich zu treffen. In demselben Hause die Gräfin Hahn-Hahn. Deren Bekanntschaft gemacht. Sie scheint natürlich, wenigstens spricht sie so. Gefiel mir weit besser, als ich erwartete.

16. September. Gestern schon hatte uns Herr Surmont angekündigt, dass er durch den holländischen Gesandten einen Ferman zur Besichtigung der Moscheen für heute erhalten habe. Wir gingen daher um neun Uhr morgens zu ihm, oder vielmehr er kam uns auf dem Wege entgegen. Es hatte sich eine zahlreiche Gesellschaft eingefunden, und wir machten uns alle auf den Weg über die Hafenbrücke nach Konstantino-

pel. Die erste Moschee, die wir besuchten, war die Sultan Solimans, nach *Sancta Sophia* die größte und am meisten bewunderte. Diese kolossalen Porphyrsäulen, aus denen man nichts zu machen gewusst hat als Strebepfeiler für darauf gestützte Bogen, diese Bogen selbst, die von weiß und schwarzem Marmor gestreift, die Idee der Festigkeit und Tragekraft aufheben, welche die Idee des Bogens ist; die kahlen Wände, durch nichts unterbrochen, machten einen ungünstigen Eindruck auf mich. Dazu diese Menge von Lämpchen und Lampen, die auf Reifen und spinnenähnlichen Kronleuchtern über dem Kopf des Beschauers schweben. Das Gemisch edler Säulen und abgeschmackter Barbarei. Das Ganze macht einen wüsten und mäßigen Eindruck. Mir gefiel es nicht. Prächtig und würdig zugleich ist das danebenstehende Grab Suleimans, wo er mit zwei Söhnen und drei Weibern bestattet liegt. Die Wände mit einer Art buntem Porzellan überzogen, die Geländer mit Schildpatt und Perlmutter eingelegt. Auf dem Sarge der kaiserliche Turban mit zwei Reiherbüschen.

Es fing jetzt an zu regnen und wir mussten uns mit Parapluies bis *Nur Osmani*, einer kleineren, aber sehr hübschen Moschee, durcharbeiten. Sie ist ohne Prätention, ohne missbrauchte Säulen ganz in orientalischem Stile gebaut, freundlich und hell, und gefiel mir deswegen.

Dasselbe ist mit der ungleich größeren Moschee Sultan Achmeds der Fall auf dem Atmeidan mit dem Obelisk und der Säule Konstantins, die wir heute des Regens wegen nicht näher besehen konnten. Auch sie ganz maurisch mit Ungeheuern gemauerten Tragesäulen, auf denen die Gewölbe ruhen, im Innern.

Von da nach *St. Sophia*. Da unterdessen die Gebetstunde gekommen war, wurden wir nicht eingelassen, und setzten uns, um abzuwarten, vor einem nahebei liegenden Kaffeehause nieder, wo Pfeifen und Kaffee, wie natürlich, gereicht wurden. Mittlerweile hatte sich noch ein Anstand erhoben. Der geistliche Vorsteher weigerte sich, mehr Personen einzulassen, als in dem Ferman angegeben waren, nämlich zwei, indes unsere Gesellschaft beinahe aus dreißig bestand. Die Verdopplung des gewöhnlichen Geschenks hob auch diese Schwierigkeit. Wir wurden eingelassen, vorderhand aber nur in die Emporkirche. Es ist schwer, eine Beschreibung von dem Eindruck zu geben, den dieses Gebäude macht. Ich habe nichts Kirchliches gesehen, was sich damit vergleichen ließe. In rötlich grauen Marmor gekleidet, der an mehreren Stellen höchst glücklich von Tafeln dunklerer Farbe unterbrochen wird, hat das Ganze ein ernstes, aber keineswegs finsteres Ansehen wie die gotischen Kirchen. Die herrlichen Säulen müssen zwar hier auch Bogen tragen und sind noch dazu doppelt übereinandergestellt, aber die der Kuppel zur Stütze dienenden Pfeilerwände geben einen so massigen Gegensatz, dass eines durch das andere gehoben und getragen wird. Die Mosaiken der Kuppel und Decke sind von den Türken überweißt morden. Man beklagt dies mit Recht, vielleicht aber auch ist das Ganze durch sie schwer geworden, wie in St. Markus zu Venedig. Den Fußboden haben die Türken durch Legen der Teppiche ganz ins Schiefe gezogen, um die Richtung nach Mekka zu erhalten. Man führte uns endlich auch ins Erdgeschoss hinab, obschon das Gebet noch nicht vorüber war. Die Versammlung belief sich nicht auf viele Personen. Darunter mehrere Pilger aus Mekka, dunkle, sonnenverbrannte Araber und ein wunderlicher Kerl, ein Verrückter, wie uns der Lohnbediente sagte. Mit einem ungeheuren, wenn ich nicht irre, grünen Turban, scharlachrotes Kleid bis an die nackten Kniee reichend, den Gürtel besteckt mit Dolchen und Pistolen, eine Art Hellbarde auf der Schulter, Er ging wie der Hahn auf dem Miste umher und maß uns mit zornigen Blicken. Auch unter den arabischen Pilgern schien sich eine erregte Stimmung zu verbreiten, und endlich riet uns der Kawass, der uns begleitete, fortzugehen, da es sonst zu einem Ausbruche kommen könne. Wir folgten seinem Rate, und am Ausgange verabschiedete uns der verrückte rote Kerl, oder ein ihm ähnlicher, da ich nicht begreifen kann, wie der andere vor uns aus der Tür kommen konnte. Auch trug er diesmal statt dem Spieß eine Fahne. Er sah uns furchtbar an und stieß einen Schrei aus, der zwischen dem Wiehern des Pferdes und dem Krähen des Hahnes die richtige Mitte hielt. Es mochte wohl eine Drohung oder Beschimpfung sein. Das Serail, obwohl unser Ferman auch darauf lautete, konnten wir nicht besehen, da der Sultan eben am nämlichen Tage es bezogen hatte. Wir begnügten uns daher mit dem inneren des ersten Tores in der ehemaligen Irenenkirche liegenden Zeughause, das höchst unbedeutend ist.

Nun war aber noch das Wichtigste zu tun, nämlich nach Hause zu kehren, während es in Strömen goss. Wagen gibt es bekanntlich in Konstantinopel nicht, und unsere Wohnung war leicht eine volle Wegstunde entfernt. Es blieb keine Wahl. Wir stürzten uns in den Platzregen, ließen uns in einem bereits tüchtig durchweichten Kaïk übersetzen und kamen endlich, durchnässt wie nie in meinem Leben, in unserer Wohnung an. Das bald darauf folgende Mittagmahl verbannte die eisige Kalte aus den Gliedern, und wir konnten abends dem Gesandten einen Besuch machen und so liebenswürdig sein, als es die Umstände erlaubten.

17. September. In der Nacht ein fürchterlicher Sturm. Zwei Schiffe gingen im Hafen zugrunde. Das wichtige Geschäft des Frühstücks abgetan, das freilich von einer anderen Konsistenz ist als unseres zu Hause. Die Franzosen entgöttlichen sich etwas. Der Major hat Geschäfte. Ich will allein mit dem Dragoman ausgehen. Es regnet. Sind heute beim Gesandten zu Tische. Prokeschs asiatische Reiseerinnerungen sollen mir die Zeit verkürzen helfen.

Doch mit dem Lohnbedienten allein ausgegangen. Ein paar noch nicht gesehene Straßen durchlaufen, die nichts Interessantes darbieten. Die große Zisterne besehen, die ihren Gehalt von den süßen Wassern Europas empfängt. Ein stupendes Werk aus den Zeiten der Konstantine mit ungeheuren Granitsäulen, so weit das Auge reicht. Der Obelisk auf dem Atmeidan, die Spitzsäule ägyptisch, die Basis schlechte Arbeit aus der Zeit des Theodosius. Die halb zerstörte Schlangensäule, die einst dreifach gewunden gewesen sein soll, jetzt aber nur einfach ist, und von der man viel fabelt. Die aller Zierden beraubte und nur noch aus den übereinander geschichteten Quadern bestehende Säule des Konstantin. Diese drei Bildwerke sollen die Richtung der Spina des ehemaligen Hippodroms bezeichnen. Beginnt zweimal zu regnen. Da ich nicht Lust hatte, noch einmal durchweicht zu werden, nach Hause.

Mittags beim Gesandten. Das Wetter hatte mich verstimmt und die Verkühlung von gestern. Das Gespräch wollte sich nicht geben. Verfiel in jene beliebten Abwesenheiten, die so angenehm machen. Später kamen mehrere Leute, und das Gespräch wurde französisch geführt. Wäre gern nach Hause gegangen, aber der Major spielte, und ich wusste den Weg nicht. Schlechter Tag.

18. September. Die ganze Nacht gegossen. Die Straßen schwimmen in Kot. Suchte Herrn Surmont auf, da der Major Geschäfte hatte. Surmont war auf den Sklavenmarkt gegangen, ließ mich eben dahin führen, traf ihn aber nicht mehr. Besah mir den schändlichen Handel. Die Ware bestand aber bloß aus Negern. Ein hübscher Knabe wurde eben herumgeführt und um 1200 Piaster feilgeboten. Der Bube schien gar nicht betrübt und folgte ungezwungen dem Ausrufer. Der größte Teil Weiber, d. h. Mädchen. Wenige hübsche. Eine sah nicht übel aus und blickte mich an, als wollte sie mich zu einem Gebot auffordern. Das Abscheuliche war in seiner Einförmigkeit bloß widerlich. Ging noch ein wenig in

der Stadt herum, bis mir die Füße vom Pflaster schmerzten, und dann nach Hause, da der durchweichte Boden keinen Ausflug gestattet. Es stürmt wieder und droht mit Regen. Nichts gut an der Sache, als dass damit wahrscheinlich die Äquinoktialstürme abgetan sind und unsere weitere Seereise hoffentlich gesichert ist. Setze mich hin, um die Iliade zu vollenden und mit Prokeschs Erinnerungen an der Hand die Charte von Troas zu studieren.

19. September. Mit M. Surmont und den beiden jungen Leuten einen Ritt durch die Stadt gemacht, da der Schmutz das Gehen verbot. Auf dem Pferdemarkt, wo mir aber nichts Schönes, wohl aber viel Hübsches und Wohlfeiles sahen. In der neuen Münze, die erst im Entstehen ist und eins der hübschesten Etablissements in Europa zu werden verspricht. Ein Engländer der Direktor, die Arbeiter aber sämtlich Türken, die also schon zu brauchen waren, wenn sie angeleitet würden. Dann ins Arsenal. Eine Reihe der schönsten Kriegsschiffe am Ufer. Im Bagno der Galeerensklaven. Finsternis herrscht da in der Mitte des Tages, Griechische Kirche im Gefängnisse. Die Leute haben außer der Kette an einem Fuße kaum sonst etwas von Gefangenen und scheinen freier gehalten zu sein, als irgend anderswo. Wenn man damit unsere schweren Kerker vergleicht! Ein darunter befindlicher Deutscher, er mochte ein Preuße oder Braunschweiger sein, mit Bart und Haaren wie der wilde Mann im Harz, redete mich an. Ehe ich ihn aber weiter befragen konnte, war er schon weggedrängt und im Dunkel verschwunden. Schiffdocks, Werften, Seilerwerkstätte, aber nirgends Arbeiter. Mittags beim Minister. Abends ins Theater, wo ein italienisches Sängerehepaar seine Künste zeigte. Hätten leicht viel schlechter sein können, als sie waren. Gingen nach dem ersten Akte.

20. September. Allein mit dem Platzbedienten ausgegangen. Pferde genommen und den Ritt um die äußern Mauern von Konstantinopel gemacht, womit wir in zwei Stunden zu Ende waren. Genau genommen, war mir diese Tour das Liebste, was ich in Konstantinopel bis jetzt mitgemacht habe. Die Türme und dreifachen Mauern, verfallen und mit Efeu umwachsen, militärisch vielleicht lächerlich, aber malerisch einer der schönsten Gegenstände. Auch das rechts der Straße liegende Land sehr hübsch. Ungeheuer die Zahl der Feigenbäume, die in den Gräben wachsen. Den Schluss macht das Schloss der sieben Türme. In der Nähe betrachtet, scheint es unbedeutend, von der Ferne aber tritt erst das Innere auch heraus, und dann ist der Eindruck schon, aber keineswegs grauenhaft, wie man vorauszusetzen geneigt ist. In die Stadt zurück.

Auf den Turm vor dem Hause des Seraskiers gestiegen. Eine schönere Aussicht lässt sich nicht denken. Unter sich die ungeheure Stadt, an die sich, durch Meerarme getrennt, Skutari und Pera als Vorstädte anschließen. Zwischen den bunten Häusern, die sich in der Entfernung gut ausnehmen, die stattlichen Moscheen, von ganz anderer Wirkung als unsere kleinlichen oder gotisch angeschmauchten Kirchen. Von der einen Seite der schön umgebene Bosporus, von der anderen das Meer von Marmara, über die Prinzeninseln hinaus sich in der Ferne verlierend, und ganz im Weiten noch einmal über die Hügel herausleuchtend. Ich habe heute meinen schönsten Tag in Konstantinopel gehabt. Schon weil ich –

O Pera, Pera, türkisches Krähwinkel!

Mit Bürgermeister Staar und seiner Frauen Dünkel.

21. September. Heute den scheußlichsten Eindruck auf der ganzen Reise gehabt. War in Skutari bei den heulenden Derwischen. Hatte mich schon frühmorgens nicht ganz wohl gefühlt, etwa als Folge der Anstrengung auf dem gestrigen Ritte, musste noch dazu beim Frühstück den Kaffee versäumen, der mir des Morgens einmal notwendig geworden ist, und ging daher schon etwas unwohl vom Hause weg. Besahen noch im Vorbeigehen die Pferde des Sultans, die mir höchst unbedeutend scheinen. Kamen dadurch, durch den Münzingenieur Mr. Taylor geführt, in die äußern Höfe des Serails. Das Innere kann man leider nicht besehen, da der Sultan es bezogen hat. Hierauf nach Skutari zu diesen Teufeln von Mönchen. Schon Lokal und Kleidung war so bettelhaft und schmutzig als möglich. Ungefähr dreißig Lümmel und drei Kinder zwischen sieben und neun Jahren. Nach Gebeten, deren Anfang wir glücklicherweise versäumten, fingen sie endlich an zu singen oder vielmehr zu stöhnen, zu grunzen, zu bellen, wobei sie den Leib nach ein- und auswärts und den Kopf nach rechts und links bewegten, etwa den Bewegungen eines Schiffes im Sturm ähnlich. Der Vorsteher in der Mitte gab das Tempo an. Von langsam immer schneller und schneller. Nun hoben sie auch stampfend die Füße. Das Geheul wurde immer stärker. Tief im Bass stießen sie immer die Silbe *hom! hom!* aus, während eine schneidende Tenorstimme, falsch, in einer ganz verschiedenen oder vielmehr gar keiner Tonart schrillend dazwischen sang. Bald schienen sie nur noch das Mittel zu halten zwischen brandenden Wogen und galoppierenden Pferden. Einer von ihnen, ein wilder Kerl mit struppigen schwarzen Haaren, bekam einen Anfall von fallender Sucht. Er brüllte, bäumte sich, schlug um sich. Drei oder vier warfen sich über

ihn, die anderen galoppierten wie vorher. Einer von ihnen hatte offenbar durch das Schaukeln eine Art Seekrankheit bekommen. Er grölte nur noch, sah aus wie eine Leiche, und ich erwartete jeden Augenblick, dass er sein Frühstück von sich geben werde. Da fiel mich der Ekel und das Grauen über die Entwürdigung der menschlichen Natur übergewaltig an. Ich musste hinausgehen, und im Freien meine Begleiter erwartend, bezahlte ich mit einem heftigen Kopfweh das widerliche Schauspiel.

Und in dieser Verfassung mittags zum Minister. Es ging aber besser, als ich gedacht. Ich saß an der Seite des russischen Gesandten, Grafen Titoff, der ein gebildeter, vielleicht etwas mystisch angeregter, aber völlig interessanter Mann ist. Die Gräfin Hahn war auch da, ich konnte aber mit ihr nicht zum Gespräche kommen. Bei Tische trank ich zwei Gläser gutes Wasser, ein Genuss, den ich in Konstantinopel zum ersten Male hatte. In Pera wenigstens gibt's bloß Zisternenwasser. Lächerlich kam mir General Jochmus vor, der, ein Europäer, sein Fes vor den Damen auf dem Kopfe behielt. Mein Kopfschmerz kam wieder, mir machten uns daher gegen neun Uhr ganz still aus dem Staube.

22. September. Schlechte Nacht. Lange vor Tagesanbruch, etwa um drei Uhr, aufgewacht. Höchst aufgeregter Puls, starker Schweiß, war nicht ohne Besorgnis. Doch nach dem Aufstehen besser und jetzt gut. Will mich heute schonen. Das verfluchte Steinpflaster von Konstantinopel richtet mich zugrunde. Ging doch nach *Sancta Sophia*, um den Sultan, den ich neulich in der Barke gesehen, heute zu Pferde zu betrachten. Da war aber nichts von Garden und sonstiger Pracht, wie ich erwartet. Einige Reiter, dann der Sultan in seinem doch nicht unkleidsamen Mantel mit der diamantenen Agraffe und dem prächtigen Fes aus dem Serailtore heraus und zwanzig Schritte weit ins Tor der Moschee hinein. Er ließ sein Pferd gar nicht ungeschickt karakolieren, solange er über den Platz ritt, am Tore aber meinte er vermutlich, es sei genug und ritt ruhig im Schritt hinein. Das gab dem Ganzen etwas Gemachtes, das mir missfiel. Dann zum Agenten der Lloydschen Dampfschiffgesellschaft Marinich. Scheint ein unterrichteter Mann. Schenkt mir ein mumifiziertes Krokodil, das ich ihm gern zurückgeschenkt hätte. Nehme Plätze für Sonntag nach den Dardanellen. War froh, wieder fortzukommen. Warum? Weil ich mich nicht freute, herzukommen.

23. September. Morgens im Bette.

Schon bin ich müd' zu reisen,
Wär's doch damit am Rand!
Vor Hören und vor Sehen
Vergeht mir der Verstand.

So willst du denn nach Hause?
O nein! Nur nicht nach Haus!
Dort stirbt des Lebens Leben
Im Einerlei mir aus.

Wo also willst du weilen?
Wo findest du die Statt?
O Mensch, der nur zwei Fremden
Und keine Heimat hat.

Da sich eine Gelegenheit fand, noch einmal die Moscheen besucht. Der Suleimanije habe ich abzubitten. Sie ist schön in ihren Verhältnissen und in ihrer Einfachheit, da sie alle Farben ausschließt. Nur die weiß und schwarz gestreiften Gewölbbogen sind und bleiben mir unerträglich. Mich abgemüdet und froh gewesen, wieder nach Hause zu kommen.

Abends Abschiedsbesuch beim Gesandten. Graf Schulenburg mit seiner französischen Frau sind da und bleiben bis halb elf Uhr. Wir mussten aushalten, weil der Major noch mit dem Gesandten über Geschäfte zu sprechen hatte. Spät zu Bette.

24. September. Erwache um vier Uhr morgens unter einem bedeutenden Sturm. Gute Aussicht für die heutige Abreise. Schreibe Autografen für das Personale der Gesandtschaft. Der Wind dauert fort. Wie wird das abgehen? Eingepackt. Um vier Uhr soll's fort.

Zu Schiffe von Schwarzhuber und Wickerhauser begleitet. Das Meer macht sich besser, als zu hoffen war. Herrlicher Anblick des Serails von der Seeseite. Fürst Metternich, vortreffliches Schiff. Während des Essens im *Mar di Marmara* dunkelt es bereits. Den jungen Chlumezky wieder getroffen. Bald zu Bette. Seit langer Zeit wieder einmal gut geschlafen,

25. September. Vor Tag erwacht. Aufs Verdeck. Einfahrt in die Dardanellen. Bei Weitem nicht so schön als der Bosporus. Sestos und Abydos. Ersteres in einem schön bewachsenen Tale, Letzteres von kahlen Hügeln begrenzt, die gelb ins Meer hinausschauen. Bei den Dardanellenschlössern angelangt. Das Schiff hält an. Eine Barke mit der österreichischen Konsularflagge legt an. Weiß steigt an Bord. Kaum erkennbar in dem halb orientalischen Barte, Steigen in seine Barke: Alle Konsulate

flaggen, Frühstück. Legt uns einen Plan zur Bereisung der Umgegend vor, der zehn Tage erfordert hätte. Erkläre, nur über zwei, höchstens drei verfügen zu können. Plan zur Besichtigung der Troas in zwei Tagen. Für heute war Abydos, wo wir uns bereits befanden, und das gegenüberliegende Sestos zu besehen, Ersteres ohne besonderes Interesse. Hierauf zu Schiffe an die jenseitige Küste gefahren und dort Pferde bestiegen, Doktor Xantopulos, ein unterrichteter und wackerer Mann, ist mitgekommen. Zu Pferde eine steile Anhöhe hinauf, von wo sich die reizendste Aussicht darbietet. Zum ersten Mal die Baumwollpflanze gesehen. Reiten ins Tal von Sestos hinab, wunderschön mit Baumgruppen bewachsen. Hierauf am Strand des Meers rechts an der Anhöhe hin. Überall Spuren von alten Bauten. Das Meer an dem Ufer mit Trümmern bedeckt. Auf einem vorspringenden Hügel mag der Tempel Aphrodites gestanden haben. Abends nach den Dardanellen zurück. Schöner Sonnenuntergang. Nirgends habe ich das Meer so lichtblau gesehen. Heiteres Abend- oder vielmehr Mittagmahl. Gute Betten, vortrefflich geschlafen. Rechne den heutigen Tag unter die angenehmsten meines Lebens. Weiß wird ein tüchtiger Mann werden und es weit bringen. Hat bei vielem Verstand auch ein Herz.

26. September. Heute soll's nach Troja gehen. Früh aufgestanden, aber unter Zögerungen der Türken mit den Pferden erst spät abgegangen. Hätte gleich anfangs ein großes Unglück haben können. Mein Pferd, das kein anderes vor sich haben will, gleitet noch im Dorfe über eine Brücke aus und stürzt, ich mit, doch ohne mich zu beschädigen oder die geringste Ungelegenheit zu spüren. Von Neuem fort. Merke an dem Schmerz in den Füßen wohl, dass ich zwanzig Jahre kein Pferd bestiegen habe. Verzweifle fast, ob ich's aushalten werde, aber mein Verlangen war zu groß, daher frisch weiter. Der Reiseplan dürfte nicht gut angelegt gewesen sein. Denn reiten fast den ganzen Tag, bis wir in die Ebene von Troja seitwärts einbrechen und bei Zschiblak die ersten Säulentrümmer und andere Ruinen sehen. Den Simois (nach Gewalik) passieren, wo das Wasser den Pferden nicht bis an die Knie reicht. Bei Zschiblak dürfte das *Ilium recens* der Alten zu suchen sein, also die Stelle, wo einige das alte Troja hinsetzen, mit welchem Recht, ist mir nicht deutlich. Es war Abend geworden, und wir eilten, Bunarbaschi zu erreichen, wo wir mit einbrechender Nacht eintrafen. Der Kawass, den uns der Pascha der Dardanellen mitgegeben hatte, machte uns Platz in dem Meierhofe des Paschas; man belegte den Fußboden eines erträglichen Zimmers mit Betten. Vorher stiegen wir noch zu den Quellen des Ska-

mander hinab, deren vierzehn bis sechzehn sind, sämtlich vom reinsten, hellsten Wasser. Der Fluss bleibt übrigens höchst unbedeutend. Dass dieser Fluss bei Bunarbaschi entspringt, wie nach Homers Beschreibung der Skamander bei Troja, macht die Meinung höchst wahrscheinlich, dass hier das alte Ilion zu suchen sei. Die Umgebungen der Quellen sind übrigens durchaus steiniges Hügelland. Gut gegessen und ebenso geschlafen, selbst ohne Flöhe, was uns am meisten wundernahm,

27. September. Frühmorgens auf und die Umgebungen von Bunarbaschi besehen. Der Hügel, auf dem es liegt, fällt nach rückwärts ab. Ist von allen Seiten zu umlaufen, sodass auch dieses Zeichen des homerischen Ilions eintrifft. Einen Grabhügel von aufgehäuften Steinen bestiegen, der Meinung und wohl auch der Wahrheit nach jenes des Hektor, von hier aus hat man die beste Ansicht des trojanischen Feldes. Ringsum steinigte Hügel. Rechts im Tal die Quellen des Skamander. Weiter drüben, durch Bäume bezeichnet, der Lauf des Simois. Vor sich die Ebene, wie zum Schlachtfeld geschaffen, von beiden Seiten durch Hügelreihen eingeschlossen. Rechts die Anhöhen, auf denen das Ilium recens lag, und die wohl die Kallikolone Homers sind, links der Höhenzug längs des Aegeischen Meeres, der mit dem Kap Sigeum und dem Grabhügel des Achill schließt. Längs dieses Höhenzuges mehrere Grabhügel in der Reihe. Die Ebene selbst wellenförmig durch Bewegungen des Bodens unterbrochen und mit Bäumen besetzt. Überhaupt die Gegend schön, und, wie es scheint, gut bebaut. Von da wieder zu Pferde und in der Richtung von Alexandria Troas weiter. Der Weg ansteigend, mit Gesträuch und halbwüchsigen Bäumen besetzt. In Keilli Mittag gehalten (den vorigen Tag in It-Ghelmes). Kommen endlich bei den Ruinen von Alexandria Troas an. Zwei der ungeheuersten Säulen, die es irgend gibt, am Boden liegend, fünfunddreißig Schuh lang und gegen sechs Fuß im Durchmesser. Trümmer eines anderen Prachtgebäudes mit den ungeheuersten Bogen und den größten Bausteinen, die ich jemals gesehen. Ähnliche Konstruktionen und Bogentrümmer überall zerstreut. Schon am Morgen hatte sich heftiger Sturm aus Süden gezeigt, er nahm immer mehr zu. Unser Plan war, ans Meer hinabzusteigen, nach Tenedos überzufahren und dort morgen das Dampfboot zu erwarten. Die Ausführung zeigte sich aber unmöglich. Kein Schiffer wagte, uns überzuführen. Wir ließen Feuer anzünden, das gewohnte Zeichen für die Barken von Tenedos, herüberzukommen, aber keine kam. Der Abend brach ein, und es blieb nichts übrig, wenn wir anders das Dampfboot des Lloyd nicht versäumen wollten, als in der Nacht

den ganzen Weg nach den Dardanellen wieder zurückzumachen. Nach einem ermüdenden Marsche zu dem nächsten türkischen Dorfe, wo wir in dem Kaffeehause mit Vertreibung aller übrigen Kunden uns etwas erfrischten, setzte sich mit einbrechender Nacht die Gesellschaft wieder zu Pferde. Ich, der ich von dem zweitägigen Ritte ohnehin erschöpft war, legte mich auf einen mit Ochsen bespannten Karren (Araba), und so ging der Zug durch die ganze Länge der Ebene von Troja, leider bei finsterer Nacht, nur von den ungemein glänzenden Sternen beleuchtet und durch den Gesang der Grillen belebt, deren Zirpen hier wirklich dem Gesange der Vögel nahe kommt. Auch Glühwürmer kamen hier häufig vor. So erreichten wir in der Morgendämmerung Kum Kale, nachdem kurz vorher mein Ochsenkarren mich beinahe in einen Abgrund hinabgeworfen hatte. In Kum Kale eine Tasse Kaffee genommen und eine Segelbarke bestiegen, die uns in dem heftigen Winde eine halbe Stunde vor Ankunft des Dampfbootes in die Dardanellen zurückbrachte. Weiß, der uns nach Smyrna begleiten wollte, findet sein Urlaubsgesuch von dem Internuntius abweislich beschieden; wir trennen uns daher und besteigen allein das österreichische Dampfboot.

28. September. Der Wind war schon bei der Abfahrt ziemlich stark, Sirokko, also gerade unserer Richtung entgegen. Wir fuhren der trojanischen Küste entlang, die hier bloß den Anblick einer felsigen Hügelreihe darbietet. Ungefähr Tenedos gegenüber der Berg Ida, den wir gestern, von Wolken gehindert, nicht sehen konnten. Gleich wie wir aus den Dardanellen hinauskamen, wurde der Wind immer stärker und stärker und wuchs bis zum wirklichen Sturm, um so widriger, da er uns gerade entgegen blies. Das Meer ging sehr hoch und wurde mir immer lästiger. Ich suchte des Eindrucks auf jede Art Meister zu werden. Stellte mir das Ganze als ein erhabenes Schauspiel vor, das es wirklich war. Fixierte Punkte an der Küste, um mir das Auf- und Abklettern des Schiffes die Wellen hinauf und herab zu maskieren. Eine Weile half es, aber nicht lange, besonders wohl wegen der Anstrengungen der verflossenen drei Tage, der durchwachten Nacht, und weil ich desselben Tages außer einer Tasse Kaffee nichts genossen ... Da der zum eigentlichen Sturm gewordene Wind jede aufrechte Stellung unmöglich machte, und es dunkel geworden war, legte ich mich zu Bette. Vor Erschöpfung schlief ich bald ein, wachte aber bald von der ungeheuer verstärkten Bewegung wieder auf. Kopf und Füße gingen wie die Schalen einer außer Gleichgewicht gebrachten Waage ... ich schlief nach ein paar peinlichen Stunden wieder ein. Gegen Morgen waren wir schon im Eingange des

Golfs von Smyrna, die See ward ruhiger. Ich konnte frühstücken und fühlte die Wohltat der nötigen, so oft missbrauchten Stärkung. Gegen zehn Uhr morgens Ankunft in Smyrna. Die Stadt liegt im Hintergrunde einer Felsenbucht, die leider zu kahl ist, um schön genannt zu werden. Aber was käme einem schön vor in solcher körperlichen Verstimmung, Steigen in der *Pension du Levant* aus, wo wir die Gräfin Hahn vorfinden. Besehen uns den Bazar, steigen aufs alte Schloss, dessen Aussicht zu genießen uns der immer steigende Sturm hindert. Kamele, die zuerst in den Dardanellen vorgekommen, durchziehen in langen Reihen die Straßen. Die Stadt besteht aus ziemlich schlechten Häusern, keine einzige bedeutende Moschee. Besuchen den österreichischen Generalkonsul, der weniger Freude äußerte, als ich aus der alten Verbindung unserer Familie erwartet. Essen der Gräfin Hahn zuliebe, die ich bisher ziemlich vernachlässigt, schon um vier Uhr zu Mittag. Angenehme Unterhaltung. Schenke ihr ein paar klassische Baumblätter, die ich von Ilion mitgebracht, was sie zu freuen schien. Indes war auch das französische Dampfboot angekommen, das uns morgen weiter bringen soll. Nach Tische nehmen wir Abschied von der Gräfin und ihrem Begleiter, die nach Beirut gehen, setzen uns am Meeresstrand in ein griechisches Kaffeehaus, und schlendern dann bis abends in den Straßen umher, wo wir Gelegenheit hatten, die beste Meinung von der Wohlgestalt der smyrnaischen Damen zu fassen. Früh zu Bette.

29. September. Zahlen die ungeheure Rechnung. Ein Golddukaten fiel auf meinen Teil für das gemeinschaftliche Schlafzimmer, ein Mittagmahl und ein schlechtes Frühstück, und lassen uns nach dem französischen Dampfboot hinausrudern, das uns nach Syra bringen soll. Das Schiff schön, die Offiziere artig, das Frühstück gut, bis auf das Fleisch, das im Orient überall schlecht ist. Abfahrt. Der Sturm aus Süden hatte während der Nacht zugenommen, aber die vortreffliche Bauart des Schiffes machte die Bewegungen milder. Auch schien mir, als ob trotz des vermehrten Windes die Wellen minder hochgingen, endlich macht die Gewohnheit alles leichter. Der Wind war übrigens so stark und so konträr, dass der Kapitän davon sprach, in einem Hafen vor Anker zu gehen. So schleppten wir uns fort, leider durch die Unmöglichkeit, aufrecht zu stehen und den den Sirokko begleitenden Dunstnebel gehindert, den Anblick der Küste zu genießen. Ich konnte, ohne sehr belästigt zu werden, zu Mittag essen. Die beiden Engländer Mr. Kathlik und der langweilige Edwards waren mit demselben Schiffe von Konstantinopel angekommen, zugleich mit ihnen eine ganze Kolonie junger Engländer,

sodass man bei Tische in *old England* zu sein glaubte. Ein italienischer Dominikanermissionar, der mich als Katholiken sehr in Affektion nahm usw. Die Zeit verging aber, wie das ihre Gewohnheit ist.

So ging der 30. September unter immerwährenden Besorgnissen des Schlechterwerdens und Unlust in der Unmöglichkeit, aufrecht zu stehen und irgendein Objekt mit Behagen betrachten zu können, vorüber. Die Nacht war arg, ich ertrug sie aber schon leidlich.

Der 1. Oktober brach an, und wir hatten bald den Ort unserer jetzigen Bestimmung, Syra, vor Augen. Der Anblick der Insel ist kahl, die Stadt aber, wie eine Bischofsmütze bis zur höchsten Spitze eines Berges emporgebaut, nimmt sich nicht übel aus. Gegenüber der Stadt auf einem ganz kahlen Felsen das Lazarett der Quarantäne. Im Hafen lagen schon zwei französische und ein österreichisches Dampfboot. Unser Schiff hatte die gelbe Pestflagge aufgesteckt. Boote mit demselben Wimpel umkreisten uns. Endlich ward eine Barke mit uns und unsern Effekten beladen. Vier Engländer, zwei konstitutionelle Griechen und einiges Gesindel gesellten sich bei, und so wurden wir nach dem Lazarett hinübergerudert. Dort angekommen warf man unser Gepäck brutal an die Felsen des Ufers und überließ uns unserm Schicksale. Der Major blieb zur Aufsicht zurück, und ich ging in die Quarantäne, konnte aber niemand finden, der italienisch verstand, sodass, als ich endlich in die Kanzlei kam, der griechische Lohnbediente der Engländer die einzig übrigen guten Zimmer weg hatte, und wir mit einem elenden schmutzigen Loche mitten unter stinkenden Türken und Griechen vorlieb nehmen mussten. Wir sandten sogleich Botschaft an den österreichischen Konsul und an den Direktor der Anstalt *Pio Terenzio*. Letzterer kam auch; da aber alle Zimmer vergeben waren, mussten wir in unserem Loche aushalten, und das Einzige, was wir erreichten, war, noch an selbigem Abende *spoglio* machen zu können und so statt zehn nur neun Tage gefangen zu bleiben. Der *spoglio* selbst war die lächerlichste Zeremonie, die sich denken lässt. In kleinen Kämmerchen nächst der Kanzlei hatte man jedem von uns ein heißes Bad bereitet. Die Kleider mussten wir in eine Art Schublade legen, die, so wie wir ins Wasser stiegen, nach außen fortgezogen und erst, als das Bad vorüber war, wieder hereingeschoben wurde. Da fanden wir denn statt unserer Kleider einen Schlafrock, ein Hemd ohne Haft oder Knopf, Unterhosen, die uns den Bauch zusammenklemmten, eine weiße Schlafmütze. Kurz, wir mussten laut auflachen, als wir uns wechselseitig erblickten. Mein Geld ward während des Bades ebenfalls in ein Gefäß mit Wasser geschüttet. Nur die

Uhr durfte behalten werden, der ich *motu proprio* meine Zigarren beifügte, um sie vor dem Gestank der Räucherung zu retten. Während wir nämlich uns in der Brühe befanden, wurde unser Zimmer mit den ausgepackten Kleidern und den geöffneten Koffern durchstänkert, wir selbst aber für diese Nacht ins erste Geschoss in ein Zimmer geführt, das zu den für den erwarteten Fürsten Mavrokordato aufbewahrten Appartements gehörte. Die Möblierung übrigens war nichts weniger als fürstlich, namentlich die Betten nicht viel besser als ein Brett und ein Bund Stroh, welche Beschaffenheit unsere Lagerstätten während der ganzen Dauer der Quarantäne beibehielten. Morgens erhielten wir unsere Kleider wieder, begaben uns wieder in unsere stinkende Wohnung, die von den Pesträucherungen nunmehr doppelt stank. Fürchterlicher Kaffee zum Frühstück. Zu Mittag gute Suppe, leidliche Fische, vortreffliche Trauben, mittelmäßiger Wein, aber alles Fleisch so ausgesucht schlecht, so zäh und hart, dass kein Messer, viel weniger Zähne dessen Herr werden konnten. Das Quarantänegebäude ist ganz zweckmäßig, ja hübsch, gegenüber der Stadt auf einem ganz kahlen Felsen erbaut. Da ist kein Baum, kein Strauch, kein Grashalm. Der Boden mit Felsen und spitzen Steinen bedeckt, sodass jeder Tritt schmerzt, und wir uns erst mit unserer Hände Arbeit durch Aufräumen der Steine einen Spazierweg bahnen mussten. Noch dazu wird der Aufenthalt im Freien durch die immerwährenden Stürme verleidet, die, wie vorher aus Süd, jetzt aus Nord und Nordost über die Inseln herrasen. Unser Gesichtskreis wird gegenüber durch die Hauptstadt der Insel Syra, links durch kahle Berge mit dürftigen Bepflanzungen, rechts durch die Insel Tino mit vielen, wie Schwalbennester an den Klippen hängenden Ortschaften und die Ausläufer von Mikone begrenzt. Ein und aus laufende Schiffe beleben einigermaßen die Gegend. Da werden denn mit dem Fernrohr die Wimpel beobachtet, von einer einlaufenden englischen Kriegsbrigg die Kanonen gezählt, die Manöver beobachtet. Die vier Dampfschiffe, die anfangs im Hafen lagen, haben uns verlassen, und der Sturm verscheucht neue Gäste. Ich bezeichne nicht mehr die einzelnen Tage, denn eine große Langeweile verschlingt alle Unterschiede. Glücklicherweise hatte ich in meinen Koffer Chalybäus' *Geschichte der neuen Philosophie* eingepackt, die musste nun vorhalten. Die Seiten wurden gezählt und fünfzig für jeden Tag schien genug, um die neun Tage der Gefangenschaft auszufüllen. Da wird denn aufgestanden, der entsetzliche Kaffee getrunken, ein wenig im Winde spazieren gegangen, dann gelesen, wo uns denn Herbarts Monaden an dem gescheiten Manne unerklärlich,

Schellings System aber höher als die Klippen, widriger als der Wind und unfruchtbarer als das Meer vorkamen.

Am 4. Oktober, als meinem Namenstage, ward uns endlich eine bessere Kammer mit der Aussicht auf das Meer und minder den mephitischen Dünsten ausgesetzt, zu teil, ohne unsere Lage erträglicher zu machen, denn jeder Tag mehrt im geometrischen Verhältnisse die Unleidlichkeit. Ein Einzelner würde sich in Gedanken vertiefen, zu zweien gehen sie aus, weil zu dem Unangenehmen der eigenen Lage noch das Mitleid über die des anderen kommt.

Als wir ankamen, war das Geschrei im Hofe unerträglich. Da alle Bedürfnisse nur mittels einer Schublade durch das Menageriegitter geschoben werden, das den Hof abschließt, so war der Anforderungen und des Schreiens nach Georgy kein Ende. Jetzt wird die Zahl der Gefangenen täglich geringer, und fünf Engländer, die sich mit Rattenfangen und Schwimmen unterhalten, zwei konstitutionelle Griechen, von denen einer den König Otto einen *Imbécile* genannt hat, zwei liederliche Französinnen aus Ägypten in Begleitung zweier Türken, endlich zwei alte Griechen mit dem Lümmel-Adonis machen die ganze Gesellschaft aus. Letzterer ist ein etwas derber Bursche von etwa 20 Jahren, prächtig, nur zu stark gebaut, hübsches Gesicht, aber unreines Fell. Am verflossenen Sonntage sah er in brauner Jacke und kurzer Pumphose, weißer Schärpe, rotem Fes und stahlblauen Strümpfen an den modellartig geformten Beinen wirklich prächtig aus. Seitdem hat er mit dem abgelegten Sonntagsstaate viel verloren.

9. Oktober. Endlich schlug der Tag der Erlösung. Durch den *spoglio* war die Dauer der Quarantäne um fünf Tage abgekürzt worden, und heut gab uns der Oberguardiano durch einen Handschlag die Freiheit. Eine Barke war schon bestellt. Wir bezahlten die ungeheure Rechnung, etwas mehr als einen Dukaten für den Tag, warfen Trinkgelder aus nach allen Seiten, und ließen uns nach der Stadt Hermopolis, der Hauptstadt von Syra, hinüberrudern. Schon gestern war uns durchs Fernrohr ein besonderes Treiben unter dem Volke der Hauptstadt unter unaufhörlichem Glockengeläut aufgefallen, das selbst der Sonntag nicht hinlänglich zu erklären schien. Auch heute bemerkten wir festliche Anzüge unter der Menge und erfuhren dann, dass an beiden Tagen die Wahlen für die bevorstehende Ständesitzung stattgefunden hätten. In Athen war nämlich, wie wir schon in den Dardanellen gehört hatten, eine Revolution ausgebrochen und der König genötigt worden, eine Konstitution anzuerkennen. Der Anteil unter dem Volke schien übrigens nicht

groß. Man hatte uns das Wirtshaus *de toute les nations* als das beste empfohlen. Wir ließen uns dahin bringen, fanden aber nur eine finstre Kammer unbesetzt, die offenbar schlechter war, als unser Pestkobel im Lazarett. Doch Not kennt kein Gebot: Wir nahmen die *camera obscura*. Gleich nach dem schlechten Frühstück bestiegen wir im Gefühle der wiedererhaltenen Freiheit eine Anhöhe im Süden der Stadt und genossen der himmlischen Aussicht auf Meer und Inseln. Grässlich ist der Weg durch die obere Stadt. Keine Straße oder nur Gasse – nur Kloake und Winkel. Da aber die Häuser sämtlich von Bruchstein sind, machen sie doch keinen schlechten Eindruck. Nach Tisch gingen wir nach der Nordseite bis über den Eingang des Hafens hinaus. Hier ist die Aussicht noch bezaubernder und die Stadt wirklich schön. Wohlgepflastert, die Häuser nach Art der Landhäuser klein, aber durchaus von Stein und geschmackvoll, ja elegant gebaut. Man hat eine neue Straße als Spaziergang angelegt, der zu den Höhen außer dem Hafen führt. Wir stiegen hinauf. Die Berge sind kahl, überall Steine, vom Marmor und Granit bis zum Schiefer und Kalkstein. Kein Baum, kein Grashalm, nichts als Distel und eine Art stachlichter Ginster, aber dafür Salbei, Thymian und andere trockne Pflanzen von einem solchen Wohlgeruche, dass man sich fast betäubt fühlt. Wir lagen da wohl zwei Stunden und genossen der Aussicht auf das Meer und die Inseln und des himmlischen Abends. Die Formen haben etwas Pittoreskes, dazu der von Natur wohlgesittete, wohlgebildete Menschenschlag; in den mittelländischen Gegenden lässt sich nichts damit vergleichen.

Früh zu Bette. Vor Lärm im Wirtshause nicht einschlafen können. Die Nacht durch den Luftzug wachgehalten, der durch die Spalten der Wand unserer Kammer eindrang, bei Tagesanbruch durch das Krähen der Hähne aufgeweckt. Dazu die Hitze von den widerlich starken Weinen – habe beinahe nichts geschlafen.

10. Oktober. Spät aufgestanden. Vormittags war vieles für unsere morgige Abreise zu besorgen. Hierauf gingen wir vom Hafen aus längs des Meeres hin, wurden aber bald von der Zwölfuhrglocke zurückgerufen, da man hier um diese Stunde zu Mittag speist. Bald nach Tische mieteten wir eine Barke und ließen uns ins Innerste des Hafens führen, wo wir uns entkleideten und trotz des starken Südwindes ein Seebad nahmen. Hierauf wieder auf unsern geliebten Windmühlenhügel. Die Inseln waren aber mit Wolken bedeckt, und die Sonne geht schon um halb sechs Uhr unter. Die gestern belebte Abendkonversation mit hiesigen jungen Handelsleuten, worunter einer, der Deutsch spricht (der

deutsche Musiklehrer war heute nicht zugegen), wollte sich jedoch nicht geben, und ich sitze gegenwärtig um halb neun Uhr schon in unserer Schlafkammer und kritzle diese Zeilen, da mir der griechische Lärm auf dem Vorhause nicht erlaubt, an Schlaf zu denken.

Im Ganzen gefällt mir Syra sehr wohl, glaube aber, was mir die jungen Italiener an der Wirtstafel sagen, dass man nach drei Monaten Aufenthalt Lust zum Aufhängen bekomme. Dürre und Sterilität im höchsten Grade. Die männlichen Einwohner bloß mit ihrem Handel beschäftigt, die Weiber der bessern Stände, halb orientalisch, meistens zu Hause. Man müsste hier, wie wir im Lazarett taten, zur Lektüre von Chalybäus' Darstellung der neuesten deutschen Philosophie seine Zuflucht nehmen. Die Aridität lädt kongenial dazu ein.

11. Oktober. Die ganze Nacht Gewitter, Regen und Sturm. Der Regen, der erste seit sechs Wochen in Syra, setzt sich auch den Vormittag über fort. Die Seite unsers Zimmers, auf der ich liege, stand durch mehrere Spalten dem Winde offen, sodass ich allerlei unangenehme Empfindungen in den Gliedern spürte. Gegen Mittag konnten wir doch den Hafen entlang schlendern. Das österreichische Dampfschiff von Konstantinopel, dessen Briefe wir nach Athen mitnehmen sollen, und dessen Ankunft wir daher abwarten müssen, ist noch immer nicht gekommen. Wir gehen Nachmittag auf unser Observatorium zu den Windmühlen und schauen mit Fernrohren in die Gegend, woher es kommen muss, zwischen Tino und Mikone, müssen uns aber mit der Aussicht im Allgemeinen begnügen, denn von dem Dampfboote keine Spur. Haben daher noch eine Nacht in Syra zuzubringen. Gegen Nacht verbreitet sich das Gerücht, es sei gekommen, werde aber des schlechten Wetters wegen erst morgen abends abgehen, denn Gewitter, Regen und Sturm haben sich wieder eingestellt.

12. Oktober. Es regnet noch immer in Strömen. Das gestern gekommene Dampfboot war kein österreichisches, sondern eines der griechischen Regierung, das die Nachricht brachte, dass Kolokotronis wegen eines Versuchs zugunsten des Königs von Athen nach Tino verwiesen worden sei. Die Parteien fangen also an, sich zu zeigen, eine schlechte Aussicht für unsere Ausflüge ins Innere Griechenlands. Das nach Athen bestimmte Schiff wird aber heute gewiss abgehen, auch wenn die Brieftaube nicht einlangt. Desto besser! Länger noch in Syra zu bleiben, das man am ersten Tage auswendig weiß, wäre zu arg.

Im Wirtshause den griechischen Oberstleutnant Fabricius getroffen, der seit 1824 in Griechenland dient und nun samt allen Deutschen entlassen und verbannt ist. Ein gescheiter, wohlgebauter Mann, der anfangs krank schien, in der Unterhaltung mit seinen Landsleuten aber zu unserer großen Freude sich allmählich zu erholen schien. Er schreibt alles Unglück den bayerischen Ratgebern des Königs zu, betrachtet aber die Konstitution als eine von vornherein unvermeidliche Sache. Mit ihm den Konsul Forestier besucht, ein gebildeter, gut sprechender Mann mit einem weggeschossenen Bein, der aber in seiner Rede und Berichten, die er uns vorlas, witziger scheint, als für einen Beobachter von Profession zulässig scheint. Endlich abends um sieben Uhr fahren wir mit dem Kapitän ans Dampfschiff. Das Wetter windig und noch dazu mit konträrem Wind. Lege mich gleich bei der Ausfahrt aus dem Hafen, wo denn Wind und Wellen das Dampfboot dermaßen zu schütteln anfangen, dass ich das Übelste erwarten musste. So dauert es fort bis gegen ein Uhr morgens, ohne dass ich ein Auge zutun konnte. Von da an wurde es milder, und gegen Morgen schlief ich mit Unterbrechung ein paar Stunden. Gegen sechs Uhr stand ich auf und ging aufs Verdeck, Da hatten wir das Kap Sunium schon passiert. Aegina und Salamis lagen links von uns, Letzteres viel kleiner, als ich mir gedacht, sodass man kaum begreifen kann, wie eine Seeschlacht mit der ungeheuren persischen Flotte da stattfinden konnte. Rechts, vom Meere entfernt, wie eine gefallene Krone die Anhöhe, auf und an der Athen liegt. Die Sonne beginnt nach und nach die einzelnen Umrisse zu beleuchten. Die Akropolis, ein Palast, wahrscheinlich der des Königs, die Spitze des Hafens Piräus kommt uns entgegen. Wir laufen ein. Hier hätte man Neu-Athen bauen und das alte als Antiquität behandeln sollen. Wahrscheinlich auch eine Idee des albernen Königs von Bayern, der vielleicht das ganze Unglück seines Sohnes verschuldet hat. Kommen endlich vor Anker. Der Major besucht einen alten Marinekameraden auf der im Hafen liegenden österreichischen Korvette, und ich kritzle unterdes diese Zeilen. Der Zweck meiner Reise scheint verfehlt, denn Oberstleutnant Fabricius rät uns die Reise ins Innere des Landes aufs Entschiedenste ab. Wir werden eben sehen.

Endlich kommt der Major in dem Boote des Kriegsschiffes zurück und holt mich auf die Korvette ab. Mache die Bekanntschaft des Kapitäns, der eben für den Tag bei Prokesch zu Mittag geladen ist. Wir gehen zusammen ans Ufer, frühstücken, was vor allem ich notwendig hatte, und fahren in zwei Wagen nach Athen. Eine dürre, staubige Straße, rechts Überbleibsel der langen Mauer. Der Olivenwald. Endlich die ersten Häuser des neuen Athen. Wir fahren beim Gesandten vor und werden in sein Haus aufgenommen. Der Aufstand ist noch in vollem Gange. Lärmende Haufen durchstreifen die Stadt. Erzählung der Hergänge. Es scheint auf das Leben des Königs abgesehen gewesen zu sein. Vor Tische fahren wir mit Prokesch zum Jupitertempel hinaus. Die Säulen herrlich. Jedermann weiß, dass der Tempel einer der grandiosesten der Welt gewesen sei. Mehr aber als alle diese Trümmer interessieren mich die Quellen des Ilyssos, an denen Platon spazieren ging, die viel genannten Berge, die das Tal von Attika umschließen, die Aussicht aufs Meer mit Salamis, Aegina, die Natur, die immer war, was sie jetzt ist, und dazu Zeugin jener unsterblichen Taten und Werke. Die Bauwerke machten mich staunen, die Hügel und Flussbette trieben mir die Tränen in die Augen,

13. Oktober. Bei Nacht fester und langer Schlaf, Wache aber mit dem Gefühl der Verkühlung auf ... Mein Kopf ist einer solchen Masse von Eindrücken nicht mehr gewachsen. Gehe demungeachtet auf die Akropolis. Wir werden uns auf Athen beschränken müssen, da man im Lande jeden Deutschen für einen Bayern hält und jeder Bayer so verhasst ist, dass man sie überall misshandelt, verwundet, ja töten würde, wenn nicht Hilfe zu rechter Zeit käme. So ist denn der Hauptzweck meiner Reise verfehlt. Ich werde den Parnass, ich werde Delphi nicht sehen. Neun Tage Quarantäne halten zu müssen, um mich acht Tage in Athen herumtreiben zu können! Herumtreiben, denn auch hier kann man einsame Gegenden nicht besuchen, und auch diese nur von wohlbekannten angesehenen Personen begleitet. Überall begegnet man misstrauischen, auflauernden Gesichtern. Also auf die Akropolis. Was man hier an Bauwerken sieht, macht im ersten Augenblicke einen kaum angenehmen Eindruck, den der Zerstörung. Erst in den folgenden Momenten baut sich an den Überbleibseln das Großartige neu empor.